(사)한국소셜콘텐츠진흥협회 인증

SNS 마케팅기획전문가

SNS 활용능력 2급 수험서

머리말

 이 교재는 소셜 네트워크 서비스(SNS)인 블로그, 페이스북, 트위터, 카카오톡 등을 활용한 인터넷 마케팅에 대한 내용을 수록하였으며 SNS 활용능력 2급 자격시험에 합격을 위한 수험서로서 여러 종류의 SNS 플랫폼을 소개하고, 각 활용방안에 대해서 자세히 설명하고 있습니다.
 특히 카카오톡은 기초부터 활용까지 자세히 설명하였고, 효율적인 카카오톡의 운영 및 마케팅 방안에 대해서 설명하고 있습니다.

 이 교재는 사단법인 한국소셜콘텐츠진흥협회에서 인증한 수험서로서, 현재 해당 협회에서는 자격증 취득 과정을 연간 일정으로 운영하고 있으며 별도로 자격 시험을 운영하고 있습니다.
 한국소셜콘텐츠진흥협회는 미래창조과학부 산하 사단법인으로 블로그 및 SNS 관련 행사, 교육, 자격증, 컨설팅을 실시하는 SNS 관련 대표기관입니다.
 블로그 및 SNS를 활용하는 개인들과, SNS 콘텐츠를 기반으로 하는 기업들을 회원으로 두고 있으며, 소셜콘텐츠 백서 발간, 소셜미디어 및 블로그 활용 교육, 업계 동향 세미나 등을 꾸준히 개최하여 기업 및 기관의 생산성 향상에 이바지할 수 있는 전문 인력을 육성하고자 차별화된 교육 및 컨설팅 사업을 실시하고 있습니다.
 또한 매년 대한민국 SNS 대상을 통해 SNS를 잘 활용하고 있는 기업이나 공공기관을 부문별로 시상하여 소통의 올바른 기준을 제시하고 있습니다.

 끝으로 이 교재가 여러분의 SNS 활용에 많은 도움이 되기를 바라며 크라운출판사 임직원과 편집부 여러분에게 깊은 감사를 드립니다.

저자 일동

Part 1. SNS의 특성 및 활용

Chapter 1 | SNS의 특성 및 활용

I. SNS의 개념 ... 18
1. SNS의 개념 ... 18
2. 블로그 ... 20
3. 트위터 ... 23
4. 페이스북 ... 26

II. SNS의 특성 ... 28
1. SNS의 일반적 특성 ... 28
2. SNS의 매체적 특성 ... 30
   1) 매체풍부성 이론 ... 30
   2) 상호작용성 ... 31
3. SNS의 매체적 속성 ... 32

III. SNS의 이용현황 ... 33
1. SNS의 일반적 이용현황 ... 34
2. SNS의 업무적 이용현황 ... 36

IV. SNS 활용의 측정 ... 39
1. SNS 활용의 범주 ... 39
2. 정보의 획득 ... 40
3. 정보의 확산 ... 40
4. 정보의 생산 ... 41
5. 블로그 활용의 개념과 측정 ... 41
   1) 개별 콘텐츠의 흡인력 ... 41
   2) 네트워크의 폭과 깊이 ... 43
   3) 의견지도력 ... 47
6. 페이스북 활용의 개념과 측정 ... 49
7. 트위터 활용의 개념과 측정 ... 50
8. 복수SNS 도구 활용 관련 선행연구 ... 52

Chapter Quiz ... 55

Part 2. SNS의 구체적인 이해

Chapter 1 | 블로그 세상과 소통하기

I. 블로그의 모든 것 · · · · · · 60
1. 블로그의 개요 · · · · · · 60
2. 블로그의 역사 · · · · · · 60
3. 블로그의 종류 · · · · · · 61
   1) 가입형 블로그 · · · · · · 61
   2) 설치형 블로그 · · · · · · 63
4. 블로그 생성하기(네이버) · · · · · · 64
   1) 블로그 만들기 · · · · · · 64
   2) 블로그 설정하기 · · · · · · 67
   3) RSS란 · · · · · · 70
   4) 동영상 편집 · · · · · · 71
   5) 사진 편집 · · · · · · 78
5. 블로그 방문자 수 늘리기 · · · · · · 85
   1) 검색엔진 최적화 · · · · · · 85
   2) 메타블로그 등록 · · · · · · 87
   3) 구글 대시보드에 등록 · · · · · · 87
   4) 블로그를 활용한 비즈니스 사례 · · · · · · 90
6. 블로그 활용 수익모델 창출하기 · · · · · · 93
   1) 수익모델 종류 · · · · · · 93
   2) 블로그 활용 수익모델 창출의 향후 전망 · · · · · · 97

II. 학습정리 · · · · · · 99
1. 블로그란 무엇인가? · · · · · · 99
2. 블로그에 대해 알기 · · · · · · 99
3. 블로그 검색엔진 최적화하기 · · · · · · 99
4. 꼭 알아야 할 용어 · · · · · · 99
   1) 블로그 · · · · · · 99
   2) 마이크로블로그 · · · · · · 100
   3) SNS · · · · · · 100
   4) 클라우드 컴퓨팅 · · · · · · 100

Chapter Quiz · · · · · · 101

Chapter 2 | 페이스북

I. 페이스북의 개요 및 역사 ·· 104
  1. 개요 ··· 104
  2. 역사 ··· 104

II. 주요 기능 ·· 105
  1. 페이스북 사용법 가이드 ·· 105
    1) 페이스북 가입하기 ··· 107
    2) 로그인하기 ·· 112
    3) 친구 찾기 ·· 113
    4) 게시 및 공유 ··· 114
    5) 공유 설정 ·· 117
    6) 설정 관리 ·· 119
    7) 개인정보 관리 ··· 120
    8) 공개범위 설정 ··· 123
    9) 보안 ··· 129
    10) 뉴스피드 ··· 129
    11) 메시지 ··· 133
  2. 페이스북 앱 및 기능 ·· 137
    1) 타임라인 앱 설치하기 ·· 139
    2) 추천 앱을 통해서 앱 설치하기 ·· 142
    3) 검색을 통해서 앱 설치하기 ··· 146
  3. 광고와 비즈니스 솔루션 ·· 149

Chapter Quiz ·· 153

Chapter 3 | 카카오 마케팅

I. 카카오톡 마케팅 ······ 165
1. 카카오톡의 사전적 정의 ······ 165
   1) 카카오톡 사용자 수 ······ 165
   2) 카카오톡의 기능과 서비스 ······ 165
   3) 카카오 계정 및 카카오톡 채팅플러스 기능 ······ 167
   4) 카카오톡 채팅 기능 ······ 167
   5) 카카오프렌즈 ······ 168
   6) PC용 카카오톡 ······ 170
   7) 그 외 카카오톡 기능들 ······ 170

II. 카카오스토리 마케팅 ······ 171
1. 카카오스토리의 사전적 정의 ······ 171
   1) 글 콘텐츠 업로드 ······ 172
   2) 사진 콘텐츠 업로드 ······ 173
   3) 동영상 콘텐츠 업로드 ······ 175
   4) 뮤직 콘텐츠 업로드 ······ 176
   5) 링크 콘텐츠 업로드 ······ 176
   6) 상대방의 글에 공유 및 댓글 달기 ······ 178
   7) 친구 찾기 및 검색 기능 ······ 178
   8) 최근 알림 ······ 180

III. 카카오스토리 채널 마케팅 ······ 181
1. 카카오스토리 채널이란 ······ 181
   1) 카카오스토리 채널의 장점 ······ 181
   2) 카카오스토리 채널 개설 및 운영 절차 ······ 182
   3) 카카오스토리 채널의 특징 ······ 183
2. 카카오스토리와 카카오스토리 채널 ······ 184
3. 카카오스토리 채널 알리기 ······ 185
   1) 검색 기능 활용 ······ 185
   2) 구독자 초대 ······ 185
   3) 채널 홈 바로가기 링크 ······ 186
   4) 해시태그 활용 ······ 186
   5) 카카오스토리 친구 활용 ······ 186

- 4. 구독자와 소통하기 ··· 186
  - 1) 스토리 채널 이용자에게 전달하기 ······················ 186
  - 2) 댓글, 느낌, 공유 활용 ·· 186
  - 3) 카카오톡 대화 ·· 187
- 5. 채널 운영하기 ··· 187
  - 1) 매니저 초대 ·· 187
  - 2) 마스터 권한 ·· 187
  - 3) 알림센터 기능 ·· 187
  - 4) 구독자 기능 ·· 187
  - 5) 활동로그 기능 활용 ··· 188
- 6. 통계 기능 확인하기 ·· 189
  - 1) 구독자 데이터 ·· 190
  - 2) 활동 사용자 데이터 ··· 190
  - 3) 방문 사용자 데이터 ··· 191
- 7. 계정 정보 ·· 191
- 8. 카카오스토리 채널 운영 원칙 ······································ 191
  - 1) 운영 원칙 ··· 191
  - 2) 게시글 이용제한 사유에 해당하는 게시물 ········· 192
  - 3) 카카오스토리 채널 이용제한 조치 대상 ············ 195
- 9. Kakao Crossmedia for StoryChannel ······················ 197

Ⅳ. 카카오톡 옐로아이디 마케팅 ································ 201
- 1. 카카오톡 옐로아이디 ·· 201
  - 1) 카카오톡 옐로아이디란 ·· 201
  - 2) 카카오톡 옐로아이디의 장점 ······························· 203
  - 3) 카카오톡 옐로아이디 만들기 ······························· 203
  - 4) 카카오톡 옐로아이디 꾸미기 ······························· 204
  - 5) 카카오톡 옐로아이디 메시지 전송 ······················ 209
  - 6) 카카오톡 옐로아이디 일대일 대화 ······················ 212
  - 7) 카카오톡 옐로아이디 이용약관 ··························· 214

Chapter Quiz ·· 226

Part 3. SNS 활용전략

Chapter 1 | SNS 마케팅의 이해

- I. 마케팅의 개념 ·· 238
  - 1. 마케팅의 의의 및 기능 ··· 238
    - 1) 마케팅의 의의 ·· 238
    - 2) 마케팅의 기능 ·· 239
  - 2. 현대적 마케팅 활동 ··· 239
    - 1) 데이터베이스 마케팅 ·· 239
    - 2) 그린 마케팅 ·· 240
    - 3) 계몽적 마케팅 ·· 240
  - 3. 기본적인 마케팅 과업 ··· 241
    - 1) 마케팅 과업 ·· 241
    - 2) 구체적 내용 ·· 241
  - 4. 마케팅 정보시스템 ··· 243
    - 1) 마케팅 정보시스템의 이해 ·· 243
    - 2) 마케팅 조사 ·· 245
  - 5. 마케팅 환경 ··· 247
    - 1) 마케팅 환경의 개념 ·· 247
    - 2) 미시환경 ·· 247
    - 3) 거시환경 ·· 248
  - 6. 소비자 행동 ··· 249
    - 1) 소비자 행동의 개념 ·· 249
    - 2) 소비자 행동의 특성 ·· 249
    - 3) 소비자의 구매행동 과정 ·· 249
    - 4) 마케팅 믹스 개발 ·· 250
    - 5) 수준별 마케팅 관리 ·· 251
    - 6) 비주얼 머천다이징 ·· 254

- II. 전자상거래의 개념 ··· 255
  - 1. 전자상거래와 e-Business ··· 255
    - 1) 전자상거래 ·· 255
    - 2) e-Business ·· 261
    - 3) 전자상거래와 e-Business의 차이 ······························ 263

2. 전자상거래의 유형과 특성 ··· 263
   1) 전자상거래의 유형 ··· 263
   2) 전자상거래 비즈니스 모델 ··································· 266
   3) 전자상거래 시대의 기업환경 변화 ······························· 266
   4) 전자상거래의 특성 ··· 267
   5) 전자상거래의 효과 ··· 268
   6) 인터넷 쇼핑몰 ··· 271
3. 인터넷 마케팅 ·· 274
   1) 인터넷 마케팅의 개념 ··· 274
   2) 전자상거래와의 구분 ··· 274
   3) 인터넷 마케팅의 특징 ··· 275
   4) 인터넷 마케팅의 분류 ··· 276
   5) 인터넷 마케팅의 계획과 실행단계 ······························· 278
   6) 인터넷 마케팅의 장점 ··· 279
   7) 인터넷 마케팅의 단점 ··· 280
   8) 인터넷 광고 ··· 281
4. 에스크로(escrow) ··· 284
   1) 에스크로란 ··· 284
   2) 에스크로서비스 절차 ··· 285

Chapter Quiz ·· 288

Chapter 2 | SNS 소통전략 및 소셜스토리텔링

I. SNS 활용사례 분석 및 소통전략 제공 ·········· 299
1. 트위터 활용사례 분석 및 소통전략 ·········· 299
   1) 해외 활용사례 분석 ·········· 299
   2) 국내 활용사례 분석 ·········· 301
   3) 트위터를 통한 마케팅 성공사례 ·········· 303
2. 페이스북 활용 사례 분석 및 소통전략 ·········· 305
   1) 개인 페이스북 계정이 가지는 딜레마 ·········· 305
   2) 페이스북 페이지 ·········· 306
   3) 페이스북 그룹 ·········· 307

II. 소셜미디어에 필요한 스토리텔링 전략 도출 ·········· 308
1. 뉴미디어의 등장 ·········· 308
2. 소셜미디어의 등장 ·········· 309
3. 스토리텔링의 등장 ·········· 313
4. 소통과 소셜스토리텔링 ·········· 315
5. 스토리텔링 소통전략 ·········· 316
6. 스토리텔링이 가진 매력들 ·········· 318
   1) 스토리텔링은 상대방의 기억에 오래 남게 해준다 ·········· 318
   2) 스토리텔링이 만들어내는 불만제로 ·········· 318
   3) 풍성한 글감을 만들어주는 스토리텔링 ·········· 319
7. 실전 스토리텔링 기법 ·········· 320
   1) 단어로 정리되는 사람의 머릿속 ·········· 320
   2) 상위개념과 하위개념 ·········· 322
   3) 공통분모로 공감대를 형성하라 ·········· 323
   4) 소소한 정보 전달을 통한 감정이입 ·········· 325
   5) 사물을 다른 시선으로 바라보자 ·········· 329
8. 기승전결로 스토리를 완성하라 ·········· 330
   1) 기 – 가장 기를 써야 하는 부분 ·········· 331
   2) 승 – 부연설명을 하는 부분 ·········· 331
   3) 전 – 몸통과 같은 역할 ·········· 332
   4) 결 – 원하는 효과가 나왔는지 결판을 내자 ·········· 332

Chapter Quiz ·········· 334

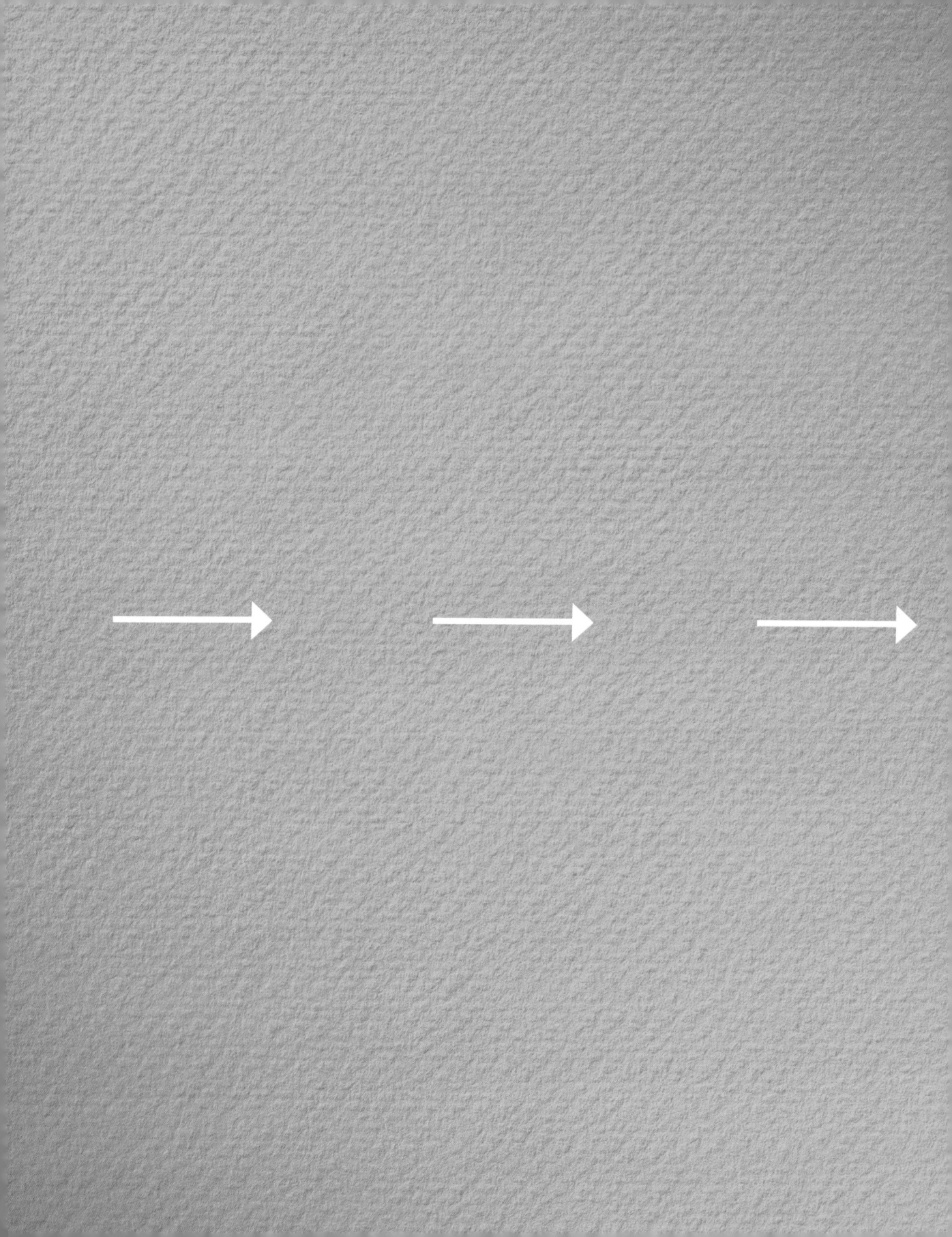

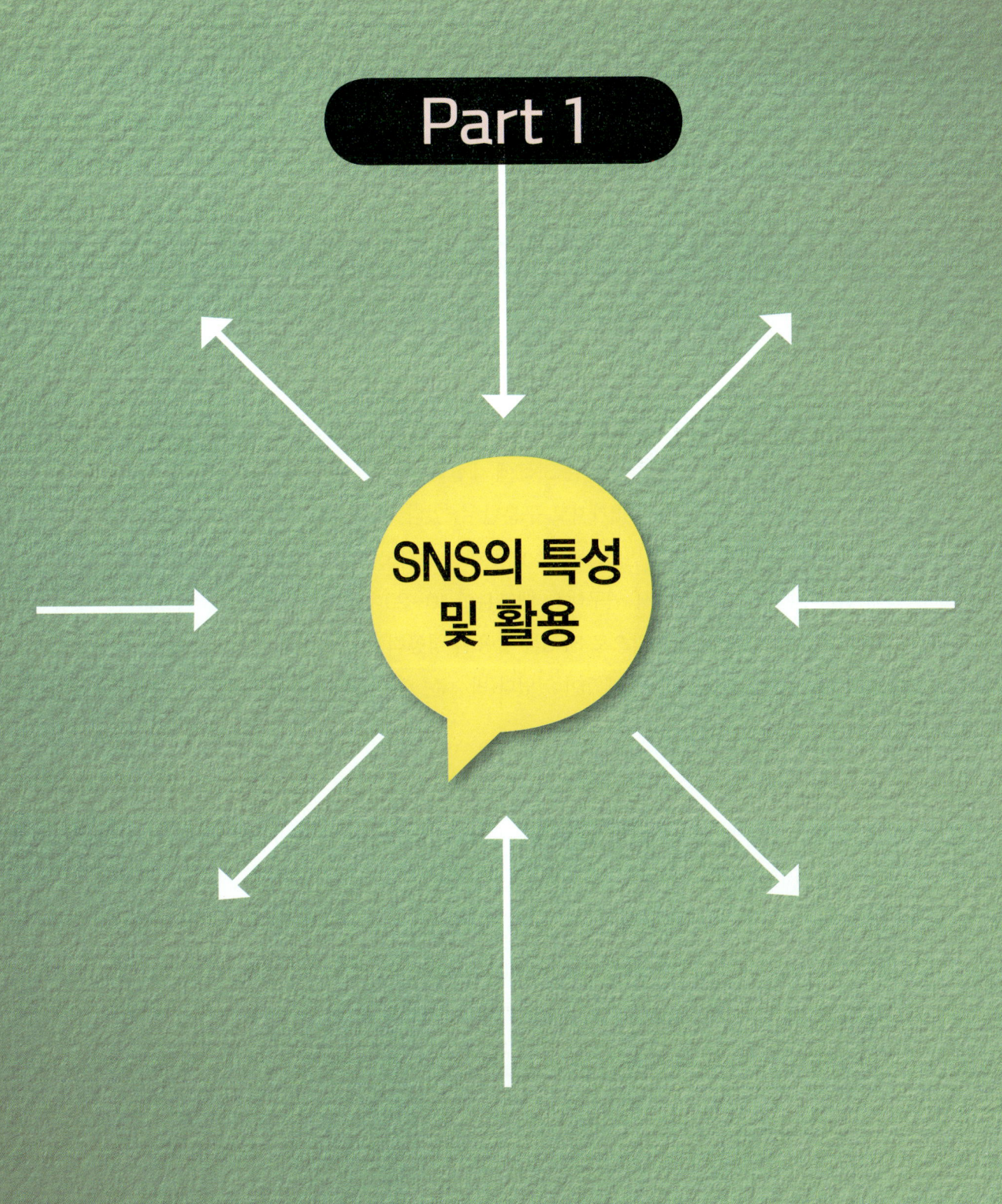

Chapter 1 | SNS의 특성 및 활용

SNS의 개념

SNS를 대상으로 한 선행 연구는 오프라인과 온라인에서의 사회적 관계의 차이점을 규명하거나 Social Network Analysis(SNA)를 이용해 온라인상에서 사람들 간의 관계와 사회적 상호작용을 분석하는 데 집중되어 있다(Ahn et al., 2007; Kim & Yun, 2007). 사회 전반에 걸쳐 영향을 미치고 있는 SNS에 대한 연구는 크게 SNS의 특성, SNS 사용자의 이용 행태, SNS 활용 등 3가지로 구분할 수 있다. 이에 대한 연구 논문을 살펴보면 SNS만의 고유한 특성을 변인으로 한 연구가 부족하고, 유저의 특성을 고려하지 못한 미흡함이 있으며, 설문 시 연구대상 대부분이 10~20대에 치우쳐 다양한 연령대에 대한 설문이 필요하다. 마지막으로 SNS를 활용한 성공적 업무수행에 대한 사례가 부족하여 SNS 활용에 대한 평가에 제약이 있었다(박승준, 2011).

1. SNS의 개념

소셜 네트워크 서비스(SNS ; Social Network Service)는 온라인 인맥구축 서비스이다. 1인 미디어, 1인 커뮤니티, 정보 공유 등을 포괄하는 개념이며, 참가자가 서로에게 친구를 소개하여, 친구 관계를 넓힐 것을 목적으로 개설된 커뮤니티형 웹 사이트이다(위키백과 웹사이트). 보이드와 엘리슨(Boyd & Ellison, 2007)은 개인이 프로필을 갖추고, 개인들 간의 관계를 바탕으로 형성된 연결을 공유하고, 이러한 연결을 바탕으로 일어나는 개인 간의 상호작용을 지원하는 서비스라고 정의하였다.

고상민 등(2010)은 정유진 등(2009)의 자료를 인용하여 SNS가 인터넷상에서 공통의 관심사를 지니고 있는 사용자들 간의 관계 형성을 지원하고, 이렇게 형성된 지인 관계를 바탕으로 인맥 관리, 정보 및 콘텐츠 공유 등 다양한 활동을 할 수 있도록 지원하는 서비스를 말하는 것으로서 기존의 가상 커뮤니티, 블로그 등과 같이 공통의 관심사를 공유하거나 특정한 가상 모임에서 자신의 의견을 게재하고 토론하는 방식의 서비스와 비슷한 의미를 지니고 있다고 정의하였다.

박현길(2010)은 1인 미디어, 1인 커뮤니티, 정보 공유 등을 포괄하는 개념으로, 참가자가 서로에게 친구를 소개하고 친구 관계를 넓힐 것을 목적으로 개설된 커뮤니티형 웹사이트라고 보다 확장된 의미로 정의하였다.

원욱연(2009)은 오프라인상의 사회적 관계 개념을 온라인 공간으로 가져와 개인의 일상 및 관심사를 공유·소통시켜 인맥 구축 및 네트워크 형성을 지원하는 서비스로 정의하는 등 대부분의 연구자가 개인, 네트워크, 정보 공유, 토론 등의 공통된 인식을 보이고 있다.

국내 인터넷 정책업무를 담당하고 있는 한국인터넷진흥원(2009)은 '인터넷 이용자의 SNS이용실태조사 최종보고서'에서 "SNS(Social Networking Service 또는 Site): 인터넷을 기반으로 사람과 사람을 연결하고 정보 공유, 인맥 관리, 자기표현 등을 통해 유지·관리할 수 있는 서비스(또는 사이트)"로 정의하였다. 이후 2010년 '인터넷 이슈기획 보고서'에서 SNS(소셜 네트워킹 서비스)를 "인터넷상에서 친구, 동료 등 지인과의 인간관계를 강화하거나 새로운 인맥을 형성함으로써 폭넓은 인적 네트워크를 형성할 수 있게 해주는 서비스로, 커뮤니티(카페, 클럽), 미니홈피, 블로그, 마이크로블로그, 프로필 기반 서비스" 등으로 정의하고 아래 표와 같이 세부 정의와 주요 서비스에 대하여 정리하였다(한국인터넷진흥원, 2010).

SNS의 정의 및 주요 서비스

구분	정의	주요 서비스
커뮤니티 (카페, 클럽)	인터넷상에서 취미나 관심분야가 유사한 사람들이 서로의 정보를 교류하거나 친목을 형성하기 위한 모임	다음 카페, 네이버 클럽, 싸이월드 클럽 등
미니홈피	미니홈페이지를 줄여 이르는 말로 네티즌들이 직접 꾸미고 서로를 초대할 수 있는 공간으로, 함께 활동하면서 네티즌 간의 인맥을 형성하는 1인 미디어	싸이월드 미니홈피, 세이클럽 미니홈피, 버디 미니홈피
블로그	개인의 관심사에 따라 일기, 칼럼, 전문자료, 사진 등을 게시 및 저장하여 타인과 공유하는 대표적 1인 미디어	다음 블로그, 네이버 블로그, 티스토리, 이글루스, 조인스 블로그, 오마이뉴스 블로그, 조선닷컴 블로그 등
마이크로블로그	140~150자 이내의 단문 메시지로 자신의 생각과 감정을 표현할 수 있는 블로그 서비스의 일종으로 미니블로그라고도 한다.	트위터, 미투데이, 네이버 커넥트, 다음 요즘, 플레이 톡, 토씨 등
프로필 기반 서비스	나이, 학력, 직업 등 개인정보를 비롯하여 직접 게시한 사진이나 동영상, 친구 목록 등이 메인 웹페이지인 프로필 페이지에 제공되어, 이를 기반으로 네티즌 간에 인맥을 형성하고 교류하는 서비스	페이스북, 링크나우, 링크드인, 오르컷 등

자료: 한국인터넷진흥원(2010)

이 장에서는 SNS 중 프로필 기반 서비스인 페이스북, 마이크로블로그인 트위터에 대해 알아보고 이들 SNS의 근간이 되는 블로그의 개념 및 특성을 알아보고자 한다.

2. 블로그

'블로그(Blog)'란 인터넷을 대표하는 웹(Web)과 기록된 자료를 뜻하는 로그(log)의 합성어인 '웹로그(Weblog)'의 줄임말로, 일반인들이 자신의 관심사에 따라 일기, 칼럼, 기사 등을 자유롭게 올리며 공유하는 1인 미디어를 뜻한다(Blood, 2002). '블로거(Blogger)'

는 블로그를 생성하여 운영할 수 있도록 지원해 주는 서비스에서 자신의 블로그를 운영하거나 이용하는 사람이다. 블로거는 서로 간에 관계 맺음을 통해 사회적 연결망을 형성할 수 있는데, 예를 들면 블로그 연결망 내의 각 이용자가 자신의 블로그에 게시글을 작성한다면 다른 이용자는 이 게시글에 대하여 조회를 하거나, 답글을 남기거나, 스크랩을 하거나, 엮인 글 달기를 할 수 있다(임성환. 김상욱. 박선주. 이준호, 2009).

여기서, 조회하기는 게시글을 읽는 행동이고, 답글 남기기는 게시글에 대하여 자신의 의견을 남기는 행동이다. 스크랩하기는 게시글의 내용을 복사하여 자신의 블로그 내에 게시글로 등록하는 행동이며, 엮인 글 달기는 게시글과 연관된 새로운 내용을 자신의 블로그 내에 게시글로 작성하는 행동이다. 스크랩하기와 엮인 글 달기를 통하여 재생산된 게시글도 일반 게시글과 마찬가지로 조회하기, 답글 남기기, 스크랩하기, 엮인 글 달기 등의 새로운 행동을 유발할 수 있다(임석환. 김상욱. 박선주. 이준호, 2009). 이러한 방식으로 블로거는 사회적 연결망을 확립할 수 있으며, 이 과정에서 특정 블로그는 연결망 내에서 중심적인 노드(node)로 자리매김할 수 있고 블로거 사이에 영향력을 행사할 수도 있다.

1997년 미국의 한 웹 사이트에서 블로그라는 단어가 처음으로 사용된 이후, 블로그는 웹미디어의 개인화 경향에 힘입어 빠르게 확산되고 있고 웹 2.0의 트렌드 속에서 참여와 공유의 정신에 적합한 대표적 플랫폼으로 자리매김하고 있다(홍진영. 박선주. 정승화, 2009). 블로그가 국내에 처음 소개된 것은 2001년 12월에 블로그 이용자들의 모임인 웹로그인코리아(www.wik.ne.kr)가 생겨나면서부터다. 이듬해인 2002년 에이블클릭이 국내 최초의 상업용 블로그(www.blog.co.kr) 플랫폼을 갖추면서 블로그 시대가 본격적으로 열렸다고 볼 수 있다(김익현, 2005).

김영주(2005)는 블로그 개념과 특성을 다음과 같이 몇 가지로 정리하고 있다. 첫째, 형식상 특성으로 블로그는 일지 형태이고 주로 짧은 글이 많이 쓰인다. 글이 자주 올라오므로 사이트가 자주 갱신되며, 최신 사건 순으로 글이 배치되므로 최근 글이 가장 위에 올라오는 역연대기 순서의 배열을 이룬다. 그리고 제목과 본문이 첫 화면에 함께 노출된다. 게시물을 작성함과 동시에 발행되고 반영되며, 각 게시물은 HTML(Hypertext

Mark-up Language)로 작성되어 고유의 주소를 가진다. 카테고리화 되어 있고 트랙백(Trackback)을 통해 그물망처럼 서로 얽혀 있다. 일반적인 웹페이지는 정보 업데이트의 시기가 불규칙적이지만, 블로그는 날짜 단위로 게시물이 새롭게 추가되어 정기적인 업데이트가 이루어진다.

둘째, 내용상의 특성으로 블로그에는 개인의 편집되지 않은 목소리가 담긴다. 주로 개인적인 글로 기존의 인터넷 게시물에 비해 편집이 적은 편이다. 그리고 사진, 동영상 등을 제공하기 때문에 콘텐츠가 다양해지고 있다. 또한 다양한 정보가 제공되고 있으며 정보 출처의 확인이 가능하다.

셋째, 기능적 특성으로 블로그는 수많은 웹페이지에 대한 사전 서핑 기능을 수행한다. 이용자 입장에서 보면 매우 편리한 기능으로 자신의 관심에 맞는 웹페이지만 찾아 링크할 수 있다. 또한 블로그는 공개적이다. 개인 홈페이지는 해당 주소를 알아야만 방문할 수 있지만, 블로그는 다른 블로그와 연결되어 있으므로 얼마든지 서핑이 가능하다. 그리고 일대일, 일대다, 다대다 커뮤니케이션이 가능하다.

넷째, 블로그는 미디어로서의 특성을 지닌다. 기존 포털사이트(이하 '포털')는 많은 정보를 제공해 주기는 했으나 개인이 원하는 모든 정보를 포함할 수 없다는 한계가 있었다. 하지만 블로그는 자신이 원하는 정보를 수집해서 모아두거나 이를 특정인 혹은 불특정 다수에게 공개할 수도 있으며, 코멘트를 달아 자신의 생각까지 전달할 수 있다. 블로그는 관심 있는 주제에 대한 정보를 스크랩하여 자신의 의견을 덧붙임으로써 일종의 미디어 기능을 할 수 있는 잠재력이 있다. 미디어가 본래 어떤 정보를 매개하는 수단이라는 점을 생각해 본다면, 블로그는 특정 주제에 대해 열심히 자료를 찾고 분석하는 개인이 자신의 의견까지 덧붙여서 특정 집단이나 불특정 다수에게 그 정보와 더불어 어떤 시각까지 형성하게 하는 미디어로서 역할을 수행한다. 특히 블로그는 저널리즘 매체로서의 특성을 보이기도 한다. 개인적 관점에서 뉴스를 직접 작성하거나 기존 저널리즘의 뉴스를 필터링하는 방식으로 블로그에서 저널리즘 행위를 수행할 수 있다.

다섯째, 블로그는 대인 커뮤니케이션 매체로서의 특성을 가지고 있다. 블로그는 일기나 감상의 기록, 자유로운 자아 표출이 가능한 공간일 뿐 아니라 대인 커뮤니케이션 매체로서의 특성도 가진다. 답글, 방명록, 쪽지, 이메일 등의 기능을 통해 블로거 간의 원활한 의사소통과 친목 도모가 가능하다.

한국인터넷진흥원이 2007년 6월에 전국 1만 가구의 만 3세 이상 가구원 25,654명을 대상으로 실시한 조사에 따르면, 현재 우리나라 전체 인터넷 이용자 중 블로그 운영자는 30.2%(블로그만 운영은 9.4%, 미니홈피만 운영은 17.9%, 블로그와 미니홈피 모두 운영은 2.9%)였다. 미니홈피만을 운영하는 사람을 제외하면 블로그 운영자는 12.3%다. 2007년 6월 현재 인터넷 이용자인 3,619만 명을 기준으로 블로그 운영자를 추산해 보면 약 445만 명이 된다(최민재 외, 2009).

한편, 넷다이버(www.netdiver.co.kr)가 인용하고 있는 2008년 한국 블로그 산업 동향 관련 보고서에 의하면 국내 블로그 시장은 꾸준히 매년 월 6%가 넘는 성장률을 보이고 있는 것으로 나타났다. 이런 성장 추세 때문에 블로그는 개인적 목적이나 상호 교류의 의도를 넘어 비즈니스 및 정치적 목적으로도 활발히 활용되고 있다(홍진영. 박선주. 정승화, 2009).

3. 트위터

2006년 7월 서비스를 시작한 트위터의 기반이 된 것은 에반 윌리엄스(Evan Williams), 잭 도시(Jack Dorsey), 그리고 비즈 스톤(Biz Stone)이 브레인스토밍 중에 나온 아이디어였다. 잭 도시는 이 과정에서 소규모 그룹 내에서 SMS 사용에 대한 아이디어를 제안했고, 이것이 발전되어 그룹 메시징 서비스인 'TEXTMob'이 설립되고 이후 현재의 모습을 갖춘 트위터로 발전하였다(Wikipedia, Twitter).

초기의 트위터는 'What are you doing?', 즉 친구들과의 안부를 실시간으로 묻고 답하기 위해 사용한 사적 연락망, 또는 정보교환 매체의 성격이 강했다. 자신이 지금 무엇을 하고 있는지 실시간으로 업데이트하면서 다른 사람들에게 손쉽게 알리는 방식이었던 것이다. 그러나 2009년부터 트위터가 전 세계적으로 주목을 받기 시작하면서 그 성격은 달라지기 시작했다. 즉, 트위터가 사적 연락망 이상의 공적인 성격을 가지게 된 것이다. 2009년 허드슨 강 비행기 불시착 사건이나 이란 반정부 시위 상황에서 트위터는 그 어떤 전통 매체보다 발 빠르게 현장의 상황을 전했다. 트위터의 즉시성과 전파력이 신문, 방송 등 기존의 매체에만 기대어 있던 뉴스 유통 방식의 변화를 일으킨 것이다(Phelan et al., 2009).

트위터와 같이 공백과 기호를 포함해서 140~150자 내외의 텍스트로만 글을 쓸 수 있게 한 소셜 미디어를 마이크로블로그(microblog)라 부르며, 우리나라에는 트위터 외에도 미투데이(me2Day), 요즘(yozm) 등 국내 서비스도 제공되고 있다. 블로그가 글을 올리는 데 주로 PC를 이용하기 때문에 컴퓨터 등 제반 환경이 구비된 상태에서 이용이 가능한 반면, 마이크로블로그는 휴대전화의 SMS나 스마트폰의 어플리케이션 등을 이용해 언제 어디서나 이용할 수 있다. 또한 블로그에 글을 적을 때 일관된 흐름을 가진 일정량의 글을 적어야 하기 때문에 그 작업이 부담스럽지만 마이크로블로그는 글이 짧기 때문에 간단한 생각들도 바로바로 올릴 수 있다는 장점이 있다(김중태, 2010).

트위터는 블로그, 게시판 등과 마찬가지로 쓰고, 읽고, 답글을 달 수 있다. 다만 트위터는 140자 글자 제한이 있기 때문에 긴 글을 한 번에 올리기보다는 짧은 글을 여러 번 올린다. 또한 텍스트만 지원되기 때문에 사진이나 동영상 등의 직접적 공유가 불가능한데, 이는 트위터와 연동된 외부 서비스에 사진이나 동영상을 업로드하고 생성된 링크를 첨부하는 방식으로 공유한다. 이용자는 트위터에 자신이 쓰고 싶은 글을 쓰고, 관심을 가지게 된 다른 이용자를 따르면서(following) 그 이용자의 글을 받아 읽는다. 이것은 이용자들이 회원가입 시 만들어진 페이지에 리스트 형식으로 업데이트된다. 이 리스트의 내용은 이용자가 어떤 다른 이용자를 팔로잉 하는가에 따라서 유명 연예인의 일거수 일투족, 친구들과의 사소한 대화들, 기업에서 운영하는 트위터를 통한 이벤트 소식 등 다양한 내용이 있으며, 이용자마다 팔로잉하는 대상이 다르다면 그 짜임은 천차만별이다.

트위터의 팔로잉 기능은 일반적인 소셜 미디어의 관계 맺는 방식을 따르지 않는다. 마이스페이스, 페이스북 등의 서비스는 친구 신청과 수락의 두 단계를 거쳐야 한다. 이러한 단계를 거친 관계는 대칭적이다. 즉, 누가 먼저 신청을 했는지 여부와 관계 없이 두 사용자가 온라인 친구 관계라면 그 관계는 대칭적이고 동등하다는 의미이다. 그러나 트위터는 한 사용자가 다른 사용자와 관계를 맺을 때에는 상대방을 팔로우하면 된다. 즉, 관계를 생성하기 위해서 다른 소셜 네트워크 서비스에서 그런 것처럼 상대방의 승인을 받을 필요는 없다. 그래서 트위터에서의 관계는 일방향적이며 관계는 대칭적이지 않다. 유명인사들의 트위터 계정처럼 일방적으로 팔로어가 많은 경우도 있고, 수많은 사람들을 팔로잉한 계정도 있다. 이용자 본인이 원한다면 가까운 친구에서부터 생전 얼굴 한 번 본 적 없는 사람들까지 자신이 원하는 만큼의 네트워크를 쉽게 구축할 수 있고, 이것은 기존의 집단을 크게 벗어난 새로운 네트워크 형성의 기초가 될 수 있다(Granovetter, 1973).

트위터 이용자는 타임라인에 올라오는 트윗을 읽으며 마음에 드는 글은 추천하고, 필요하다고 생각한 정보는 다른 이용자들과 공유하기도 하며, 다른 이용자와 대화를 하기도 한다. 트위터를 이용할 때 마음에 드는 글을 추천해 다른 이들과 공유하는 것을 리트윗(Retweet)이라고 한다. 이는 원래 트위터의 기능은 아니었지만, 초기 사용자들이 마음에 드는 글을 공유하기 위해 트윗의 내용을 복사해 붙인 후 그 앞에 RT를 붙인 일종의 약속이었다. 이것이 트위터의 공식 리트윗 기능이 되었고, 이용자들은 이제 마음에 드는 글이 있으면 리트윗 버튼을 눌러서 그 트윗을 그대로 공유한다. 리트윗 기능을 이용하면 글이 네트워크를 따라 끊임없이 전파되기 때문에 소규모의 네트워크를 가진 이용자의 글이라도 단시간에 많은 사람들이 볼 수 있으며, 트위터 이용자들은 정보를 전달하고 공유하는 수신자이자 재전송자로서 활발한 역할을 한다(이미나·김옥현, 2011).

리트윗 외에도 트위터는 이용자 간 대화를 가능하게 하는 멘션(@), 상호 팔로우한 이용자들만 이용 가능한 비공개 트윗인 쪽지(Direct Message, DM), 트위터상에서 특정 화제에 대해 검색을 가능하게 해 트위터 내의 트렌드 파악에 용이한 해시태그(Hashtag, #) 등 다양한 기능을 제공하고 있다.

이용자들은 기본적으로 주어지는 기능 외에도 주소 단축기능이나 이용자 간 소규모 그룹을 형성하거나 오프라인 모임을 결성하는 사이트를 이용하고, 각종 웹 브라우저나 블로그 등에서 애드온(add-on) 기능을 이용해 타임라인을 보고 글을 올릴 수 있다. 이는 트위터가 서비스 초기부터 공개 API 정책을 통해 자사의 정보를 공개함으로써 누구나 트위터 관련 클라이언트 툴이나 매시업(mashup) 미디어 등을 만들 수 있게 하기 때문이다. 이는 모바일에도 확장되어 트위터에서 내놓은 공식 어플리케이션 외에도 수십 가지의 트위터용 모바일 어플리케이션이 존재한다. 이용자들 또한 단순히 트위터 웹 사이트에만 접속해서 이용하는 것이 아니라 다양한 외부 어플리케이션을 통해 다양한 기능을 활용하여 메시지를 생산하고 공유한다. 더불어 오픈 API를 이용한 다양한 트위터 매시업(mashup)도 속속 등장하면서 트위터를 둘러싼 하나의 커다란 생태계가 형성되어 있다.

4. 페이스북

페이스북은 2004년에 서비스를 시작하여 2011년 7월 기준 이용자가 8억 명 이상인 세계에서 가장 많이 사용되는 소셜 네트워킹 사이트이다. 공동 창업자는 하버드 중퇴생인 마크 주크버그와 그의 대학 룸메이트인 에드왈드 세버린, 컴퓨터 전공자인 더스틴 모스코위츠, 크리스 휴즈이며, 본래는 하버드대 학생들을 위한 서비스로 시작하였다. 이것이 보스턴 지역의 여러 대학으로, 아이비리그와 스탠포드대로 확장되며 대학생들에게 점점 인기를 얻어갔다. 이후 고등학생과 13세 이상 누구나에게 확대되면서 2009년 1월 마이스페이스를 제치고 세계에서 가장 많이 이용하는 소셜 네트워크 사이트가 되었다(Wikipedia, Facebook). 페이스북은 개인의 프로필을 놀이의 개념으로 확장한 것이라 볼 수 있다(오승석, 2010). 일단 페이스북에 가입한 이용자들은 개인 프로파일을 생성하고, 다른 이용자와 친구를 맺으며 메시지를 교환한다. 그리고 일상생활의 소소한 재미나 공유하고 싶은 일들을 담벼락(wall)에 글과 사진 등의 다양한 형태로 올리고 이를 개방된 공간에서 친구들과 이야기를 나눌 수 있다. 또한 친구들이 올린 글, 사진, 영상 등에 댓글을 달고, 좋은 내용이나 정보를 링크 기능을 통해 다른 사람들과 공유할 수 있다. 본인의 상태는 물론 친구들의 상태, 팬페이지, 그룹메시지 등을 뉴스피드(News Feed)에서 시간 순서, 또는 인기 순서대로 확인할 수 있다. 페이스북은 기본적으로 쌍방의 동의에 의해 친구가 되어야만 상대방이 올린 글이나 사진, 동영상 등을 볼 수 있는 구조이다. 친구 신청과 승인의 방식으로 친구 관계 맺기가 이루어진다. 이는 싸이월드나 마이스페이스 등 다른 SNS에서도 이용하고 있는 방식이다. 이렇게 친구를 맺게 되면, 상대방의 인맥을 통해 새로운 사람과 관계를 맺고, 또 새로운 사람을 알게 되는 방식으로 네트워크가 확장된다. 반면 이렇게 확장된 네트워크 속에서 사생활 침해의 소지를 막기 위해 상태 업데이트에서 공유를 할 네트워크의 범위를 정할 수 있는데, 나만 보기, 친구만 보기, 친구의 친구만 보기, 특정 사람들 또는 리스트 보기, 전체 보기 등 다양한 범위의 공개를 설정할 수 있다. 이렇게 설정함으로써 정보가 지나치게 빨리 퍼져나가는 것을 막아 이용자들에게 어느 정도의 안정감을 제공할 수 있다.

페이스북은 트위터와 마찬가지로 플랫폼을 외부개발자에게 개방하였고, 외부개발자들은 이를 이용한 다양한 어플리케이션을 개발하여 선보이고 있다. 2007년 5월부터 오픈 플랫폼을 통해 다양한 페이스북 전용 어플리케이션을 개발해 수익을 올릴 수 있는 구조를 만들었다. 이후 1만 5천여 개 이상의 제3자 어플리케이션들이 등장했는데, 담벼락에 올리는 재미있는 메시지에서부터 페이스북 친구들과 함께 하는 게임까지 그 종류가 다양하다. 특히 페이스북의 게임들은 페이스북 인맥을 바탕으로 진행하는 게임들이 많기 때문에 게임을 함으로써 자연스럽게 모르는 사람들과 관계를 맺을 수 있는 새로운 인맥 확장 방법이다. 예를 들어 '시티빌(CityVille)'이라는 도시경영 시뮬레이션 게임의 경우 건물을 짓기 위해 시티빌 게임 이용자인 친구를 고용하거나 친구에게서 물품을 부탁해야 하는 시스템이기 때문에 게임을 계속 진행하려면 친구의 존재가 필수적이다.

페이스북은 또한 '페이스북 커넥트'라는 API를 제공하고 있다. 페이스북 커넥트를 이용해 이용자들이 제3자 웹사이트, 어플리케이션, 모바일 기기, 게임 등을 로그인해 이용할 수 있으며, 접속했을 때 페이스북에 상태 업데이트 등을 할 수 있게 한다. 이는 이용자의 정보를 회사 내에 묶어두기보다는 다양한 웹 사이트에 동일한 아이디로 로그인을 가능하게 함으로써 몇 번이나 새로 로그인을 해야 하는 부담을 덜어준다. 페이스북 커넥트를 채택한 외부 계정은 약 8만 개 이상이며, 외부 어플리케이션을 통해 업로드된 메시지를 친구들이 클릭하여 외부 어플리케이션에 트래픽이 몰리는 선순환 구조를 이룬다.

페이스북은 현재 중국, 베트남, 이란, 우즈베키스탄 등 여러 나라에서 접속이 금지되고 있다. 중국과 베트남의 경우 사회주의 사회체제에 대한 비판을 통제하기 위해(International Business Times, 2011-10-10), 이란 등은 페이스북의 내용이 반이슬람적 사상을 가지고 있거나 종교 차별적 성격을 가지고 있어서 금지하고 있다. 또한 직장에서는 직원들의 시간을 낭비한다는 이유로 직장 내에서 페이스북 접속을 차단시켰다. 2011년 5월 HCL Techonlogies에 따르면 영국 고용인의 약 50%가 직장 내 페이스북 이용을 금지당하고 있다(Wikipedia, Facebook).

페이스북의 보안에 대해서도 문제제기가 끊이지 않고 있다. 이미 여러 소셜 미디어들이 해커들의 표적이 되고 있고 페이스북 또한 안전하지 않다. 2011년 1월 프랑스의 니콜라 사르코지 대통령의 계정이 두 차례나 해킹당하고, 며칠 뒤엔 창업자인 마크 저커버그의 팬페이지에 해커가 쓴 메시지가 올라오면서 페이스북의 보안에 대해 많은 이용자들이 염려하였고, 이에 페이스북은 공공장소에서 쓸 수 있는 1회용 비밀번호 발급 등의 대책을 내놓았다(중앙일보, 2011-01-28).

II. SNS의 특성

이 장에서는 SNS의 일반적 특성을 앞서 언급한 SNS의 개념을 바탕으로 하여 관계와 상호작용, 그리고 커뮤니케이션, 네트워크 등으로 정리하고 이와는 별도로 매체적 특성에 대해 정리하였다.

1. SNS의 일반적 특성

유훈식(2009)은 모든 SNS는 사람을 중심으로 한 관계에 기반하고 있고, 사용자 간에 상호 작용하면서 커뮤니케이션을 가능하게 한다고 하였고, 이에 대해 강안구(2009) 등은 SNS는 관계적인 측면이 부각되고 있지만 기존의 관계 중심 서비스와는 차별적인 특성들이 융합적으로 존재하는 서비스라고 정의하였다. 구체적으로 SNS는 개인 홈페이지 형태의 '블로그'와 유사하지만 개인의 일방적인 정보공개보다는 다른 사람과 '관계'를 형성, 확장하는 것에 초점을 두고 있다.

황성원(2010)은 SNS에 대해 참여, 공개, 대화, 커뮤니티, 연결의 복합체라고 정의하였다. 즉, 관심 있는 모든 사람들의 참여와 피드백을 촉진하여 미디어와 이용자 개념의 경계가 없어지고, 피드백, 코멘트, 정보 공유를 촉진함으로써 콘텐츠 접근과 사용에 대한 접근을 공개하며, 콘텐츠와 이용자가 쌍방향성의 대화를 나누며 친근감을 유도한다는 것이다. 또한 "커뮤니티를 통해 상호작용하고 정보를 생산, 공유, 확산하면서 다양한 미디어의 조합이나 링크를 통한 연결 상에서 정보 및 이슈를 확대 재생산하는 특징을 가지고 있다"고 주장하였다.

조희정(2011)은 SNS의 특징으로 속보성과 연결성, 개방성을 들고 있다. SNS를 통해 연결되어 있는 다수의 사용자들이 잘못된 정보에 대한 정정까지 해낼 수 있다는 점에서 속보성의 장점이 있으며, 연결성은 촘촘하게 연결된 네트워크 세상에서 신뢰와 좋은 평판을 얻은 정보와 사람이라면 순식간에 시공간을 초월하여 전파될 수 있다는 점을, 개방성은 서비스 제작에서의 코드를 공개하여 수많은 응용서비스로 확산하는 방식이나 개별 SNS의 내용이 다른 SNS로 연결되는 것 등을 제시하였다.

오승석(2010)은 트위터와 페이스북의 이용 동기와 충족에 관한 연구에서 "트위터는 팔로잉(Following) 시스템을 통해 네트워크 구축이 용이하고 실시간 정보 업데이트 및 열린 정보 공간으로서 리트윗을 통한 정보의 확산과 공유의 신속성이 있다"고 하였고, "페이스북은 사진 올리기, 음악 및 비디오 파일 공유 등 엔터테인먼트적 속성이 뛰어나고 1대 1 신청/수락 방식을 통한 네트워크 구축으로 자신의 정보를 지인과 쉽게 공유한다"고 하였다. 또한 "트위터는 정보 탐색적 동기가 충족도에 가장 큰 영향을 미치고, 페이스북은 자기 확인의 동기가 충족도에 큰 영향을 미친다"고 하였다.

SNS의 문화적 특성에 대한 연구로 고상민(2010)은 "사회적 자본 이론에 기반한 SNS 사용자의 문화적 차이에 관한 연구에서 한국과 중국 모두 SNS 사용에 따른 온라인 사회적 자본에 있어 교량적 사회 자본(Bridging Social Capital)에 더 영향을 미친다"

고 하였다. 즉, 새로운 사람들과의 관계형성 측면에 더 큰 비중을 두는 것이다. "집단 주의의 성향이 높은 국가라 하더라도 Bonding Social Capital보다는 Bridging Social Capital에 더 많은 영향을 받는다"고 하였다.

SNS의 보안적 특성에 대해 이승은(2010)은 "소비자는 SNS에서 드러날 수 있는 정보의 종류에 따라 정보의 민감성과 위험성을 다르게 인지하며, 프라이버시 침해에 높은 우려를 가지고 있다"고 하였다. "하지만 SNS 이용자들은 프라이버시 침해에 대한 우려보다는 SNS가 부여하는 가치에 더 큰 영향을 받는다"고 하였다.

FAN QING(2010)은 온라인 환경에서 SNS의 5가지 특성(오락성, 고객화, 상호작용성, 유용성, 사용용이성) 중 오락성, 유용성, 상호작용성이 참여행동을 통해 지속적 몰입과 규범적 몰입에 영향을 미치고 지속적 사용의도에 유의한 영향을 준다고 밝혔으나, 참여, 몰입, 지속적 사용의도에 미치는 요인 중 사용자 개인의 특성 및 문화적 배경요인을 고려하지 않았다. 아울러 설문조사의 대상자가 20대에 국한되어 30~50대의 SNS 이용행태에 대한 분석이 필요하다.

2. SNS의 매체적 특성

SNS에 있어서 매체 요소는 대인 간 커뮤니케이션에서 의미의 전달을 가능하게 해주기 위한 요소이다. 이는 의미전달의 기본적 기능뿐만 아니라 소통 방식과 표현의 형태, 그리고 의미전달의 범위를 규정해 준다. 즉 동일한 내용이라고 해도 매체의 물질적 속성과 기술적 특성에 따라 감각적으로 인지되는 표현의 형태가 규정되고 그 의미 전달의 시공간적 범위가 결정된다. 매체는 기존 매체 영역에서 탈피하여 공간적 의미로 사용되기도 하며, 내부 영역뿐 아니라 외부에서 정보전달의 매개로 작용되기도 한다.

1) 매체풍부성 이론(Media Richness Theory)

매체풍부성 이론의 전제는 조직들은 불확실성과 모호성을 줄이기 위해 정보를 처리한다는 것이다. 이는 경영 조직차원에 있어 매체 선택 및 이용에 관한 가장 눈에 띄는 이론인데, 커뮤니케이션 상황의 불확실성을 해결하는 가장 적절한 커뮤니케이션 매체를 확인하는 데 관심을 둔다(Daft and Lengel, 1986). 커뮤니케이션 매체는 메시지를 전달하는 능력에서 서로 다른 양상을 보이는데, 과업이 요구하는 의사소통의 정도와 부합되는 적절한 형태의 커뮤니케이션 매체는 업무성과를 향상시키고, 그로부터 관리자들로 하여금 차후에 다시 그 매체를 선택하게 한다고 주장한다. 커뮤니케이션 매체는 대면에서부터 문서에 이르기까지 다양하며, 각각의 매체는 그 자체로 다양한 능력을 보유하고 있다. 이런 능력은 바로 과업에서의 적절한 커뮤니케이션 매체 선택의 단초를 제공해준다(Daft & Lengel, 1986).

커뮤니케이션의 매체풍부성은 다음의 네 가지 요소들의 기능이라고 할 수 있다. 피드백의 능력(feedback capability), 단서(cues)의 수, 정보원의 개인성(personalization), 그리고 사용되는 언어의 유형(language variety)이 그것들이다. 시간적으로 피드백이 용이하고 이를 제공할 수 있는 능력이 클수록 풍부성은 커진다. 또 음조라던가 억양, 개인적인 감정의 표현과 같은 단서들을 전달할 수 있는 것이 풍부성이 크다. 매체가 언어에 의해 제공되는 다양성을 보다 많이 포괄할수록 풍부성이 크며, 또한 개인의 느낌을 전달할수록 풍부성이 크다(Huber and Daft, 1987).

2) 상호작용성(Interactivity)

상호작용성은 사람이나 사물들이 교환행동을 하며 서로 주고받는 것을 의미하는 것으로 광고, 마케팅, 커뮤니케이션, 정보과학, 컴퓨터과학, 교육학 등 여러 분야에서 광범위하게 논의되고 있다(김민정, 2011).

Rice(1984)는 상호작용성에 대해 "미디어에 의해 사용자에게 제공되는 선택의 양"으로 정의하였으며, Heeter(1989)는 상호작용성을 아직 정의되지 않은 개념으로서 뉴미디어의 가장 중요한 특성으로 파악하고, 이용 가능한 선택의 복잡성, 사용자가 해야 하는 노력, 사용자에 대한 반응성, 정보이용 감시, 정보 추가 용이성, 대인관계 커뮤니케이션 촉진의 차원을 포함하는 다차원적인 개념이라고 정의하였다.

온라인에서의 상호작용성은 커뮤니티 멤버 간의 의견 교환이나 대화가 빈번히 이루어지는 정도로, 상호작용 정도가 높고 낮음에 따라 '카페(Cafe)형'과 '성지(Shrines)형'으로 구분할 수 있다. 상호작용 정도가 높은 '카페형'에서는 이용자들 사이에 빈번한 커뮤니케이션이 이루어지고 소주제에 따른 서브그룹도 활발히 생성되는 것이 특징이다. 반면 '성지형'의 경우에는 특정인물에 대한 추종자나 추모자의 모임과 같이 방문자들 간에 공통의 관심사는 있으나 회원들 간에 상호작용은 거의 없는 것이 특징이다(서건수, 2003).

트위터는 상호작용성 수준이 높은 '카페형'으로 구분할 수 있다. 또한 이재현(2005)에 의하면 스마트폰은 상호작용 미디어이다. 스마트폰은 시간과 공간의 제약을 받는 반면, 대면 커뮤니케이션(face to face communication) 환경에서 벗어나 시간과 공간, 연령, 신분, 인종, 국경 등을 초월하여 다양한 사람들과 상호작용할 수 있게 하기 때문이다.

3. SNS의 매체적 속성

SNS의 특성은 크게 3가지로 신속성, 연결성, 개방성을 들 수 있다(조희정, 2011).

첫째, 트위터의 경우 초당 3,000~4,000개의 글이 올라오는데, 이와 같은 신속성은 SNS의 가장 대표적인 특징 가운데 하나이다. 많은 SNS 사용자가 기존 매스미디어를 통해 늦게 걸러지는 뉴스와 정보보다는 SNS를 통해 제공되는 신속한 정보에 주목하고 있다. 신속성은 정보유통을 빠르게 한다는 점에서는 매우 유익한 속성이지만, 잘못된 정보의 유통도 그만큼 빠를 수 있다는 점은 많은 비관론자들이 우려하는 부분이기도 하다.

둘째, 연결성은 SNS라는 말이 상징하는 것처럼 IT의 확산이 가져온 가장 큰 효과로 세계의 연결에 있다. 정보와 사람이 지속적으로 약한 유대(weak ties)를 실시간으로 유지하면서도 관계망을 확장한다는 것은 과거의 홈페이지 서비스에서는 기대하기 어려운 부분이었다. 더구나 이렇게 연결된 세계가 6단계(six degrees)만 거치면 아는 사람들로 연결된 작은 세계(small world)가 된다는 점은 SNS의 또 다른 매력이기도 하다. 이와 같이 촘촘하게 연결된 네트워크 세상에서 신뢰와 좋은 평판을 얻은 정보와 사람이라면, 순식간에 시공간을 초월하여 전파될 수 있다는 점에 SNS의 또 다른 위력이 있다.

셋째, 참여·공유·개방을 표방하는 웹 2.0 서비스에서 시작된 개방성이라는 속성은 비로소 SNS 서비스에서 완성되었다 해도 과언이 아니다. 서비스 제작에서의 코드를 공개하여 수많은 응용서비스로 확산하는 방식이나, 개별 SNS의 내용이 다른 SNS로 연결되는 것은 개방성이라는 철학이 전제되었기 때문에 가능한 것이다. 글로벌 SNS의 이러한 개방성에 비해 흔히 국내 SNS의 낮은 수준의 개방성이 비판의 대상이 되기도 하는데, 온라인 공간이 오프라인의 실제 생활보다 더 나은 경쟁력을 확보할 수 있는 전략은 기술, 사람과 서비스의 개방에서 가능하다는 것을 유념할 필요가 있다.

III. SNS의 이용현황

'온라인 인맥 구축을 목적으로 하는 커뮤니티형 서비스'로서의 SNS는 2006년 이후 급속히 성장하여 정치·경제·사회를 아우르는 새로운 키워드로 떠오르고 있다. 현재, 전 세계 SNS 사용자는 약 8억 명이며 선두를 달리고 있는 페이스북의 경우 6억 명이 70개 언어로 사용하고 있다. 국내 SNS 서비스 이용현황은 SNS 원조격인 싸이월드(2,500만 명), 그 다음으로 페이스북(378만 명)과 트위터(250만 명) 순이다(한국인터넷진흥원, 2010).

한국인터넷진흥원(2010)의 조사에 따르면, 최근 1년 이내 SNS를 이용한 사람들은 전체 인터넷 이용 인구의 65.7%에 달하였고, 한국 마이크로소프트에서 실시한 또 다른 조사 결과에 의하면 2010년 10월 한국의 인터넷 이용자 중 63%는 3개 이상의 SNS를 이용하고 있으며, 하루 평균 1시간을 이용하는 것으로 나타났다(강세훈, 2010).

이처럼 많은 사람들이 SNS를 이용함에 따라 최근 주요 국가의 인터넷 사용자들의 트래픽을 살펴보면 SNS의 트래픽이 구글과 같은 검색엔진의 트래픽을 넘어서는 추세를 나타내고 있다. 이미 지난 2010년 3월에는 페이스북이 구글을 제치고 미국에서 가장 많은 사람들이 방문하는 사이트가 되었으며, 영국에서도 2010년 5월을 기준으로 SNS의 방문자가 검색엔진의 방문자를 넘어선 것으로 나타났다(한상기, 2010).

이 연구에서는 국내 SNS 이용자들의 이용현황을 검토하기 위하여 한국인터넷진흥원이 2010년 전국 3만 가구 및 가구 내 상주하는 만 3세 이상 가구원 72,658명을 대상으로 조사한 "2010년 인터넷이용실태조사 최종 보고서(이상 한국인터넷진흥원, 2010-1)"와 2010년 국내 만 12~49세 인터넷 이용자 2,247명을 대상으로 온라인 조사한 "인터넷이슈기획 최종 보고서(이하 한국인터넷진흥원, 2010-2)"의 조사를 바탕으로 주요 내용을 검토하도록 한다.

1. SNS의 일반적 이용현황

한국인터넷진흥원(2010)의 "2010년 인터넷이용실태조사 최종 보고서" 조사에 따르면 인터넷 이용자의 74.6%가 최근 1년 이내 SNS를 이용한 경험이 있는 'SNS 이용자'인 것으로 나타났다. 또한, SNS 이용자 가운데 63.3%가 SNS를 이용한 지 3년 이상 된 것으로 나타났다.

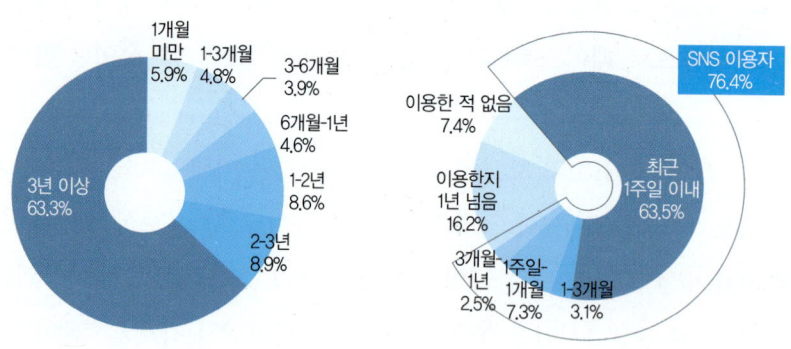

최근 SNS 이용 시기 및 기간
자료 : 인터넷진흥원(2010)

SNS의 이용 동기는 주로 '정보습득을 위해서(88.4%)', 또는 '친구, 가족 등 기존 지인과 관계를 유지하기 위해서(87.8%)' SNS를 이용하게 되었으며, '나에게 중요한 정보나 일상생활 등을 기록·저장해 놓기 위해서(81.0%)', '새로운 사람과 관계를 맺기 위해서(80.6%)' 이용하게 된 경우로 나타났다.

다음으로 '나의 개성이나 생각, 감정을 표현하기 위해서(70.7%)', '재미와 즐거움을 얻기 위해서(67.1%)', '시사, 현안 문제 등에 대한 사람들의 생각을 알고 싶어서(59.7%)' 등의 순이었다.

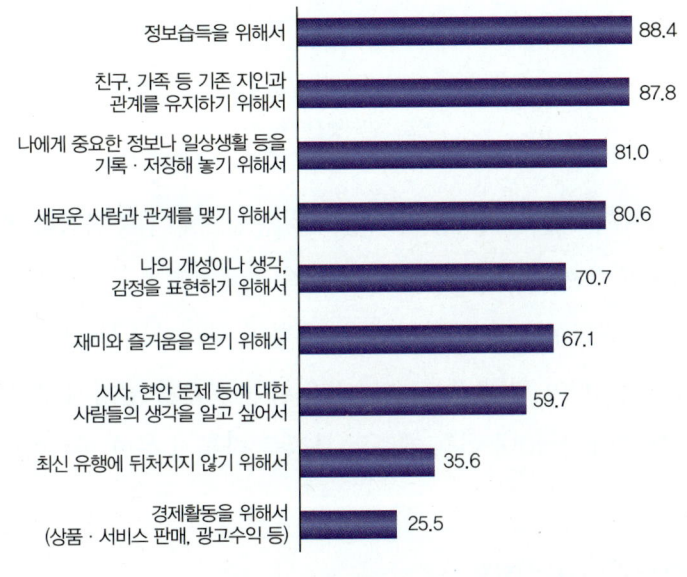

SNS 이용 동기(복수응답)
자료 : 인터넷진흥원(2010)

SNS 이용 시간은 월평균 1.56시간이며, SNS 이용자의 47.3%가 일평균 '1시간 미만' SNS를 이용하는 것으로 나타났다.

주된 SNS 이용 목적은 '정보습득 및 교류(96.4%)'인 것으로 나타났으며, 다음으로 '커뮤니케이션(87.3%)', '친교·교제(86.3%)', '오락·여가(76.3%)', '개인사 정리(73.2%)' 등의 순이었다. 이러한 조사는 SNS가 개인 미디어로서의 네트워크적 요소를 가지고 있다는 기본적인 속성에 충실한 결과로 볼 수 있다.

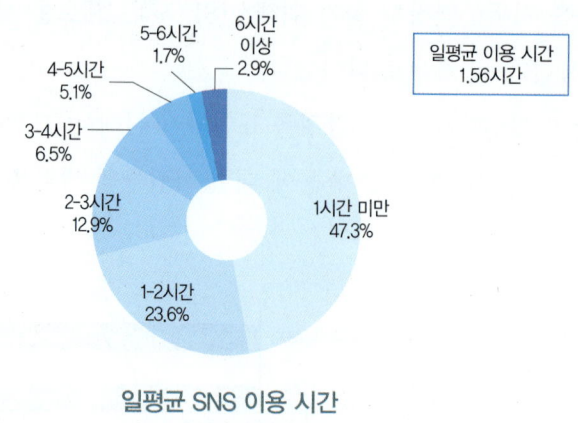

일평균 SNS 이용 시간
자료 : 인터넷진흥원(2010)

최선미(2009)는 싸이월드 미니홈피 사용자를 중심으로 심층면접을 통해 사용패턴에 따라 5가지 사용자 유형(방치적 눈팅형 / 제한적 기록보관형 / 폐쇄적 훔쳐보기형 / 적극적 활용형 / 외부적 지향형)으로 구분하였고, 유형별 사회자본 형성에도 차이가 있음을 보여주었다. 그러나 30여 명의 표본 수는 유의미한 결과를 얻기에 한계가 있으며 20~30대에 국한되어 10대나 40대 이후 계층의 특성을 다루지 못한 미흡함이 있다.

2. SNS의 업무적 이용현황

SNS는 일반적으로 개인적 목적으로 사용하는 것으로 알려져 있고, 연구 역시 이에 초점이 맞춰졌다. SNS의 이용 동기 및 이용 목적의 대부분은 개인적인 이유가 제시되고 있다. 하지만 이를 보다 세분화하여 볼 경우 업무적 목적과도 상당 부분 연관이 있음을 알 수 있다.

SNS 이용자의 이용행태 가운데 업무와 연관하여 어떠한 행태를 보이고 어느 정도의 비중을 보이는 것인가를 알아보는 것은 대단히 중요한 의미가 있다. 한국인터넷진흥원이 2010년 발표한 또 다른 조사 보고서인 "인터넷이슈기획 최종보고서"에서는 상당수의 SNS 이용자가 업무적 용도로 SNS를 사용하고 있는 것을 알 수 있다.

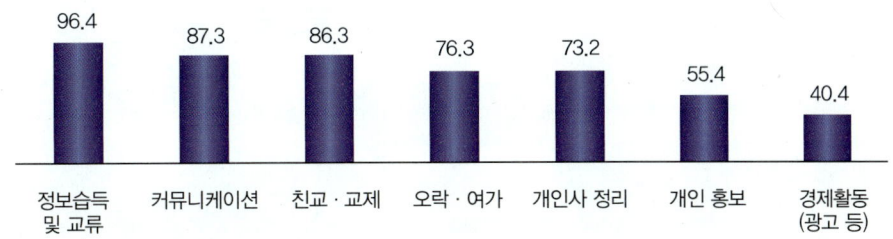

SNS 이용 목적(복수응답)
자료 : 인터넷진흥원(2010)

한국인터넷진흥원(2010)의 조사에 따르면, SNS 이용자의 과반수(55.5%)가 주 1회 이상(하루에 1회 이상 25.4%, 일주일에 1회 이상 30.1%) 업무 외의 개인용도로 SNS를 이용하는 것으로 나타났다. 한편, 29.6%는 SNS를 업무 용도로 이용하고 있으며, '하루에 1회 이상' 이용하는 경우도 7.8%(업무용도 SNS 이용자의 26.5%)로 조사되었다. 이러한 결과는 SNS의 본래 목적인 개인적 목적의 사용이 대부분을 차지하고 있지만 업무적 용도의 사용도 상당한 비중을 차지함을 알 수 있다.

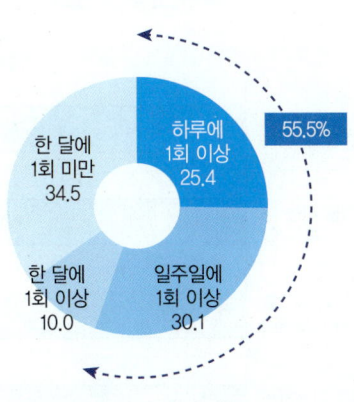

개인용도 SNS 이용 빈도
자료 : 인터넷진흥원(2010)

Part 1   SNS의 특성 및 활용

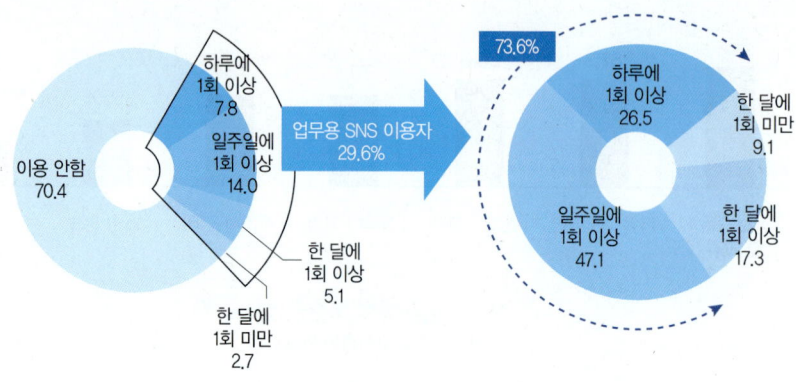

업무용도 SNS 이용 빈도-만 6세 이상 SNS 이용자
자료 : 인터넷진흥원(2010)

SNS 이용 행동 및 인식에 대한 물음에 이용자의 22.2%가 'SNS를 통해 최신정보를 가장 빠르게 얻을 수 있다'고 응답하였으며, 18.4%는 'SNS가 업무나 학업을 하는 데 유용하다'고 생각하는 것으로 조사되었다.

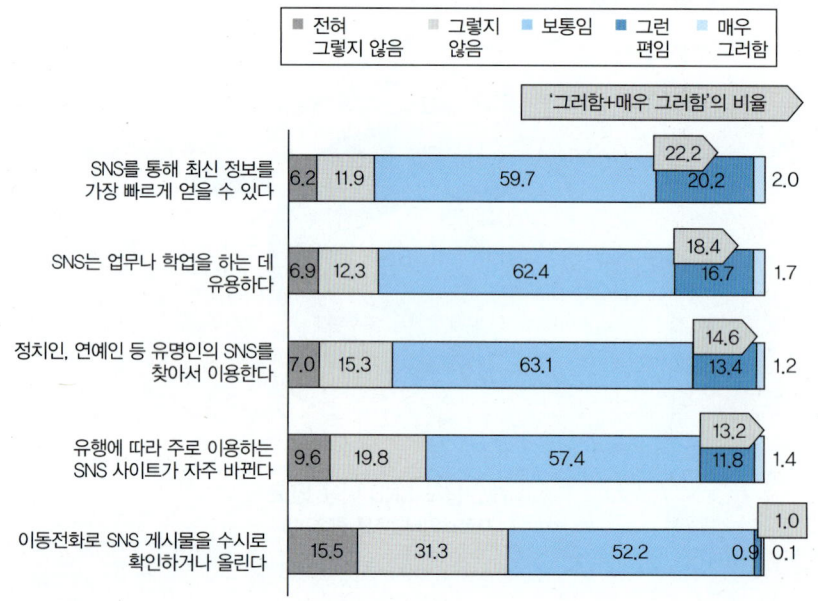

SNS 이용 행동 및 인식
자료 : 인터넷진흥원(2010)

38

이용자가 SNS를 단순한 개인 미니홈페이지나 신변잡기 또는 친구 찾기 등이 아닌 보다 확장된 형태의 도구로서 인식하고 있다는 것을 보여주고 있다. 특히 업무나 학업에 유용하다는 응답은 본인의 본원적 과업을 수행하는 데 유용한 도구로서 기능하고 있다는 것을 보여주는 사례라 할 수 있다. 이처럼 최근 SNS의 이용은 이용자의 확대와 사용 빈도의 증가 그리고 이용 목적과 인식 측면에서 기존의 개인 목적의 커뮤니티 관리를 넘어 보다 확장된 형태의 이용 행태와 인식을 보이고 있음을 알 수 있다.

Ⅳ. SNS 활용의 측정

1. SNS 활용의 범주

Dijkerman(2006)은 온라인에서의 소비자 참여 행동은 읽기와 즐겨찾기, 저장하기 등의 소극적인 정보의 소비(consume) 행위에서부터 의견을 선도하고, 협력과 조절을 이끌어가는(delegate) 행위까지 단계적으로 다양하게 분포되어 있다고 설명했다. 최아영과 나종연(2010)의 연구에서는 온라인 커뮤니티에서 소비자들이 정보를 제공하는 행위는 정보를 생산하는 행위이며, 정보를 요청하는 행위는 정보를 소비하는 행위이기 때문에 이에 대한 구분이 필요하다고 논의하고 있다. 나종연(2010)은 소비자의 SNS 활용의 스펙트럼은 아래 그림과 같이 정보의 획득에서 확산, 생산으로 나누어 볼 수 있다고 제안하였다.

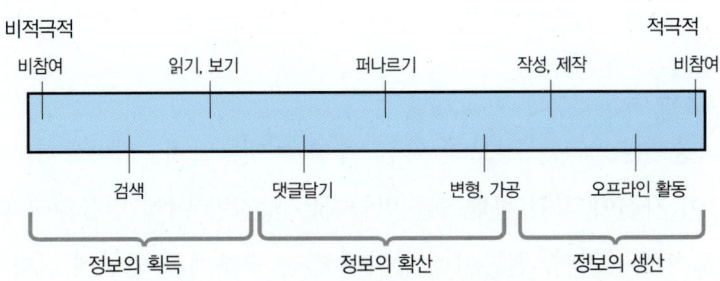

다양한 온라인 소셜 네트워크 활용의 스펙트럼 (나종연, 2010)

소비자 활용 행동에서 검색, 읽기와 보기는 '정보의 획득'으로, 댓글달기와 퍼나르기, 변형과 가공은 정보를 퍼뜨리는 '정보의 확산' 과정으로, 게시물의 작성 또는 동영상 제작 및 오프라인 활동과 블로그와 미니홈피, 온라인 커뮤니티의 운영은 가장 적극성을 띠는 활동으로 '정보의 생산'으로 범주를 나누고 있다. 그렇지만 이러한 정보의 활용 범주를 비연속적으로 이해할 것이 아니라 연속적인 하나의 스펙트럼으로 이해해야 한다고 말한다.

2. 정보의 획득

'정보의 획득' 활동은 검색과 게시물 읽기, 또는 동영상 보기를 포함하며, 이와 같은 행동은 가장 소극적인 활동이다(나종연, 2010). Burnett(2000)의 연구에서는 온라인 커뮤니티에 접속해도 흔적은 남기지 않고 게시글을 읽기만 하고 아무런 피드백은 주지 않는 수동적인 행동을 러킹(Lurking)이라고 일컬으며, 이러한 행위를 하는 이들을 러커(Lurker)라 칭했다. Noneecke & Preece(2000)의 연구에서는 러킹(Lurking)을 온라인 커뮤니티에 가입한 신입회원이 관찰하고 학습하는 행동이라고 보았다. 또한 Lampe & Johnston(2005)은 검색과 단순 읽기 행동은 사회화 과정의 첫 단계이고, 이러한 행동이 더 나아가 글을 작성하는 단계가 될 것이라고 말한다.

기존의 연구에서 러킹 행동을 무임 승차자로 인식하기도 하지만 회원 수나 트래픽을 증가시키면서 규모를 확장하는 역할을 하고, 조회 수를 높여 대중적인 영향력을 판단하는 단서가 되기도 한다고 분석한다(성가희, 2011).

3. 정보의 확산

최아영, 나종연(2008)은 '정보의 확산' 개념을 댓글달기, 퍼나르기, 리트윗, 변형이나 가공과 같이 자신이 직접 콘텐츠를 만들지는 않지만 이에 반응하고 다른 사용자 또는 플랫폼으로 이동시키며, 원본이 손상되지 않는 수준에서 변형에 참여하는 행위라고 말하였다. 정보의 획득과는 달리 정보의 확산에는 참여자의 ID나 닉네임이 드러나기 때문에 온라인 네트워크 서비스의 구성원으로 실재하고 있음이 드러난다(나종연, 2010). Shklovski, Kraut &Rainie(2004)는 정보의 확산은 정보의 획득과 달리 참여자가 네트워크의 구성원으로서 자신의 존재를 드러내고 타인과 상호작용을 하려고 하며, 정보를 전파하는 것을 통해 네트워크 전체의 효용을 창출하는 데 기여한다고 하였다.

4. 정보의 생산

'정보의 생산'은 SNS 정보 활용에서 가장 적극적인 행동 범주로, 글이나 사진을 게시하고 UCC 등 동영상을 제작하거나 온라인 커뮤니티에서 일어나는 모임에 참여하고, 온라인 커뮤니티를 운영하는 행동을 포함한다(나종연, 2010). 정보 생산에 참여하는 것은 정보의 확산 단계에서도 언급했듯이 전체 네트워크 차원에서 생산되고 소비될 수 있는 집합적 자산에 기여한다는 의미를 갖는다.

5. 블로그 활용의 개념과 측정

기존 연구를 살펴보면 개념적 이해가 몇 가지 차원으로 구분되고 있음을 알 수 있다. 여기에서는 기존 연구를 바탕으로 블로그 활용의 측정을 '개별 콘텐츠의 흡인력', '네트워크의 폭과 깊이', '의견 지도력'이라는 세 가지 차원에서 검토한다.

1) 개별 콘텐츠의 흡인력

블로그에서 '개별 콘텐츠의 흡인력'이란 블로그에 수록된 특정 게시글, 즉 포스트(post)가 얼마나 블로그 이용자 사이에서 흡인력과 파급력을 가지고 있는가를 지칭하는 개념이라고 할 수 있다. 실제로 블로그에 수록된 개별적인 글을 살펴보면 블로거 자신이 직접 기획, 취재, 또는 자료를 수집하여 올려놓은 것, 인터넷이나 뉴스에서 떠도는 흥미 있는 이야기나 뉴스거리를 스크랩한 것, 개인의 일기나 하루 일과를 정리한 것 등 내용이 매우 다양하다.

블루드(Blood, 2003)는 블로그의 내용이 자신의 의견인지 인터넷 뉴스 및 다른 블로거의 의견인지를 기준으로 블로그를 '개인 일지(personal journal) 형', '필터(filter) 형', '노트북(notebook) 형'으로 구분하고 있다. '개인 일지형' 블로그는 짧은 형태의 일지와 유사한 것으로 개인적인 일상사가 주 내용을 이루고 업데이트 되는 빈도 또한 잦다. '필터형' 블로그는 인터넷의 수많은 정보 중 자신의 관심에 맞는 정보를 선택하여 올리는 유형으로, 내용이 사회적인 성격을 지니고 초점이 블로거 자신보다는 외부로 향하는 경향이 있다. '노트북형 블로그'는 '개인 일지형'과 '필터형'의 복합적 유형으로 블로거 외적 세계에 대한 기록보다는 개인적인 생각이 주로 기록되지만, 단순 일지나 일상사적인 내용의 글보다는 좀 더 긴 형태로 글이 상당히 다듬어져 있다.

개별 콘텐츠의 흡인력은 이러한 유형의 글들이 다른 블로거들 사이에서 얼마나 주목을 받고 사회적인 파급력을 지닐 수 있는가의 정도를 말한다. 이는 콘텐츠의 질적인 측면과 밀접한 연관성이 있는 것으로 양질의 콘텐츠가 블로거들 사이에서 주목을 받을 가능성이 높다. 개별 콘텐츠의 흡인력은 콘텐츠의 내용이 어떤 것인가에 따라 결과 측면에서 볼 때 다른 형태로 나타날 수 있다. 즉, 블로그에 집적한 콘텐츠를 바탕으로 오프라인에서 책으로 출간될 수도 있다. 시사 주제의 블로그인 경우는 블로거가 문제를 제기한 사건이 쟁점화가 되고 다른 주류 저널리즘 미디어로 확산되어 더 큰 파급력을 갖거나, 블로거가 자신의 블로그에서 제안한 사회적 공익사업이나 캠페인이 포털이나 다른 매개 수단을 통해 그 규모가 더 커질 수도 있다.

블로그 게시글이 주제가 어떠한 것이든 어떤 매개 수단을 통해 알려지든 다른 블로거의 관심과 주목을 많이 받게 되면 개별 콘텐츠의 흡인력은 높아지고 블로그의 '파워'는 강해진다고 볼 수 있다. 이러한 개별 콘텐츠의 흡인력은 실제로 '블로그 포스트 클릭 수' 또는 '방문자 수'로 측정이 가능하다. 기술적으로 홈페이지보다 편리한 기능을 구현할 수 있는 블로그는 HTML, XML(Extensible Mark-up Language), RSS(Really Simple Syndication), 트랙백, 태그(Tag) 등의 표준화된 기술을 이용하여 상호작용성이 뛰어난 리플 시스템, 네트워크의 형성 등 이용자에게 편리한 인터페이스를 구현하고 있다.

이러한 블로그의 기능 중 세 가지에 주목할 필요가 있다. 우선 RSS는 블로그마다 보유하고 있는 통일된 양식의 주소 체계로, 이 주소를 자신의 블로그에 등록하면 해당 블로그에 새롭게 업데이트 되는 내용을 자신의 블로그에서 확인할 수 있다. 그리고 트랙백은 블로그의 포스트가 가지고 있는 주소를 연결하는 것으로, 블로거가 블로그의 특정 포스트에 관해 논의하고자 할 경우 자신의 블로그에 포스트를 작성하고 해당 포스트의 주소를 연결하는 방식이다. 한편 태그는 블로거가 자신의 포스트(블로그에 등록하는 글)에 키워드를 설정하면 다른 블로거가 키워드 검색을 통해 해당 포스트를 찾을 수 있다. 이 세 가지 기능은 기본적으로 블로그 간의 일대일 연결에 작용하는 것이기 때문에, 파워블로그처럼 하루 수 천, 수 만에 달하는 방문자 수에 도달하려면 이 기능이 무수히 많이 반복해서 작용되어야 한다.

따라서 블로그의 '파워'를 '포스트 클릭 수'나 그로 인한 단순한 블로그 '방문자 수'로 측정할 경우 '파워블로그'는 특정 블로그 포스트를 노출시키기 위한 다른 매개 수단이 필요하다. 즉, 특정 블로그에 한꺼번에 많은 방문자가 몰리게 되는 과정은 대부분 블로그의 특정 포스트가 포털에 소개되는 경우, 메타블로그에서 인기글로 뽑히는 경우(강지웅. 김시현. 성윤희. 임드보라, 2008), 또는 신문이나 방송과 같은 주류 미디어가 특정 블로그를 인용하는 경우 등이다. 이러한 경우 '포스트 클릭 수'나 블로그 '방문자 수'는 다른 블로거가 포털이나 메타블로그에 등록된 특정 블로그 포스트를 클릭하는 것과 관련이 있다. 그러나 '포스트 클릭 수'나 블로그 '방문자 수'로 측정된 '개별 콘텐츠의 흡인력'은 블로그의 '파워'를 보여주는 한 측면에 불과할 수 있다. 왜냐하면 수많은 블로거가 주목하는 블로그 내 특정 포스트는 짧은 시간 내에 증가했다가 사라질 가능성이 높기 때문이다.

2) 네트워크의 폭과 깊이

블로그는 개인성과 연결성을 지닌 매체다. 블로그는 다른 블로그와 일대일의 개별적인 연결이 무수하게 중첩된 관계망을 형성하고 있다. 이러한 중첩된 관계 속에서만 하나의 중심 노드(node)로 기능하면서 일대다의 관계망을 형성하는 것이 파워블로그라고 할 수 있다. 이러한 측면에서 보자면 블로그의 '파워'는 하나의 블로그가 다른 블로그들과 지속적으로 관계를 맺고 있는 네트워크의 양적인 규모, 즉 '폭'과 '깊이'로 정의될 수 있다. 사회 연결망 이론에 따르면, 사회구성원은 전통적 연고인 성, 출신지역, 출신학교에 근거하거나 유사한 개인적, 문화적 취향이나 정치적 성향에 근거하여 상호 유대를 형성하며 지속적으로 커뮤니케이션을 많이 하는 경향이 있다. 인터넷의 광범위한 보급과 확산으로 인해 온라인상에서 사회 연결망을 형성할 수 있는 사이버 공간의 창조와 확대가 가능해졌다.

사이버 공간에서는 시간과 공간의 제약에서 벗어나 개인 간, 집단 간, 조직 간 커뮤니케이션이 쉽게 이루어지는 새로운 형태의 커뮤니티가 나타난다. 이 커뮤니티는 자연 발생적이고 지역적인 속성을 지니고 있는 전통적 커뮤니티를 대신하면서 개인적 가치, 신념, 이데올로기 등을 매개로 새로운 관계를 성립시킨다. 사이버 공간에서 이러한 커뮤니티는 다양한 이유로 점진적인 통합체를 형성하기도 하고, 더 작은 커뮤니티로 분화되기도 하며, 드물게는 범세계적인 공동체를 만들어내기도 한다.

웰만(Wellman, 2002)은 사이버 공간에서 나타난 이러한 새로운 커뮤니티를 '네트워크화된 개인주의(networked individualism)'라고 이름 붙였다. 웰만은 사이버 공간에서 형성되는 커뮤니티는 고정된 그룹이기보다 유동된 네트워크에 더 가까운 형태로 조직되어 있다고 말한다. 그에 따르면 커뮤니티의 형태는 세 가지이다.

첫째는 '작은 박스들(little boxes)' 형태이다. 인접한 사회구성원들이 촘촘히 연결된 채 하나의 커뮤니티를 형성하고 커뮤니티 내부에서 대부분의 커뮤니케이션을 하는 경우이다. 둘째는 '글로컬화된(glocalized)' 형태이다. 작은 박스들과 비교해 소속 커뮤니티 내부 구성원 사이의 네트워크는 엉성하게 짜여 있지만, 교통과 통신의 발달로 다른 커뮤니티들과 연결된 커뮤니티이다. 셋째는 '네트워크화된 개인주의' 형태다. 이것은 디지털 미디어의 덕택으로 사람 사이의 연결성이 증대되면서 사람들이 지리적 근접성에서 벗어나 시간과 공간의 구속으로부터 자유롭게 상호 연결된 커뮤니티를 말한다(박한우, 2007).

디지털 미디어를 기반으로 형성된 네트워크에서 개인은 오프라인 커뮤니티와 달리 특정한 커뮤니티는 고정되어 있지 않으며 계속 변화되기 마련이다. 그럼에도 불구하고 온라인 커뮤니티의 연결망 덕분에 온라인 공간상의 연결망에 존재하는 사람들은 비록 유대의 강도가 약하기는 하지만, 오프라인 커뮤니티에서 '강한 유대' 관계에 있는 사람으로부터 정보나 정서적 도움을 충분히 제공 받을 수 없는 경우에 연결망에 있는 사람으로부터 도움을 구할 수 있게 되었다. 따라서 온라인 네트워크로 인해 사람들은 기존에 자신을 둘러싸고 있는 사람들과 동일한 집단에 소속되기보다는 오프라인과 온라인 공간의 다양한 집단구성원으로 이루어진 개인적 연결망을 가지게 되었다. 바로 이러한 연결망이 융통성이 있으며 효율적으로 개인에게 맞게 특수화된 사회연결망 자본이라고 할 수 있다(이철주, 2004).

블로그 네트워크를 오프라인상의 사회 연결망처럼 하나의 동일한 자본으로 간주할 경우 블로그의 '파워'는 그 블로그가 네트워크상에서 얼마나 많은 고정 블로그를 확보하고 있느냐의 문제로 귀착될 수 있다. 블로그의 네트워크 폭과 깊이는 RSS로 측정이 가능할 수 있다. 앞에서 설명한 대로 RSS는 특정 블로그마다 보유하고 있는 통일된 양식의 주소 체계이기 때문에 블로거가 특정 블로그를 자신의 블로그에 등록하면 등록된 블로그에서 새롭게 업데이트 되는 내용을 자신의 블로그에서 확인할 수 있다. RSS는 특정 포스트에 구애 받지 않기 때문에, 어느 정도 고정적이고 지속적인 연결망을 측정할 수 있는 방법 중 하나일 수 있다.

또 다른 방법은 트랙백을 통해 블로그 포스트(게시글) 사이의 연결망을 측정하는 것이다. 아래 그림을 통해 설명해 보면, 굵은 사각형은 이용자 A, B, C, D와 대응되는 블로그를 나타내며, 그 내부의 작은 둥근 사각형은 해당 블로그에 존재하는 게시글을 나타낸다. 화살표는 이용자 A의 1번 게시글과 이용자 B, C, D가 취한 행동으로 인하여 재생산된 게시글들 간의 관계를 나타낸 것이다. 이용자 A의 1번 게시글에 대하여 다른 이용자들은 조회하기, 답글 남기기, 스크랩하기, 엮인 글 달기의 다양한 행동을 취한다. 특히, 이용자 B는 이 게시글을 자신의 2번 게시글로 스크랩하고, 이용자 C는 이 게시글에 대한 엮인 글 달기를 함으로써 자신의 3번 게시글로 등록한다. 또한, 이용자 D는 이 이용자 C의 3번 게시글을 자신의 2번 게시글로 스크랩한다.

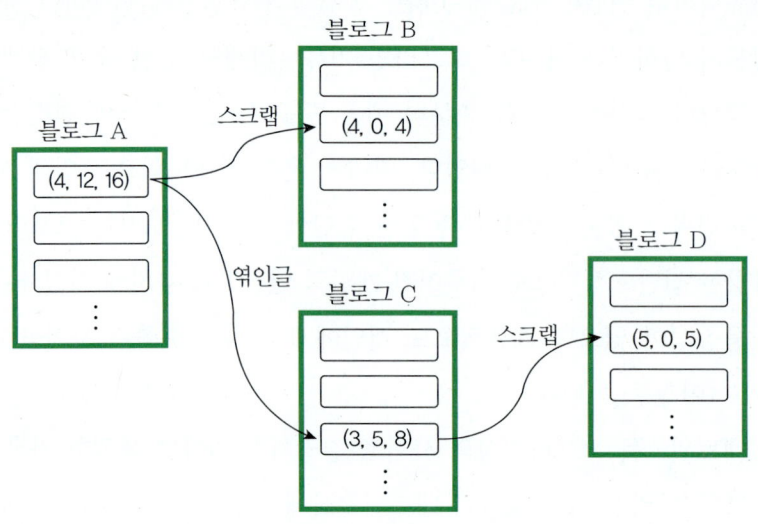

블로그의 포스트 연결망
출처 : 임승환, 김상욱, 박선주, 이준호, 2009

기존 연구를 살펴보면, 블로그 네트워크 상에서 특정 블로그의 '파워'는 블로그 연결망의 위상 구조적 특징에 기반하여 블로그 연결망 내에서 특정 블로그가 중앙에 위치한 정도를 측정하는 방법으로 나타냈다. 즉, 블로그 이용자의 중앙성을 측정하는 방법으로 나타낸 것이다. 이 방법을 자세히 살펴보면, 블로그 이용자의 중앙성은 측정하는 방법에 따라 '연결 중앙성(degree centrality)', '인접 중앙성(closeness centrality)', '사이 중앙성(betweenness centrality)'으로 세분화된다. 연결 중앙성은 다른 이용자와의 이웃 관계 수를 각 이용자의 파워로 부여하는 방법이다. 여기서 이용자의 파워란 각 이용자가 다른 이용자에게 영향을 끼치는 정도다. 이웃 관계를 많이 갖고 있는 이용자가 해당 사회연결망에서 중요한 이용자로 판정된다. '인접 중앙성'은 다른 이용자들과의 최단 거리들의 합을 각 이용자의 파워로 부여하는 방법이다. 즉, 다른 이용자들과의 최단 거리들의 합이 작은 이용자가 해당 사회연결망에서 중요한 이용자로 판정된다. '사이 중앙성'은 각 이용자가 다른 이용자들 사이의 최단경로 상에 위치하는 정도를 이용자의 파워로 부여하는 방법이다. 즉, 다른 이용자들 사이의 최단경로 상에 위치하는 횟수가 많은 이용자가 해당 연결망에서 중요한 이용자로 판정된다(임승환 외, 2009).

이와 같이 블로그의 '파워'를 네트워크의 폭과 깊이로 접근하는 방법은 블로그의 특정 포스트를 읽기 위해 방문하는 횟수로 측정하는 방법의 단점을 보완할 수 있다.

3) 의견지도력

인터넷을 통한 온라인 네트워크가 확장되면서 면대면 커뮤니케이션에서 행해졌던 의견 지도자의 역할이 온라인상에서도 나타난다는 연구가 최근 많이 등장하고 있다. 김현주(2005)는 온라인 의견 지도자의 힘을 '영향력'을 중심으로 설명하고 있다. 그는 게시글의 '조회 수가 높고, 답글 및 댓글과 같은 상호작용을 많이 유발하는 사람'을 의견 지도자로 규정했다.

이준웅, 김은미, 김현석(2007)은 온라인 의견 지도자를 '다른 인터넷 토론자들로부터 더 많은 주목을 받으며, 동시에 그들로부터 더 긍정적인 반응을 유도하는 토론자'로 규정하고 있다. 이들은 온라인 의견 지도자 또는 의견 지도력에 대한 측정에 있어서 의견 지도자의 게시글 조회 수나 답글 및 댓글과 같은 상호작용만을 고려해서는 안 되고, 다른 사람들에게 행사하는 설득적 영향력까지도 포함시킬 것을 제안하고 있다. 즉, 온라인상에서 다른 사람들로부터 광범위한 주목을 얻는 것은 의견 지도력의 필요조건이 될 수는 있지만 충분조건이 될 수는 없으며, 또한 답글과 댓글 등 상호작용적인 반응을 이끌어내는 사람 역시 영향력의 관점에서 본 의견 지도자를 정확하게 지시한다고 보기 어렵다는 것이다. 이들은 이러한 주장을 바탕으로 답글과 댓글 등을 통해 자신의 주장에 대한 긍정적인 평가를 얻어내는 사람을 실질적인 의견 지도자로 규정하고 있다.

이준웅, 김은미, 김현석(2007)의 연구 결과에 따르면 온라인상에서 게시글에 대한 주목도와 긍정적 평가를 기준으로 온라인 의견 지도자를 정의해본 결과 전체 인터넷 토론자의 약 10%가 의견 지도자에 해당하는 것으로 나타났다. 온라인 의견 지도자는 또한 인터넷 정치토론 게시판에서의 글쓰기는 물론, 게시글 읽기와 논변 품질 등의 차원에서 다른 이용자에 비해 앞섰고, 토론 참여에 있어서 의사소통 능력이 가장 뛰어난 것으로 나타났다.

박노일 외(Park, Jeong & Han, 2008)은 온라인 의견 지도자의 개념에 착안하여 이슈 관여도와 메시지 생산력이라는 두 가지 기준으로 파워블로그 및 파워블로거를 정의하고 있다. 이들은 그루닉(Grunig)의 공중의 상황이론(situational theory of publics)에 근거하여, 공중이 공적인 문제를 인식하고 문제에 대해 대응하는 정도를 이슈 관여도로 규정한다. 이슈 관여도는 이슈의 성격에 따라 공적인 이슈 관여도와 사적인 이슈 관여도로 규정한다. 그리고 메시지를 읽고, 스크랩을 하고, 정보를 검색하는 대신 자신의 생각과 주장에 근거해 메시지를 적극적으로 생산하는 능력을 메시지 생산력으로 규정한다. 이러한 정의에 근거하여 이들은 블로그 이용자, 즉 블로거를 4가지 유형으로 구분한다. 첫 번째 유형은 공적인 이슈에 대해 읽기, 스크랩하기, 정보 검색하기 등과 같이 블로그 상의 메시지를 주로 소비하는 '수동적인 공적 블로거(Passive public blogger)'이고, 두 번째 유형은 공적인 이슈에 대해 자신의 생각과 주장에 근거해 메시지를 적극적으로 생산하는 '적극적인 공적 블로거(Active public blogger)'이다. 세 번째 유형은 사적인 이슈와 관련된 메시지를 주로 소비만 하는 '수동적인 사적 블로거(passive private blogger)'이고, 네 번째 유형은 사적인 이슈와 관련된 메시지를 적극적으로 생산하는 '적극적인 사적 블로거(active private blogger)'이다.

박노일 등은 두 번째 유형인 '적극적인 공적 블로거'를 '파워블로거'로 규정하고 있다. 즉, 이들은 '파워블로거'를 공적인 이슈로 한정하여 정의 내리고 있다. 한편, 이들은 이러한 파워블로거 개념에 근거하여 인터넷 설문조사를 통해 파워블로거가 방문자 수, RSS 구독자 수, 온라인 토론 참여도 등에 있어서 다른 블로거들보다 훨씬 더 많거나 높다는 사실을 밝혀냈다.

종합해 볼 때 블로그의 '파워'를 의견 지도력의 측면에서 측정하고자 한다면, 우선 블로거가 자신의 블로그에서 메시지를 얼마나 적극적으로 생산하는가를 나타내는 지속적인 블로그 업데이트 능력, 블로그 포스트에 대한 답글과 댓글의 횟수, 블로거의 답글과 댓글에 대한 다른 블로거들의 찬성 정도 등을 고려해 볼 만한 가치가 있다.

6. 페이스북 활용의 개념과 측정

페이스북에 대한 연구는 주로 국외에서 이루어졌는데(Bumgarner, 2007; Joinson, 2008; Kim, Kim et al., 2010; Park et al., 2009; Quan-Hasse & Young, 2010; Raacke & Bonds-Raacke, 2008; Sheldon, 2008) 이는 트위터가 급속도로 성장하며 큰 반향을 일으킨 국내와 달리 국외에는 페이스북이 급속도로 성장하며 큰 영향력을 가지기 시작했기 때문이다.

페이스북의 이용 동기는 사회적 관계 맺기(social connection), 정체성 공유(shared identities), 내용(content), 사회적 조사(social investigation), 소셜 네트워크 서핑(social network surfing), 상태 업데이트(status updating) 등으로 나눌 수 있으며, 이는 이용자의 인구통계학적 요인, 사이트 방문 패턴, 사생활 보호 설정과 관련이 있다(Joinson, 2009). 특히 대학생인 페이스북 이용자들은 친구들과 친구들의 프로파일을 보고 이야기를 나누기 위해 페이스북을 이용하는 것으로 나타났다(Bumgarner, 2007). 반면 페이스북 그룹의 이용 동기와 만족, 그리고 오프라인의 정치적, 시민적 참여와의 관계를 살피기 위해 1715명의 대학생을 대상으로 웹 설문조사를 실시한 결과 페이스북의 그룹에 참여하는 동기는 사교적 동기(socializing), 엔터테인먼트 동기(entertainment), 자아상태 찾기 동기(self-status seeking), 그리고 정보 동기(information)로 나타났으며 이는 성별, 고향, 재학년수 등의 이용자의 인구통계학적 요인에 따라 달라졌다. 또한 이용 동기 및 충족과 참여와의 관계에서 유희적 이용보다는 정보적 이용이 정치적, 사회적 참여와 더 높은 상관관계를 보였다(Park, Kee & Valenzuela, 2009).

소셜 네트워킹 사이트 이용의 파악을 위해 선행 변인을 설정한 연구도 있다. 김과 그의 동료들(Kim, Kim & Nam, 2010)은 심리학적 개념인 자기 해석(self-construals)을 자기 자신에 대한 이해가 페이스북 이용과 만족의 예측 변인으로 도입하였고, 그 결과 독립적인 자기 해석 개념을 가질수록 페이스북 이용을 예측하기 어려웠으며, 이는 소셜 미디어 이용 행위를 해석할 때 문화적 자아와 사회적 동기 부여의 영향력을 고려해야 함을 제시하고 있다. 쉘든(Sheldon, 2008)은 대인 커뮤니케이션에서의 의사소통 회피(Unwillingness-to-communicate)가 페이스북 이용에 어떤 영향을 미치는지 알아보았다. 연구 결과 대인 커뮤니케이션에 불안과 두려움을 느끼는 응답자가 시간을 보내거나 외로움을 덜 느끼기 위해 페이스북을 이용했으나, 이 경우 페이스북의 친구 수는 많지 않음을 보였다. 즉 페이스북을 활발히 이용하는 이용자 집단은 면대면 커뮤니케이션 상황에서도 활발한 성격을 가진 사람들인 것으로 드러났다.

이용자들의 다양한 이용 동기를 충족시키기 위해 2개 이상의 소셜 미디어를 같이 이용할 때 각각의 미디어는 어떤 이용 동기를 충족시키는가를 살펴본 연구도 있다. 콴-하세와 영(Quan-Hasse & Young, 2010)의 연구에서는 페이스북과 인스턴트 메시지의 이용 동기를 비교하였는데, 연구 결과 페이스북의 이용 동기는 시간 보내기(pastime), 감정 표현(affection), 유행(fashion), 문제 나누기(share problems), 사교 능력 함양(sociability), 사회적 정보(social information) 등이 있었다. 이를 인스턴트 메시지의 이용 동기와 비교해 봤을 때 페이스북을 이용하는 동기가 재미의 추구(having fun)이나 개인의 사회적 관계망에서 어떤 인스턴트 메시지의 이용 동기는 관계의 유지와 발전(relationship maintenance and development)이 주를 이뤘다. 마이스페이스와 페이스북 이용자를 통해 친구 네트워킹 사이트(Friend-Networking Sites)의 이용 동기와 이용자의 특성을 살펴본 라케와 본즈-라케(Raacke & Bonds-Raacke, 2008)는 성별, 인종에 관계없이 다수의 대학생들이 하루 동안 많은 시간을 마이스페이스와 페이스북에 들이며 새로운 친구를 사귀거나 옛 친구를 찾는다는 것을 발견했다. 반면 이용자와 비이용자를 비교한 결과 연령과 민족 배경에 따라 이용자와 비이용자의 차이를 보였다.

7. 트위터 활용의 개념과 측정

트위터를 이용과 충족 접근으로 살펴본 연구는 그다지 많지 않다. 트위터와 관련한 연구 초기에는 다량의 트윗을 수집해 분석함으로써 이용 행태를 살펴보는 연구가 주를 이루었고(Java et al., 2007; Kwan, et al., 2010; Zhao & Rosson, 2009), 이후에 이용자들을 대상으로 한 연구가 나오기 시작했다. 존슨과 양(Johnson & Yang, 2009)은 트위터의 주요 이용 동기를 사회적 동기(social motives)와 정보 동기(Information motives)로 구분하였고, 이 중 정보 동기만 트위터 이용과 유의미한 관계를 맺음을 발견하였다. 즉 트위터가 사회적 관계를 형성하는 기능을 제공함에도 불구하고 이용자들의 주된 이용 동기는 정보 습득이라는 것을 알 수 있다.

한국의 트위터 이용자들을 직접 설문하여 이용 동기를 파악한 심홍진과 황유선의 연구(심홍진. 황유선, 2010)에서는 요인 분석을 통해 트위터의 이용 동기를 '정보교환을 통한 사회이슈 참여', '상호작용을 바탕으로 한 팔로워 그룹 형성', '편리한 소통 기능', '정보 전달의 용이성', '휴식 및 오락', '사적 기록 공간', '140자 글쓰기의 유용성' 등 7가지로 분류하였다.

내가영(2010)은 트위터와 미투데이 이용자들에 대한 설문조사를 통해 두 서비스로 대표되는 모바일 SNS와 블로그나 미니홈피의 이용 동기에 어떤 차이가 있는지를 연구하였다. 연구 결과 이용 동기의 경우 '타인과의 커뮤니케이션', '관계 형성의 유용성', '정보성', '외국에 대한 접근성', '유명인에 대한 접근성', '오프라인과의 관련성', '이용의 용이함', '오락성', '단문성'의 9가지 요인이 도출되었으며, 그중 5가지 요인이 매체 이용의 만족감과 정적인 상관관계가 있음을 파악하였다. 이를 블로그와 미니홈피의 이용 동기와 비교한 결과 '외국에 대한 접근성', '유명인에 대한 접근성', '오프라인과의 관련성', '이용의 용이함', '단문성' 등의 요인이 모바일 SNS 이용 동기에서만 나타났으며, 표현적 동기와 자기만족 등 블로그와 미니홈피에 나타난 동기들은 모바일 SNS의 이용 동기에는 포함되지 않았다.

곽윤희(2011)는 모바일로 트위터를 이용하는 사람들의 이용 동기와 행태를 살펴보고 인구통계학적 속성에 따른 차이점을 분석하였다. 연구 결과 대부분의 이용 동기 및 이용 행태 간의 유의미한 상관관계가 나타났고, 이용 동기 중 일상적 자기 확인 요인, 비즈니스적 자기 확인 요인, 커뮤니케이션 확장 순으로 트위터 활동성에 영향을 미치는 것으로 나타났다. 반면 인구통계학적 속성은 이용 동기와 이용 행태에 전체적으로 영향을 미치기보다는 이용 동기에 따라 연령별, 직업별로 차이를 보였다.

한수완(2011)의 경우 트위터의 이용 동기와 부정적 이용 경험이 이용 만족도에 어떤 영향이 있는지, 인구통계학적 특성에 따라 이용 동기, 부정적 이용 경험, 이용 만족도가 어떤 차이를 보이는지, 그리고 인구통계학적 특성에 따라 이용 행태에 어떤 차이가 있는지 살펴보았다. 연구 결과 트위터의 이용 만족도에 가장 큰 영향을 미치는 요인은 다른 매체와 비교한 트위터의 성능이나 이용 우수성이었고, 트위터에 대한 부정적 이용 경험이 많다고 해서 이용 만족에 부정적 영향력을 미치는 것만은 아닌 것으로 나타났다. 트위터 이용자들은 직접 글을 올리거나 리트윗을 하는 것에는 소극적이었으며, 트위터를 통해 직접적으로 친밀한 관계를 유지하는 사람들의 수는 팔로잉과 팔로워 수의 극히 일부인 것으로 조사되었다. 트위터 이용자의 인구통계학적 특성 중 결혼 여부, 연령, 직업에서 이용 동기와 이용 행태의 차이를 보였다.

활발한 트위터 이용이 다른 사람과 관계를 맺고 싶은 욕구를 어떻게 충족하는지 알아본 첸(Chen, 2011)은 트위터를 오랜 기간 동안 이용하고 트위터를 사용하는 시간이 길수록 트위터 내에서 관계(또는 우정)의 욕구를 충족함을 발견했다. 이는 인구통계학적 변인을 통제했을 때에도 정적 관계를 유지하였지만, 트윗의 빈도, 공개적인 대화인 댓글(@)의 빈도에 따라 이 관계는 차이를 보였다. 기대가치 이론에 따라 트위터 이용자들의 이용 동기와 만족에 대한 분석 및 광고에 대한 태도를 살펴본 홍유식(2011)의 연구에서 이용 동기는 관계 획득, 정보 추구, 기분전환, 자아추구, 소통기대 등이 있었고 이용 후 만족은 관계만족, 정보만족, 긴장해소, 소통만족 등이 추출되었는데, 그중 '관계' 요인이 가장 높은 기대와 만족을 나타냈다. 그러나 광고에 대한 태도는 정보 기대 및 만족과 가장 큰 관계를 가지기 때문에 수용자들의 뉴미디어 이용 의도와 광고에 대한 태도가 서로 다른 동기 및 만족 요인에 의한 것이라 파악할 수 있다.

8. 복수 SNS 도구 활용 관련 선행연구

현재 페이스북과 트위터로 대표되는 SNS 이용 인구가 급속도로 퍼져나간 지 불과 10년이 채 되지 않기 때문에 이용과 충족 접근으로 수행된 연구는 각 매체에 대한 탐색적 연구의 수준에서 겨우 벗어난 수준이다. 그러나 지금까지 연구된 것들을 통해서 트위터 또는 페이스북 이용의 동기를 어느 정도 추릴 수 있다.

직접적으로 트위터와 페이스북의 이용 동기를 비교한 연구는 최근에야 실시되고 있다. 오승석(2010)은 트위터와 페이스북 이용자들의 이용 동기를 비교하였는데, 두 매체 모두 SNS로서의 특성을 가지고 있지만 트위터는 정보 수집이나 대인 커뮤니케이션을 통한 인맥 구축에 있어 페이스북보다 더 큰 만족을 가져다주었으며, 반면 페이스북은 자기 확인의 동기가 높았고 이를 통해 자기 만족 및 자신감 증대의 만족도가 높은 것으로 파악되었다. 이용자들은 이 두 서비스의 차이에 따라 두 가지 중 하나를 선택해 사용하거나 각각의 장단점을 고려해 병용하여 사용하는 것으로 이 연구는 밝히고 있다. 트위터를 마이크로블로그로, 페이스북을 소셜 네트워킹 블로그로 분류하고 두 가지 매체의 복수 이용자를 대상으로 인터넷 이용 동기와 그에 따른 서비스 이용 지속 의도를 알아본 김연희(2011)의 연구에서 서비스 이용자 간의 인터넷 이용 동기의 유의미한 차이는 없었으며, 마이크로블로그 이용 집단, 소셜 네트워킹 블로그 이용 집단, 그리고 복수 사용자 집단의 인터넷 이용 동기를 비교 분석한 결과 자기표현 동기에서만 그 차이가 검증되었다. 각각의 서비스에 대한 이용 지속 의도에서 마이크로블로그 이용자의 경우 친교와 간접 경험이, 소셜 네트워킹 이용자의 경우 친교와 자기 표현이 유의미한 영향력을 나타냈다.

트위터와 페이스북을 이용하려는 사람들의 동기는 다양하며, 주로 관계를 맺고 정보를 공유하며, 재미를 추구하고 다른 사람들과 커뮤니케이션을 하는 등의 동기가 주를 이루고, 자기 표현이나 사용 용이성 등도 이용 동기에 포함되기도 하였다. 또한 이용 동기와 만족에는 다양한 영향을 주는 요인들이 존재하며, 이는 소셜 미디어 이용을 사회 심리학적으로, 또는 문화적으로 파악해야 함을 일깨운다. 반면 소셜 미디어의 기능에 대한 인식도 이용 동기에 영향을 미치기 때문에 이에 대해서도 고려해야 함을 알 수 있다. 그리고 트위터와 페이스북을 모두 사용하는 경우나 다른 소셜 미디어와 같이 이용하는 경우 병용하는 미디어에 따라 트위터 또는 페이스북의 이용 동기가 달라질 수도 있음을 보여주며, 트위터와 페이스북의 복수 사용자는 트위터는 정보 공유 및 간접경험에, 페이스북은 자기 표현을 위해 사용하고자 하는 경우가 많다(서혜란, 2012).

최상국(2012)은 KOSBI(Korean Social Brand Index)를 통해 SNS 성과분석 및 평가를 하는 데 있어 블로그, 트위터, 페이스북의 참조지표 및 분석 요소를 정리하였다. 블로그의 참조지표는 PR, bloglevel, RSS, BII(BlogKorea) 등이며 분석 요소는 in-link, 평균 방문자 수, 검색 점유율, 포스트 수, 평균 댓글 수, 평균 트랙백 수, 태그 등을 들었다. 트위터의 참조지표는 Twitter Klout, tweetlevel, social metrics, tweetmix 등이며 분석 요소는 Tweet follower, following RT, mention, list(List Followers), with URLs, Follower's Follower, unique, average, per tweet, per period ratio 등을 들었다. 페이스북의 참조지표는 페이스북, Social Bakers이며 분석 요소는 like, liker, share, sharer, post, talking about, comments, commentors 등을 들었다.

Chapter Quiz

01 소셜 네트워크 서비스가 아닌 것은?
① 미니홈피　　　　　　② 블로그
③ 카카오톡　　　　　　④ 홈페이지

02 SNS에 대한 개념 설명 중 틀리게 기술한 것은?
① 미니홈피 : 미니홈페이지를 줄여 이르는 말로 네티즌들이 직접 꾸미고 서로를 초대할 수 있는 공간으로, 함께 활동하면서 네티즌간의 인맥을 형성하는 1인 미디어
② 마이크로블로그 : 개인의 관심사에 따라 일기, 칼럼, 전문자료, 사진 등을 게시 및 저장하여 타인과 공유하는 대표적 1인 미디어
③ 커뮤니티 : 인터넷상에서 취미나 관심 분야가 유사한 사람들이 서로의 정보를 교류하거나 친목을 형성하기 위한 모임
④ 프로필 기반 서비스 : 나이, 학력, 직업 등 개인정보를 비롯하여 직접 게시한 사진이나 동영상, 친구 목록 등이 메인 웹페이지인 프로필 페이지에 제공되어, 이를 기반으로 네티즌 간에 인맥을 형성하고 교류하는 서비스

03 다음은 어떤 SNS를 설명한 것인가?

> 140~150자 이내의 단문 메시지로 자신의 생각과 감정을 표현할 수 있는 블로그 서비스의 일종으로 미니블로그라고도 한다.

① 마이크로블로그　　　　② 블로그
③ 미니홈피　　　　　　　④ 커뮤니티

　　　　　　　　　　　　　　　　　　01 ④　02 ②　03 ①

04 마이크로블로그에 해당되지 않는 것은?
① 트위터　　　　　　　② 미투데이
③ 요즘　　　　　　　　④ 페이스북

05 프로필 기반 서비스에 해당하는 것은?
① 트위터　　　　　　　② 미투데이
③ 네이버블로그　　　　④ 페이스북

06 SNS의 특징에 해당되지 않는 것은?
① 속보성　　　　　　　② 연결성
③ 민감성　　　　　　　④ 개방성

07 FAN QING(2010)에 따른 SNS의 5가지 특성이 아닌 것은?
① 상호작용성　　　　　② 유용성
③ 신속성　　　　　　　④ 오락성

08 커뮤니케이션의 매체 풍부성에 해당하는 요소가 아닌 것은?
① 피드백의 능력　　　　② 정보원의 공공성
③ 단서의 수　　　　　　④ 언어의 유형

09 상호작용성의 다차원성에 포함되지 않는 것은?
① 정보 감소 용이성　　　② 사용자가 해야 하는 노력
③ 사용자에 대한 반응성　④ 정보이용 감시

04 ④　05 ④　06 ③　07 ③　08 ②　09 ①

10 다음의 SNS 속성은 무엇인가?

> 서비스 제작에서의 코드를 공개하여 수많은 응용서비스로 확산하는 방식이나 개별 SNS의 내용이 다른 SNS로 연결되는 것

① 신속성 ② 연결성
③ 개방성 ④ 오락성

11 2010년 인터넷진흥원의 조사에 의하면 국내 SNS 이용 동기 중 가장 순위가 높은 것은?

① 정보 습득 ② 친구 및 지인과의 관계 유지
③ 개성이나 감정 표현 ④ 다른 사람들의 생각을 알고 싶어서

12 SNS 활용 행동에서 가장 소극적인 활동은?

① 검색 ② 댓글 달기
③ 퍼나르기 ④ 변형 및 가공

13 개별 흡인력에 대한 내용 중 틀린 것을 고르시오.

① 다른 블로거들 사이에서 얼마나 주목을 받고 사회적인 파급력을 지닐 수 있는가의 정도이다.
② 콘텐츠의 질적인 측면과 밀접한 연관성이 있는 것으로 양질의 콘텐츠가 블로거들 사이에서 주목을 받을 가능성이 높다.
③ 시사 주제의 블로그인 경우는 블로거가 문제를 제기한 사건이 쟁점화가 되더라도 다른 주류 저널리즘 미디어로 확산되지 않는다.
④ 개별 콘텐츠의 흡인력은 콘텐츠의 내용이 어떤 것인가에 따라 결과 측면에서 볼 때 다른 형태로 나타날 수 있다.

10 ③   11 ①   12 ①   13 ③

14 온라인 커뮤니티에 접속해도 흔적은 남기지 않고 게시글을 읽기만 하고 아무런 피드백은 주지 않는 수동적인 행동을 무엇이라 하는가?

① 낫씽(Nothing) ② 러킹(Lucking)
③ 치팅(Cheeting) ④ 피딩(Feeding)

15 블로그마다 보유하고 있는 통일된 양식의 주소 체계를 무엇이라 하는가?

① 트랙백(Trackback) ② 태그(Tag)
③ RSS ④ HTML

14 ②　15 ③

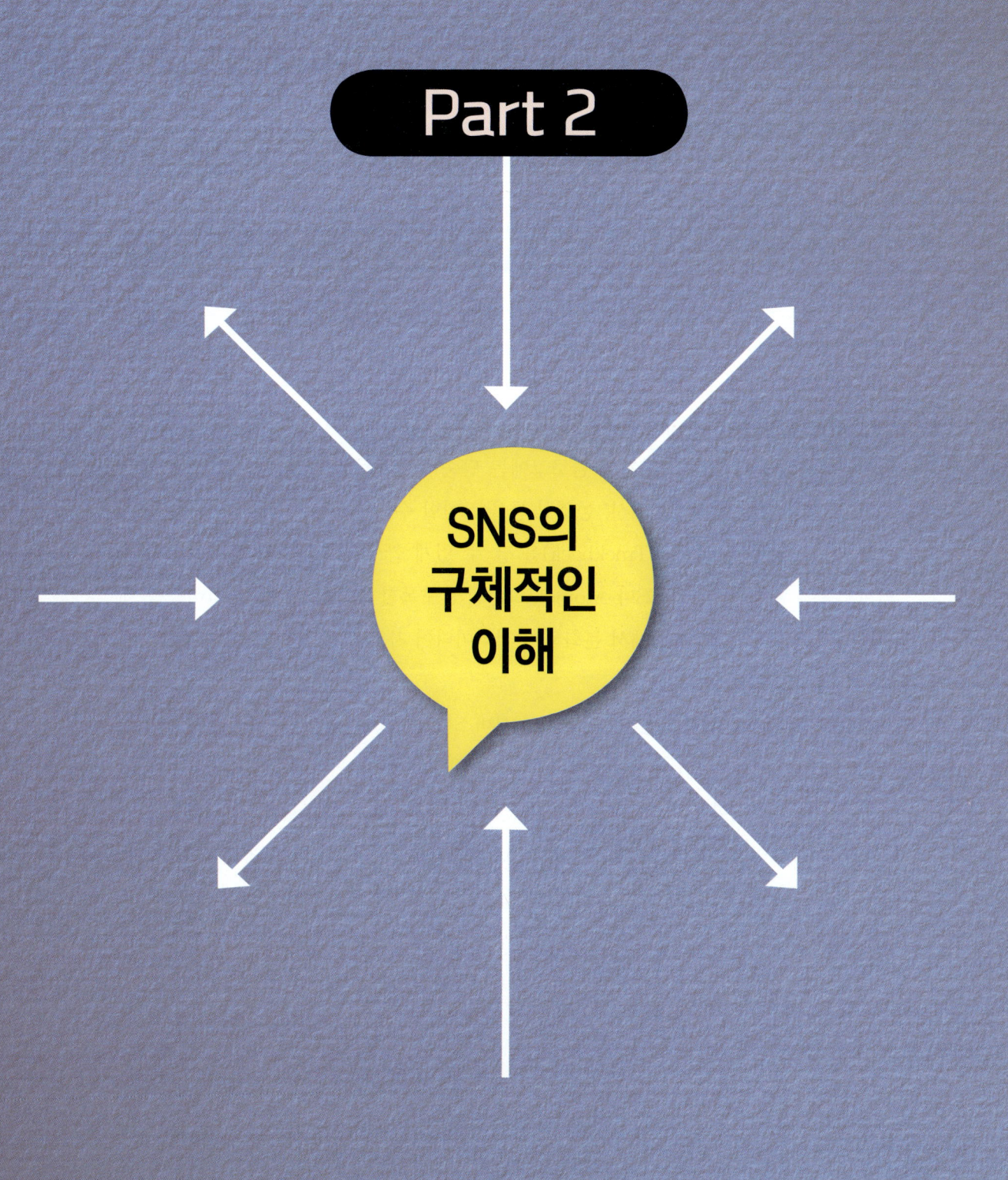

Chapter 1

블로그 세상과 소통하기

Ⅰ 블로그의 모든 것

1. 블로그의 개요

블로그의 시초는 원래 컴퓨터 통신 게시판에 자신의 이야기를 올리던 것이며, 인터넷이 발달하여 개인적으로 게시판을 운영할 수 있게 되는 서비스와 환경이 제공됨으로써 인기를 끌게 되었다. 처음에 나왔던 블로그에는 단순히 텍스트인 글을 올리고 읽는 기능만 있었으나, 사진, 음악, 플래시, 동영상 등을 포함할 수 있도록 발전하였다. 또한 블로그에 댓글(Reply)과 트랙백(Trackback)을 달 수 있게 함으로써 독자와 블로거 사이의 의사소통이 확장되었다. RSS나 Atom으로 손쉽게 구독할 수 있도록 하는 서비스를 제공하기도 한다. 텍스트 중심에서 분화되어 멀티미디어 자료를 구독할 수 있는 팟캐스트도 발전하고 있다.

블로그를 시작하기 위해서는 전문 블로그 서비스를 이용하거나 포털 사이트의 블로그 서비스 혹은 자신의 서버 계정에 직접 설치하여 만드는 설치형 블로그 시스템을 이용할 수 있다. 보통 이러한 서비스는 무료로 제공되는 경우가 많다. 광고를 삽입하거나, 기업으로부터 제품이나 서비스를 제공받고 이에 대한 리뷰를 써서 수익을 올릴 수도 있다. 기업에서 마케팅 수단으로 소비자와의 관계를 돈독히 하는 목적으로 블로그를 직접 운영하기도 한다.

2. 블로그의 역사

1994년 미국의 저스틴 홀이 시작한 온라인 일기가 가장 초기의 블로그 중 하나로 뉴욕타임즈 등 일간지에 소개되었다. 초기 대부분의 웹페이지에는 새글(What's new)과 차례표(Index) 페이지가 있었으며 이때 차례표는 보통 가장 최신의 글이 위에서부터 게시되거나 순서대로 제목이 나열되는 형태를 가지고 있었다. 이는 전자게시판 동호회의 것과 같다. 개인 블로그는 뉴스를 전달하는 기능을 어느 정도 가지고 있는데 대체로 다른 뉴스를 베껴 온다. 그러나 매트 드러지가 만든 드러지 리포트 사이트는 전문 뉴스 채널 못지않은 속보와 특종으로 유명해졌다.

초기의 블로그는 간단한 프로그래밍이나 HTML 편집만으로도 가능하였으나, 시간이 지남에 따라 관리에 힘이 들어가게 되었고 곧 워드프레스, 무버블 타입, 블로거나 라이브 저널 같은 블로그 소프트웨어들이 등장하기 시작했다. 이후 기존의 웹 서비스나 포털 서비스에서도 이러한 블로그 기능이 추가되어 개인화한 블로그 서비스를 제공하기 시작했다. 그 후 2003년 미-영 연합군의 바그다드 폭격에 한 이라크인이 블로그를 통해 평화를 주장하여 블로그는 대중화되었다.

우리나라에서는 2002년 11월 최초의 블로그 서비스 blog.co.kr이 시작되었으며, 2003년 네이버, 다음 등 포털이 블로그 서비스를 시작했다. 다음에서 블로거뉴스라는 메타 블로그 서비스를 제공하고 포털 첫 화면에 신문기사와 함께 개인 블로그 포스트를 노출시키면서 블로그에 대한 관심이 점점 높아졌다.

3. 블로그의 종류

국적으로 분류할 수도 있지만 인터넷 접속은 국가 제약을 받지 않는 경우가 많아서 블로그 분류에 국적을 고려하는 경우는 드물다. 그러나 중국에서는 인터넷 검열 때문에 티스토리 등 블로그 서비스에 접속할 수 없는 경우도 있다. 주로 회원가입 또는 웹호스팅이 필요한가 여부로 블로그를 분류한다.

1) 가입형 블로그

가입형 블로그는 회원 가입만 하면 손쉽게 블로그를 생성할 수 있다. 포털, 신문사, 인터넷 서점, 블로그 전문 웹사이트 등이 블로그 서비스를 제공한다. 커뮤니티(관심, 즐

Part 2 SNS의 구체적인 이해

겨찾기, 이웃 등) 형성, 콘텐츠(뉴스 기사, 책 정보 등) 퍼가기 등 혜택을 받을 수 있다. HTML, CSS를 고칠 수 있는 곳도 있고 없는 곳도 있다.

① 포털 : 네이버, 네이트, 다음, 야후 등

② 신문사 : 오마이뉴스, 조인스닷컴, 한국경제, 조선, 한겨레 등

③ 인터넷 서점 : 알라딘, YES24 등

④ 블로그 전문 : 티스토리, 텍스트큐브닷컴, 토트, 블로거닷컴, 워드프레스닷컴, 타이프패드, 라이브저널, 이글루스 등

가입형 블로그 〈DAUM〉

2) 설치형 블로그

설치형 블로그는 서버에 블로그 저작 소프트웨어를 설치해서 운영할 수 있다. 서버의 다른 공간에 위키나 게시판을 운영할 수도 있고 플러그인 등을 사용할 수도 있다. 서버 컴퓨터를 운영하거나 웹호스팅을 해야 한다. 그래서 별도의 비용이 발생하며, 컴퓨터, 네트워크 지식이 필요하다. 설치형 블로그 소프트웨어로 텍스트큐브, 워드프레스, 텍스타일, 무버블 타입 등이 있다.

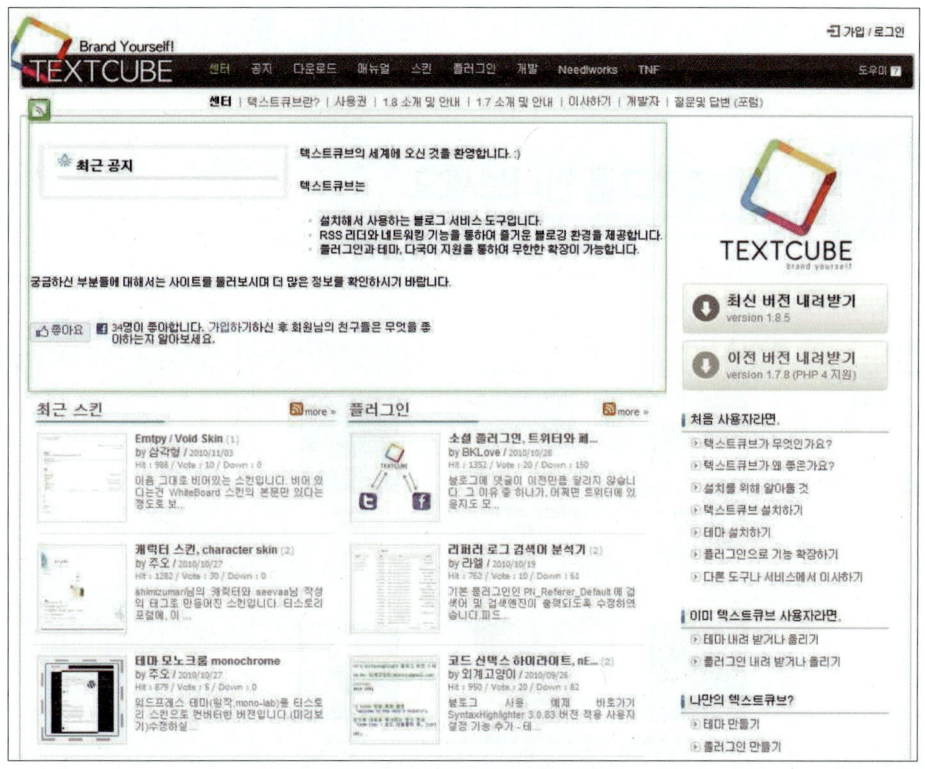

설치형 블로그 〈Textcube〉

4. 블로그 생성하기(네이버)
1) 블로그 만들기

네이버는 동일 주민등록번호로 3개까지 아이디를 생성할 수 있으며, 하나의 아이디에 대하여 하나의 블로그를 제공한다. 따라서 블로그를 생성하기 위하여 네이버에 회원으로 가입되어 있지 않은 사용자는 먼저 네이버에 회원가입을 한다.

① 블로그 개설에 앞서 먼저 파워블로그들을 방문해 보고, 블로그의 주제를 정하고 닉네임을 결정한다.

② 네이버에 접속한 다음 회원으로 가입한다.

③ 회원가입 완료 후의 결과이다.

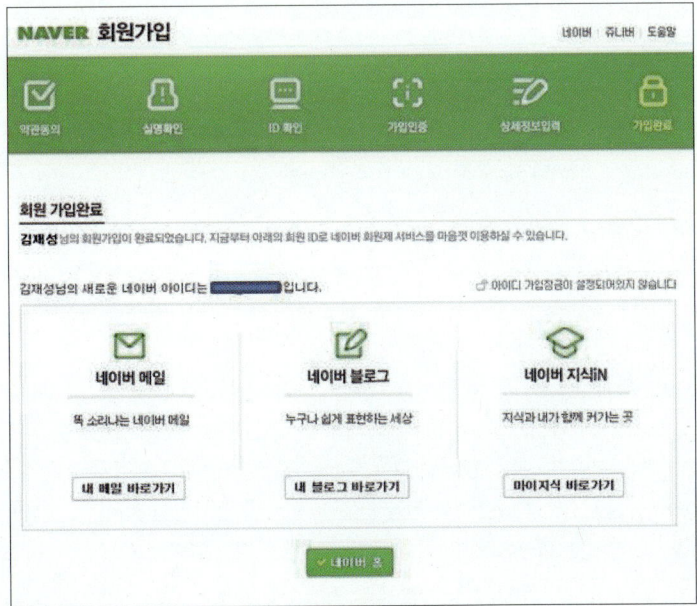

④ 내블로그 바로가기를 클릭하면 기본 폼의 블로그가 생성된 것을 확인할 수 있다.

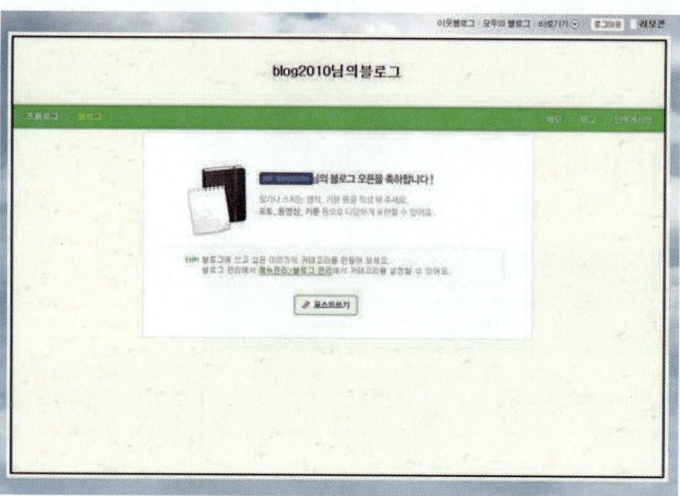

⑤ 포스트쓰기에 앞서 메뉴관리 〉 블로그 관리에서 기본카테고리 설정 및 기본정보를 입력한다.

2) 블로그 설정하기

① 포스트쓰기에 앞서 메뉴관리 〉블로그 관리에서 기본카테고리 설정 및 기본정보를 입력한다.

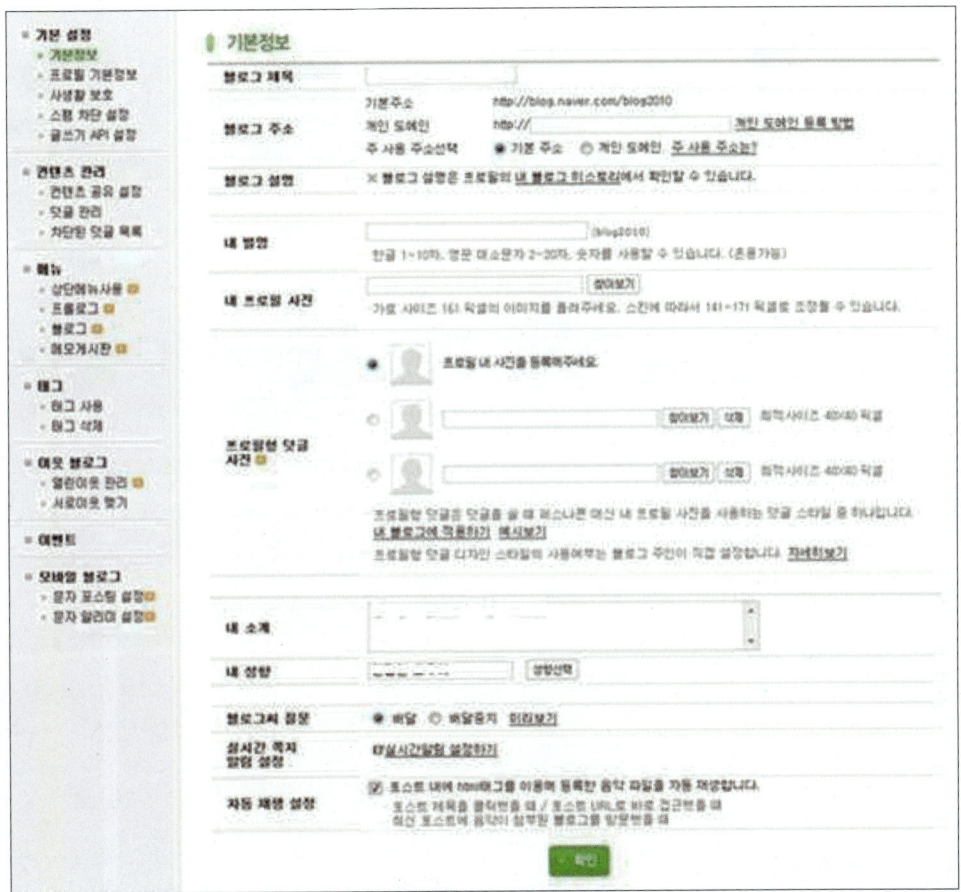

② 메뉴만들기는 메뉴 항목에서 블로그를 통하여 생성할 수 있다.

③ 블로그 기본정보 변경 방법

블로그에서 페이지로 이동하면 내블로그의 제목, 설명, 사진, 별명, 소개 등 기본적인 정보를 모두 바꿀 수 있다. 설정을 변경한 후에는 반드시 아래의 버튼을 눌러 주어야 변경이 완료된다.

④ 블로그 별명 설정

네이버 블로그에서는 네이버 아이디 대신 별명을 사용할 수 있다. 20Byte 내에서 한글/영문/숫자의 혼용이 가능하다. 또한 영문의 경우, 대소문자를 구분하여 사용할 수 있다. 다만 기타 특수 문자는 별명에 사용할 수 없다.

내 별명을 설정하려면 블로그에 접속하여 내 사진 아래쪽의 [EDIT] 버튼을 클릭하거나 또는 블로그에서 페이지로 이동한 후 페이지 중앙의 [내 별명] 항목에서 원하는 대로 설정할 수 있다.

3) RSS란

RSS란, 업데이트 되는 웹 사이트 정보를 쉽게 확인할 수 있도록 만들어진 기술 표준으로, 블로그의 RSS주소를 RSS구독기에 등록하면 해당 블로그에 직접 방문하지 않아도 업데이트 여부 및 내용을 확인할 수 있다.

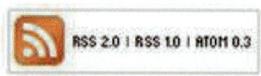

즉, RSS공개를 허용하는 것은 RSS구독기가 이 블로그의 포스트를 수집하도록 허용하는 것이다.

RSS공개를 허용했던 글을 수정하거나 삭제할 경우, 이미 RSS구독기에 전송된 내용은 변경되지 않는다.

RSS공개가 허용된 포스트가 다른 사이트에서 사용되는 것에 대해서는 네이버가 이를 제한할 수 있는 방법이 없다. 단, RSS구독기의 자세한 사용법은 각 프로그램 홈페이지를 참조하기 바란다.

4) 동영상 편집

(1) 화면을 꽉 차게 보기

동영상 감상 중 플레이 버튼이 있는 아래쪽 재생 영역의 오른쪽에 화면 조절 버튼이 있다. 이 버튼을 눌러 나타나는 메뉴에서 전체화면을 선택하여 보거나 화면 맞춤을 선택하여 감상할 수 있다.

(2) 동영상을 올렸는데 "원본 동영상에 저작권 침해 또는 운영원칙 위반 내용이 포함되어 있어 삭제되었습니다"라는 메시지가 나올 경우

등록하신 동영상의 내용이 다른 사람을 비방 혹은 피해를 주거나 원저작자의 저작권을 위반하는 내용이 포함되어 있는 경우이며, 이 경우 메시지로 안내될 수 있다.

(3) 자신이 올린 동영상을 누가 링크했는지 확인하기

동영상 플레이어의 시작 화면에 '아래쪽에'라는 항목이 있다. 링크수란 내가 올린 동영상을 몇 회 다른 곳에 연결했는지 회수를 뜻한다. 자신이 올린 동영상을 내 친구가 링크했을 때 어디로 링크했는지 알 수 있다. '링크 수' 부분을 마우스로 선택하면 '링크 통계' 창이 나타나고, 링크 횟수와 링크한 곳의 위치를 알 수 있다. 링크 이후 연결해 간 사이트의 변화에 따라 링크 정보가 변경될 수 있다. 링크해 간 사이트의 페이지가 삭제되었거나 변경되었을 수 있기 때문이다.

(4) 동영상 감상하기

블로그에서 원하는 동영상을 선택하면 그림과 같은 플레이어가 나타난다. 플레이어의 모습을 살펴보자.

Part 2 SNS의 구체적인 이해

❶ 재생 버튼 : 동영상을 재생할 때 선택한다.
❷ 동영상 정보 : 동영상을 등록한 사람, 재생 횟수, 링크 수 등의 정보가 나타난다.

❸ 재생 및 일시정지 버튼 : 동영상을 재생 혹은 일시 정지할 때 선택한다.
❹ 정지 버튼 : 동영상 재생을 정지할 때 선택한다.

72

❺ 재생 상태 보기 : 현재 재생 중인 상태를 확인할 수 있다. 중간의 사각형 버튼을 마우스로 움직이면 원하는 부분의 장면으로 바로 이동된다.
❻ 소리 조절 : 동영상의 소리 크기를 조절할 때 선택한다.
❼ 화면 조절 : 동영상을 전체화면/원본크기/화면맞춤 크기로 보고 싶을 때 선택한다.
❽ 링크 : 동영상을 외부 블로그 혹은 내 홈페이지에 등록하여 사용하기 위한 링크 기능이다. 포스트/URL 주소 경로 및 HTML 소스로 선택하여 담을 수 있어 편리하다.

화면 중앙 혹은 왼쪽 아래의 버튼을 선택하면 동영상이 재생된다.
- 동영상을 재생 중일 때에는 플레이어에 마우스 커서만 올려놓으면 그림과 같이 미리보기 장면이 나타난다.
- 장면을 선택하면 해당 장면으로 바로 이동, 재생되어 편리하다.
- 동영상을 재생 중일 때 그림과 같이 현재 재생 중인 상태를 보여준다.
- 전체 동영상 내용 중 재생한 부분과 재생하지 않은 부분은 그림과 같이 색상(녹색과 회색)으로 구별할 수 있다.
- 마우스로 어느 곳을 눌러도 바로 재생되어 편리하다.
- 원하는 영역을 눌러보자.

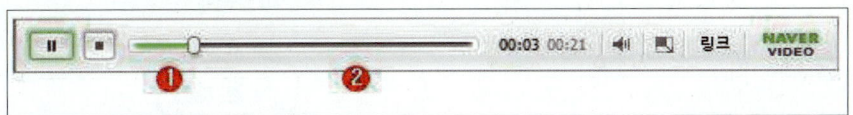

(5) 블로그에 동영상 올리기

① 1단계 : 블로그에서 글쓰기를 눌러 글을 쓰기 위한 화면으로 이동한다.

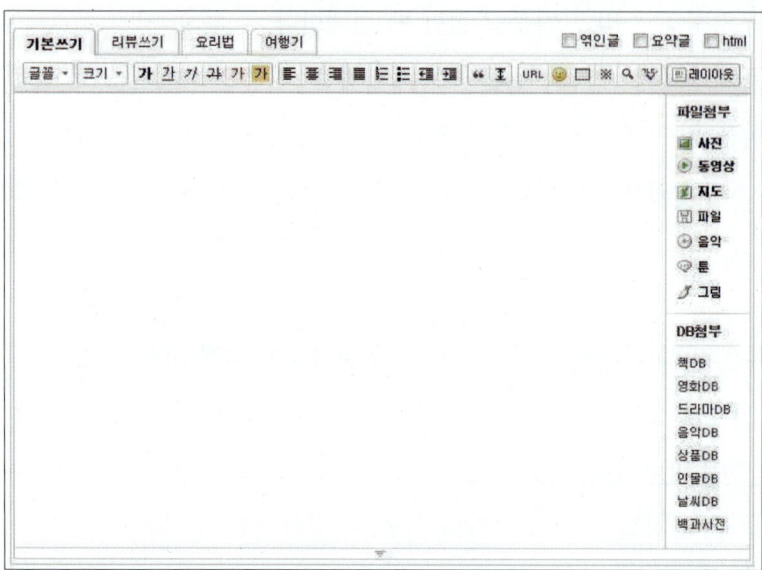

② 2단계 : 스마트 에디터에서 동영상을 올리기 위해 그림과 같이 버튼을 누른다.

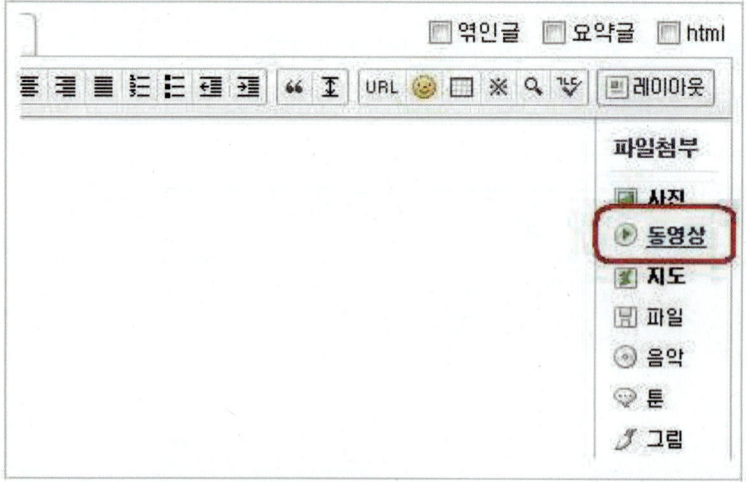

③ 3단계 : 글쓰기 화면에서 스마트 에디터의 버튼을 누르면, 동영상 업로더가 나타난다. 컴퓨터에 있는 동영상 파일을 올리려면 업로더 기본 화면에서 버튼을 누른다.

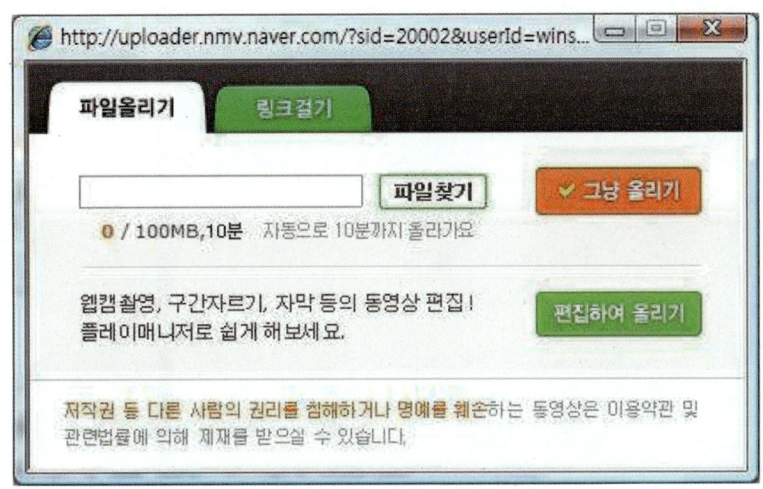

④ 4단계 : 올릴 동영상 파일을 선택한다. 올릴 수 있는 파일 확장자는 avi, wmv 등이다. 반드시 확인하도록 한다. 선택 후 '열기' 버튼을 누른다.

Part 2 SNS의 구체적인 이해

⑤ 5단계 : 이제 동영상 업로더 화면에서 버튼을 선택하면 아래 그림과 같이 업로드가 진행된다.

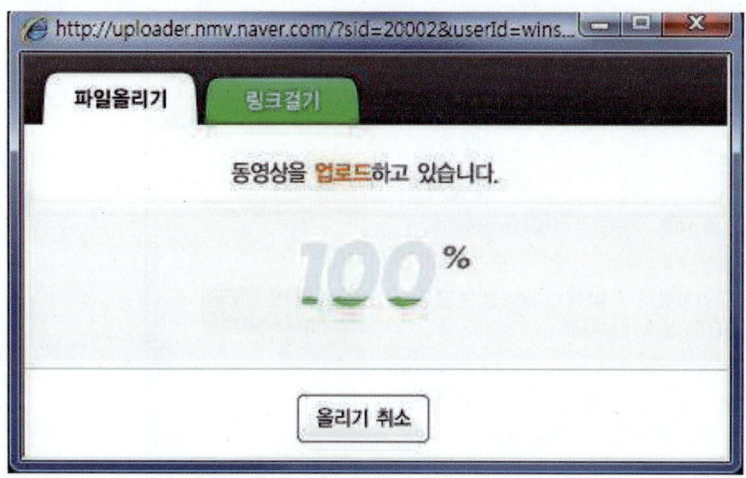

⑥ 6단계 : 표지로 사용할 동영상의 주요장면을 추출한다.

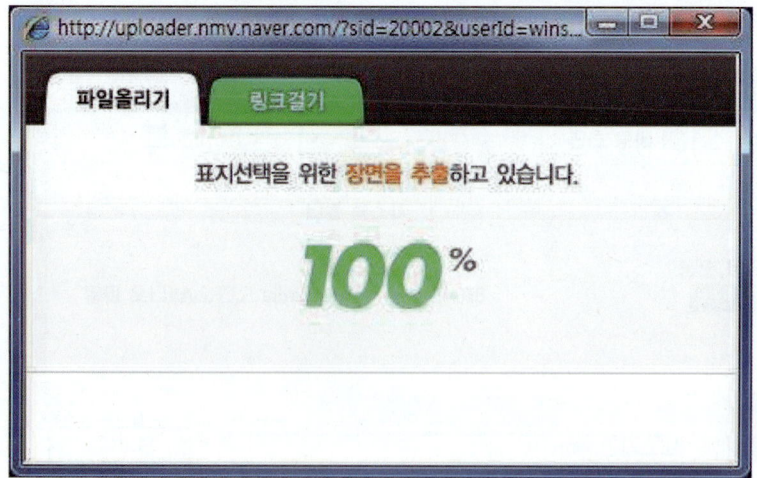

⑦ 7단계 : 자동으로 추출된 장면이 나타난다. 동영상의 표지로 사용할 장면을 마우스로 선택한다.

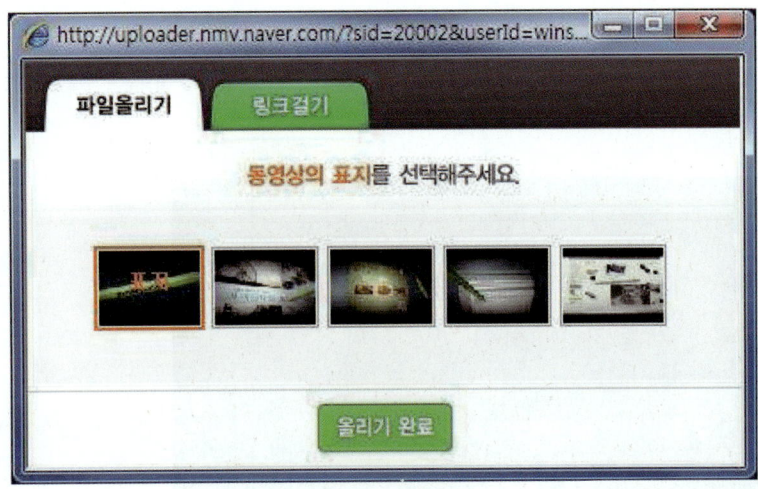

⑧ 8단계 : 버튼을 선택하면 그림과 같이 동영상을 나타내는 이미지가 본문 안에 삽입된다.

동영상 등록 후 글을 입력하는 입력창 상태에서 아래 그림과 같이 "동영상을 재생하기 위해 인코딩 중입니다."라는 메시지가 나타날 수 있다. 올리기 한 동영상을 재생하기 위해 편리한 인터넷용 동영상으로 변환하는 작업 중임을 뜻한다. 올린 동영상 원본의 재생 시간이 길수록 인코딩 역시 시간이 소요될 수 있다. 인코딩 과정이 완료된 후 동영상을 재생할 수 있다.

5) 사진 편집

요즘 많은 일반인들이 미니 홈피나 블로그 사이트를 이용한다. 포테이토는 이런 사용자를 위해 사이트에 게시하는 사진을 약간의 편집으로 자기만의 홈피나 블로그 사이트를 꾸밀 수가 있다. 포테이토를 활용하여 여러분의 사진에 뽀샤시 효과 등의 귀엽고 아기자기한 이미지 편집을 해 볼 수 있다. 이 장에서는 디카로 찍은 사진을 여러 기능으로 다양하게 편집하는 것을 배워 보자.

(1) 필터를 이용하여 이미지 효과 주기

① 사이즈가 큰 원본 이미지를 '이미지 크기'를 이용하여 'resize'를 한다. '자동 비율'을 클릭하면 원본 이미지의 가로×세로 비율을 유지하면서 사이즈를 변경할 수 있다.

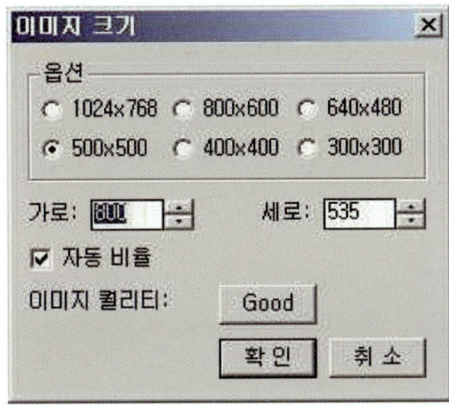

(여기서는 400픽셀 사이즈의 이미지로 resize한다.)

* 2500픽셀 사이즈를 벗어난 사진을 포테이토는 2500픽셀 이하로 만들어 불러온다.

② '도구 툴'에서 '타원선택'을 클릭하고, 인물이나 원하는 부분에 드래그한다.

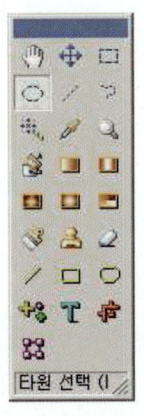 

③ 효과의 부드러움을 위하여 일정 단위의 '픽셀'에 대한 번짐을 설정한다.

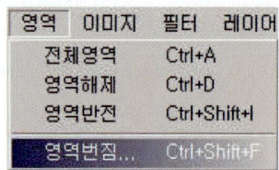 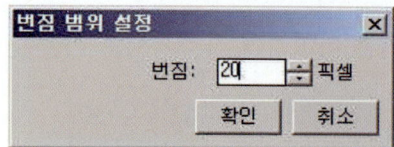

④ 타원 부분 이외의 부분에 효과를 삽입하기 위해 '영역반전'을 클릭한다.

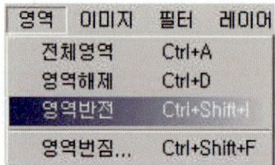

⑤ '쏠림'을 클릭하고, '길이'를 조절하여 효과의 강도를 조절한다.

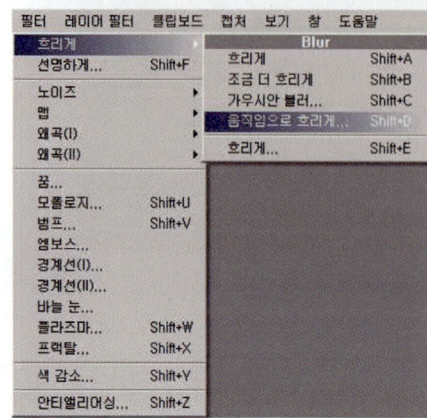 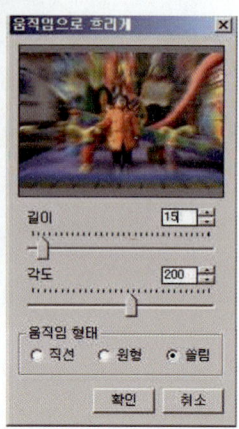

⑥ '쏠림' 효과를 적용한 후 'Ctrl+D'나 '영역해제'를 클릭하여 설정된 영역을 해제한다.

⑦ '메뉴 > 이미지 > 액자/클립아트 삽입'에서 frame을 선택하여 삽입한다. 새로운 레이어를 추가하여 상하좌우의 게시판에 끼워놓은 듯한 효과를 준다(그림자 액자는 액자 만들기를 이용하여 만들 수 있다).

(2) 뽀샤시 효과를 주어 이미지 보정하기

① 미니홈피나 블로그에 게시할 사진을 불러온 후, '레이어 창'의 이미지 영역에서 마우스 오른쪽 버튼을 클릭하면 '레이어 복사' 기능을 이용하여 원본 사진에서 하나의 복사본을 생성한다.

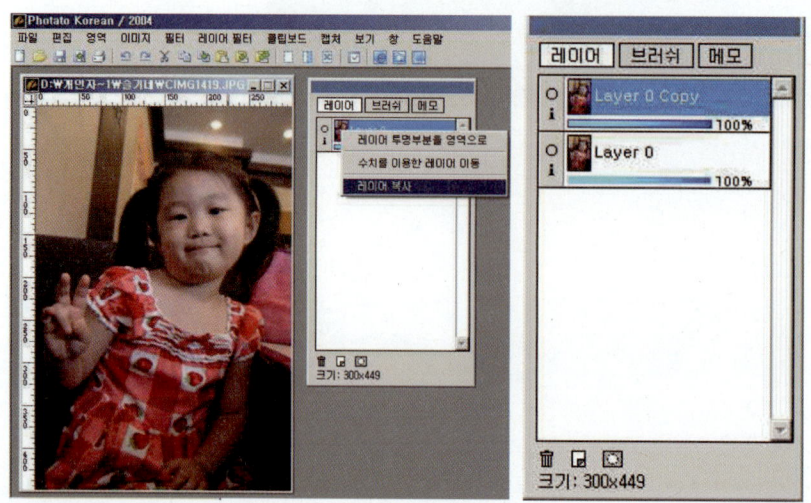

② '메뉴 > 이미지 > 색조/명도/감마 조절' 설정 창에서 명도와 감마를 조절하여 사진을 밝게 한다.

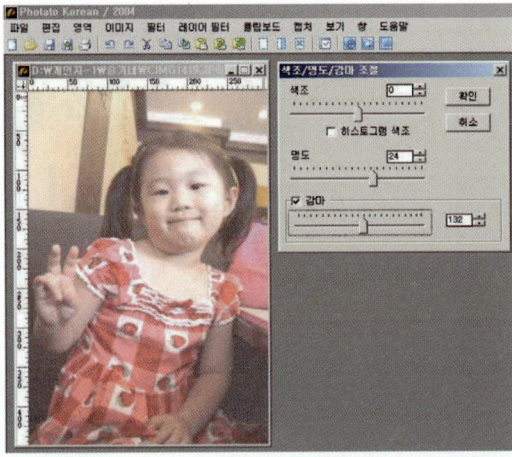

③ '메뉴 > 필터 > 가우시안 블러'를 이용하여 복사한 레이어의 이미지를 흐리게 만든다.

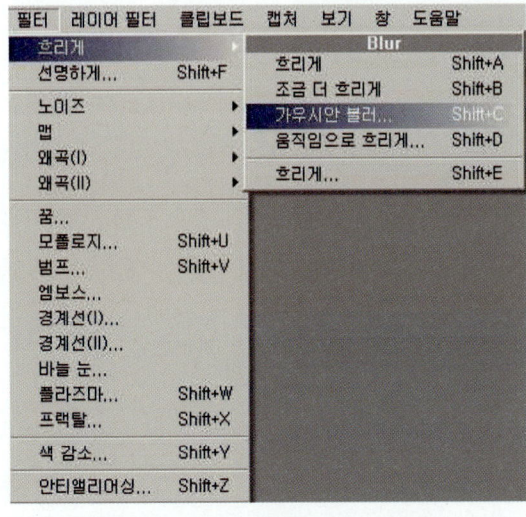
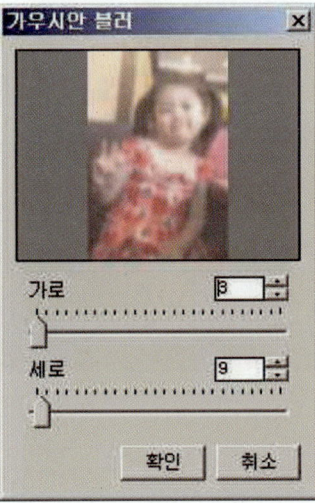

④ '메뉴 > 이미지 > 색상/채도/명도 조절' 설정 창에서 채도를 낮추어 보다 은은한 분위기를 준다.

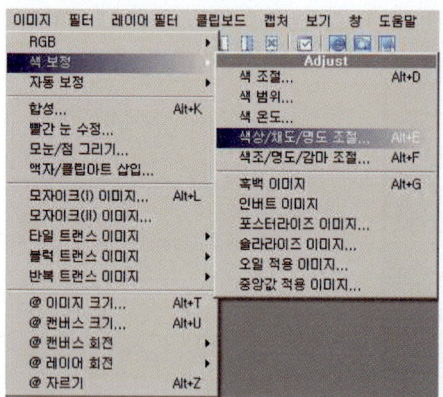

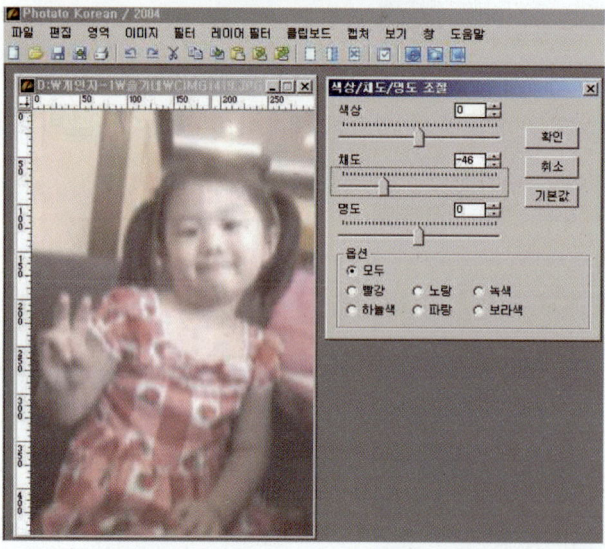

⑤ '레이어 창'에서 복사하여 추가한 레이어의 투명도를 조절하여 뽀샤시한 사진을 완성한다. '액자/클립아트 삽입' 기능을 이용하여 페이스페인팅 효과를 줄 수 있다.

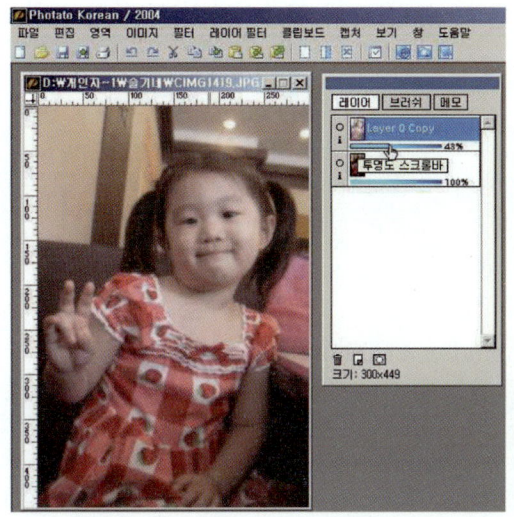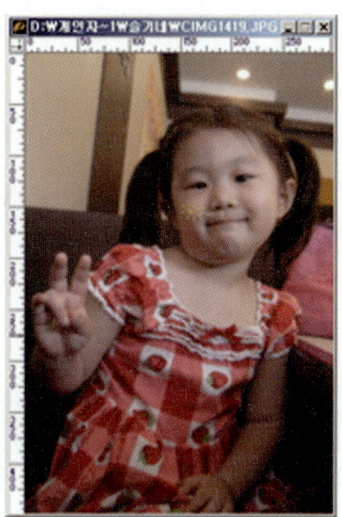

5. 블로그 방문자수 늘리기

1) 검색엔진 최적화

검색엔진 최적화(SEO; Search Engine Optimization)는 웹 페이지 검색엔진이 자료를 수집하고 순위를 매기는 방식에 맞게 웹 페이지를 구성해서 검색 결과의 상위에 나올 수 있도록 하는 작업을 말한다. 웹 페이지와 관련된 검색어로 검색한 결과 상위에 나오게 된다면 방문 트래픽이 늘어나기 때문에 효과적인 인터넷 마케팅 방법 중의 하나라고 할 수 있다. 기본적인 작업 방식은 특정 검색어를 웹 페이지에 적절하게 배치하고 다른 웹 페이지에서 링크가 많이 연결되도록 하는 것이다.

(1) 메타태그 점검

① 문자코드 지정

〈meta http-equiv="Content-Type"content="text/html"icharset="XXXX"〉
문자코드로서 euc-kr, utf-8 등을 지정한다.

② 키워드가 포함된 설명문 전달

〈meta name="description"content="XXXX"〉

검색엔진에 노출하고 싶은 키워드를 포함해 120자 정도의 설명문을 작성한다.

③ 키워드 설정

〈meta name="keyword"content="XXX"〉

페이지별 키워드를 ,(콤마)로 구분해서 나열한다. 너무 많이 지정하는 것은 좋지 않다(3~5개가 적당).

④ 검색엔진에 등록 설정

〈meta name="robot" content="noindex, nofollow"〉

ⓐ noindex : 검색엔진에 등록하지 않음 / index : 검색엔진에 등록

ⓑ nofollow : 링크를 포함하지 않음 / follow : 링크를 포함해 모두 검색엔진에 등록

(2) 사람들이 사이트에 사용한 키워드 트렌드를 찾아라

사람들이 주로 검색하는 검색 키워드를 찾아서 블로그의 메타태그에 등록한다.

(3) 키워드를 적절히 배치해야 한다.

제목 〉 본문 〉 태그 〉 이미지 〉 링크

(4) 블로그 포스트를 관리한다.

① 블록 포스트 발행주기 관리

② 포스트 누적포스트 숫자 관리

③ 링크와 트랙백 체크

④ 클릭을 유도하는 제목 작성

⑤ 문맥에 맞지 않는 키워드 제목 피하기

2) 메타블로그 등록

외부에 블로그 알리기, 즉 블로그의 방문자 수를 늘리기 위한 첫 번째 방법은 메타블로그에 등록하는 일이다. 메타블로그는 블로그의 글을 검색해 주는 사이트이다. 그렇기 때문에 메타블로그에 본인의 블로그를 등록해 놓으면 좀 더 많은 사람들에게 블로그가 노출되고 방문자도 늘어나게 된다.

메타블로그에 등록하면 좋은 점은 블로그에 올린 글이 바로 검색이 된다는 점이다. 검색이 된다는 말은 내 글이 웹 세상에 알려진다는 것이고, 다른 사람들이 내 블로그에 방문할 확률이 높아진다는 것이다.

〈메타블로그 등록 전 체크사항〉

① 발행된 글이 있어야 한다. 발행글은 글쓰기 화면 하단의 공개설정에서 설정할 수 있다. 아래 그림에서 발행에 체크할 수 있다.

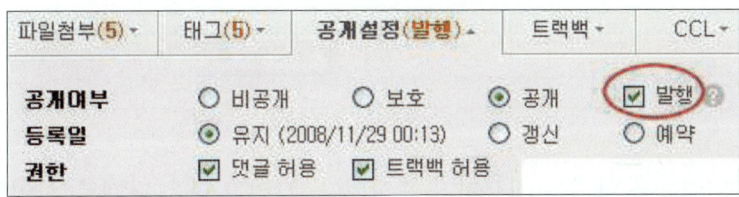

② 메타블로그 등록을 위해서는 본인의 블로그 RSS 주소는 알고 있어야 한다. 티스토리의 경우 블로그 RSS 주소는 블로그 주소 뒤에 '/rss'를 붙이면 된다.

3) 구글 대시보드에 등록

구글 대시보드에 블로그를 등록하면 구글 검색엔진에서 블로그 글이 검색된다.

① 먼저 구글 웹마스터 도구에 접속한 후 로그인을 한다(구글에 회원가입이 안 되어 있다면 회원가입을 한다).

Part 2 SNS의 구체적인 이해

② 로그인 후 아래와 같은 화면이 나오면 본인의 블로그 주소를 적어 넣은 후에 '사이트 추가'를 누른다.

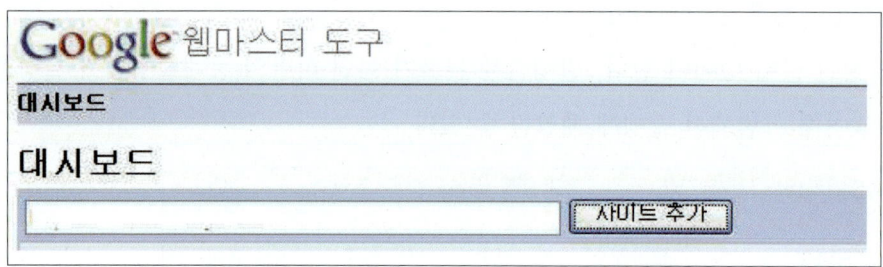

③ 블로그가 추가되었음을 알리는 메시지가 표시된다. 그리고 다음 단계로 '사이트 확인'이라는 것이 나오는데, 사이트 확인은 하지 않아도 되지만 블로그에 대한 통계와 여러 가지 정보를 볼 수 있기 때문에 해 주는 것이 좋다(그냥 블로그 등록만 하고 검색만 되도록 하는 데 만족하는 사람은 여기까지만 해도 상관없다).
이제 '사이트 확인'을 클릭한다.

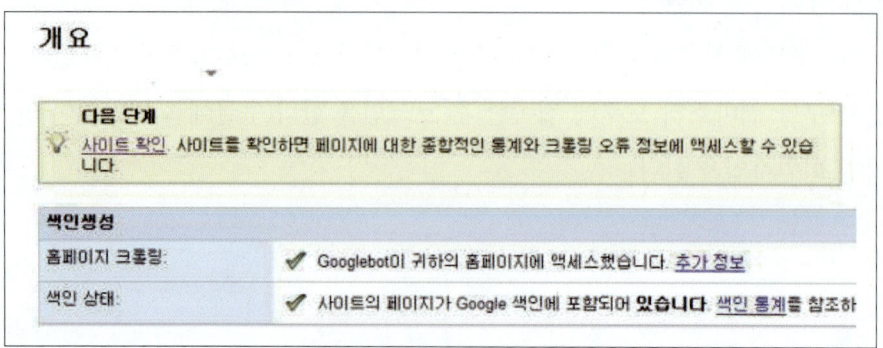

④ 아래 화면의 중간 부분에서 '메타태그 추가'를 선택하면 바로 아래에 메타태그가 표시된다. 이 메타태그를 복사하여 자기 블로그의 상단〈head〉와 〈/head〉 사이에 붙여 넣는다(티스토리의 경우 관리페이지의 skin.html의 윗부분에 〈head〉가 있다).

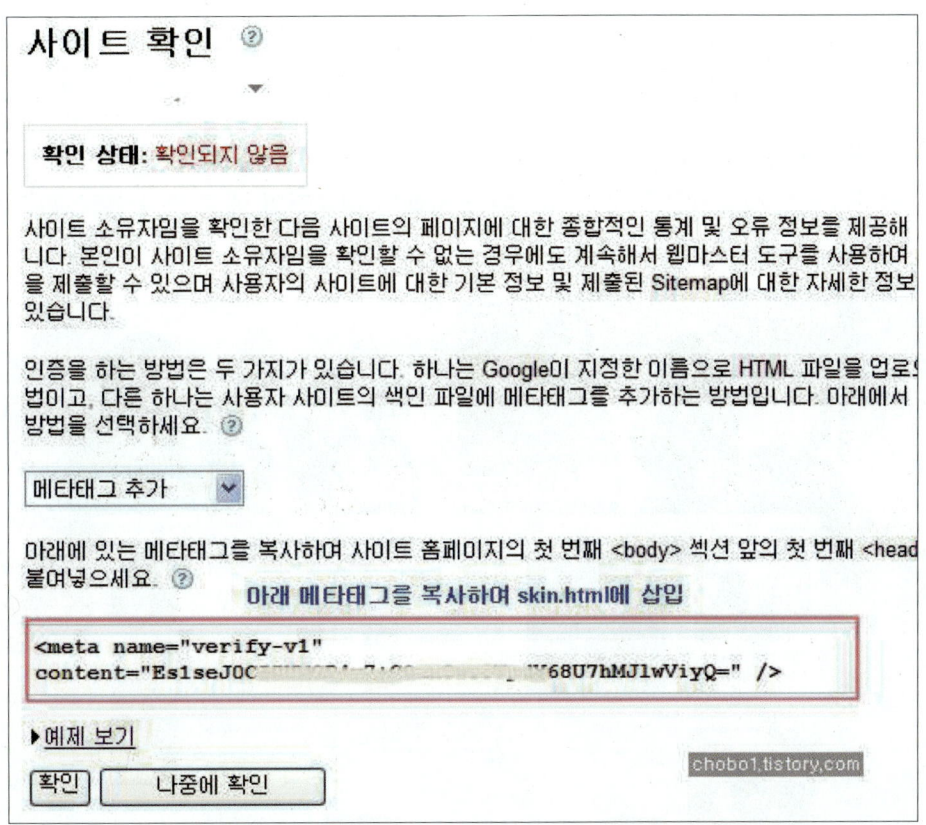

4) 블로그를 활용한 비즈니스 사례

일반적으로 기업에서 직접 운영하는 비즈니스 블로그는 성공을 거두기가 어렵다고들 한다. 그 이유는 직원들이 직접 운영하다 보면 아이디어 및 기획되는 단계의 모든 콘텐츠가 결재라는 리스크 관리의 차원으로 재단되어 소통과 진정성이 사라지기 때문이다. 그러다 보니 아직까지 이렇다 할 만한 기업의 비즈니스 블로그마케팅 성공사례가 보이지 않고 있는 것 같다.

우리나라에서 성공적인 블로그 비즈니스 사례의 대표적인 예로 두타 블로그를 들 수 있다. 일일 방문자 수와 관리면에서 상당한 효과를 보고 있다.

〈두타 블로그〉

해외에서의 대표적인 예는 바로 스타벅스이다.

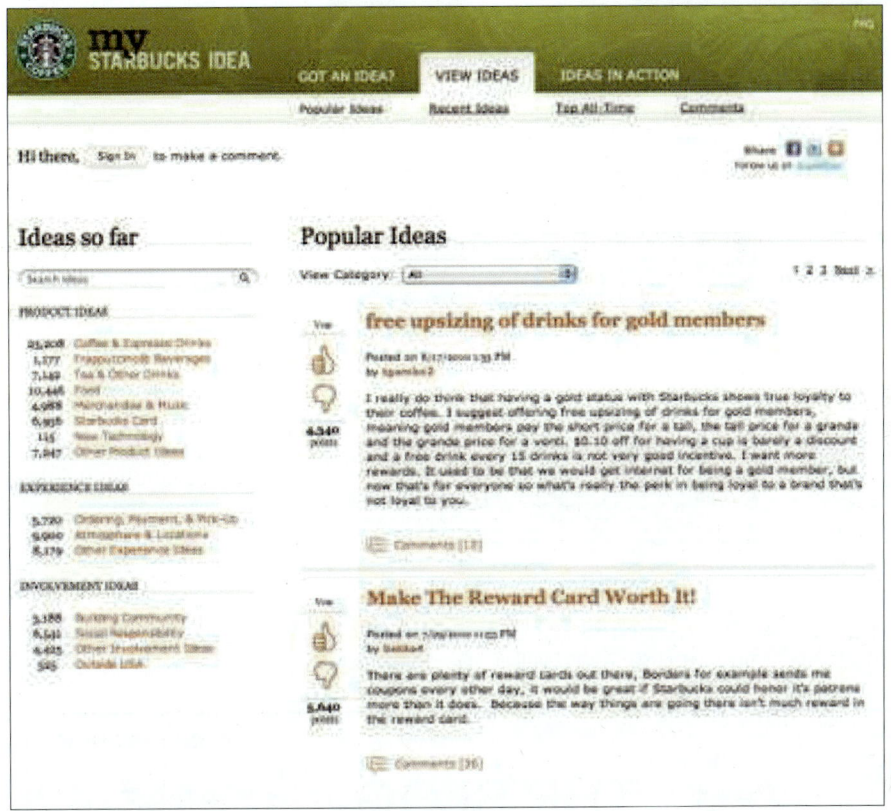

〈스타벅스 블로그〉

Dell의 'IdeaStorm'이나 일본의 無印良品(무지료힌)과 함께 가장 유명한 Idea Community가 'MyStarbucksIdea'이다. 무지료힌이 신상품 개발에 초점을 맞춘 데 반해 이 MYSTARBUCKS IDEA는 좀 더 그 범위를 확장하여 상품 서비스에 대한 개선 아이디어를 모집하는 특징이 있다.

구조는 Dell의 IdeaStorm과 거의 유사하나 제시된 아이디어가 투표에 의해 선별되고 이용자의 니즈가 높은 아이디어가 자동적으로 채택되도록 되어 있다.

그리고 마지막으로 LG 전자의 성공사례를 들 수 있다.

LG전자의 블로그 주제는 '디자인'이다.

'디자인'을 주제로 한 고객 커뮤니케이션 플랫폼으로서, 이 블로그를 통해 일방적인 정보를 전달하기보다는 고객의 의견을 귀 기울여 듣고, 경험에서 우러나오는 의견을 제시할 것이며, 열린 마음으로 대화하겠다는 각오를 밝히고 있다.

일반 기업의 블로그가 단순히 기업의 정보전달을 위한 매개체로 활용되는 경우가 대부분인데 반해 LG전자의 블로그는 고객과의 열린 커뮤니케이션, 고객의 참여를 유도하고 항상 고객과 함께하려는 노력이 엿보인다.

그 예로 첫째, 국내 30대 기업 블로그 중 최초로 댓글을 허용하였고, 둘째, '더 블로그'를 통해 휴대전화 속에 들어 있는 모닝콜 음원에 대한 선호도 조사를 실시하여 앞으로 출시될 모델에 직접 블로거들의 의견을 반영하고, 셋째, 외부 블로그 운영자들을 대상으로 '더 블로거(The BLOGer)'를 선발해 이들에게 회사의 신제품을 체험토록 하고 간담회 등에 초청하는 하는 등 고객과의 의사소통에 주력하는 LG전자의 모습이 보인다.

6. 블로그 활용 수익모델 창출하기

1) 수익모델 종류

① 블로그샵을 개설한다.

블로그로 쉽게 쇼핑몰을 운영하는 방법이 생겼다. [고도몰]에서 '블로그샵' 서비스를 오픈하여, 블로그를 운영하며 쇼핑몰을 운영할 수 있게 하고 있다. 이니시스에서 제공하는 INIp2p 전자결제시스템으로 결제가 가능하여 편리하다.

블로그 마케팅을 고려하고 있다면 관련 내용으로 '블로깅'을 하여 방문자를 증가시키고 블로그에 이벤트나 핵심 제품을 집중적으로 홍보하여 판매가 가능하다.

www.blogmall.net처럼 단독 도메인 연결도 가능하다. 쇼핑몰 관리가 어려운 농어민들이나 장애인들도 쉽게 상품을 등록하고 블로그처럼 관리가 가능하다.

② 블로그에 INIp2p 전자결제 시스템을 붙여서 판매한다.

운영하고 있는 블로그에 상품에 관한 정보와 사진을 올리고 INIp2p 전자결제 시스템을 붙여서 아래와 같이 판매한다.

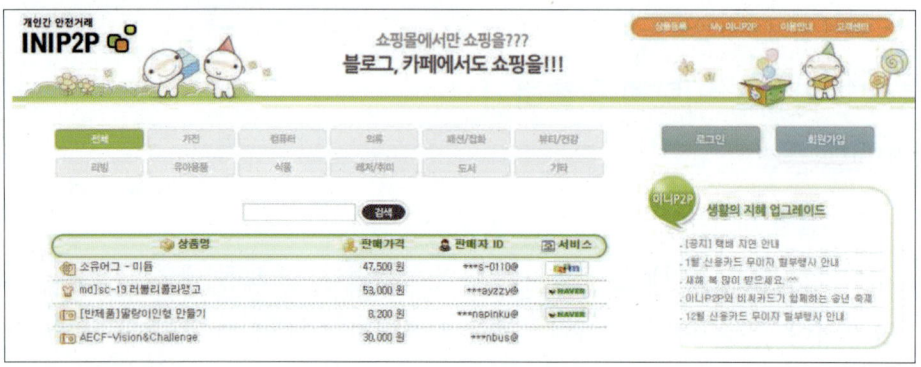

③ 블로그에 쓴 글을 모아 책을 출판하고 강연한다.

매일 조금씩 한 가지 주제를 정하여 글을 블로그에 올리고 모아진 글로 책을 출판한다. 대표적인 사례로 문성실과 최재용을 들 수 있다. 전업주부 블로거인 문성실은 밥상 차리는 방법, 요리법 등을 모아서 책으로 출간하였고, 인터넷쇼핑몰 전문가 최재용도 블로그와 카페에 쓴 글들을 모아 '성공쇼핑몰창업&운영' 등의 베스트셀러를 출간하고 전국을 순회하며 강연하고 있다.

④ 'LinkPrince'에 가입하고 배너를 등록하여 커미션을 받는다.

예전에는 사이트 운영자들만 참여할 수 있었던 '링크프라이스'가 '블로거'들에게 문호를 개방하였다. '링크프라이스'는 광고주로부터 광고의뢰를 받으면 '링크프라이스'가 직접 광고하는 것이 아니라, 광고할 사이트들을 물색하고 모아다가 광고매체의 홈페이지, 쇼핑몰, 블로그에 광고(배너, 링크, 플래쉬 등)를 달게 하고 달린 광고를 통해 매출이 발생하면 커미션을 홈페이지나 블로그 주인들에게 돌려주는 비즈니스 모델을 가지고 사업을 한다(광고주를 '머천트'라고 부르고 광고를 달아 홍보하는 매체들을 '어플리에이트'라고 한다).

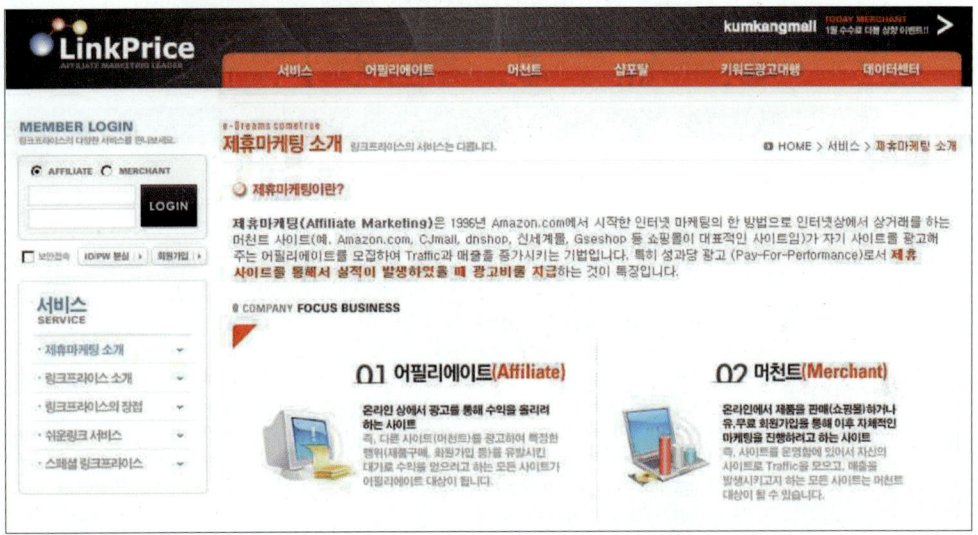

⑤ 블로그에서 공동구매를 한다.

하루 방문자 수가 만 명 이상 되는 어떤 블로그의 경우 홍삼엑기스나 주방용품 등을 공동구매로 블로그에서 판매하여 하루 100개 이상 판매하여 제조업체도 매출에 도움 되고 블로그 주인도 수익을 올리고 있다. 방문자가 많이 찾아오도록 열심히 글을 올리고 방문자에게 혜택을 주는 공동구매를 한다면 서로에게 좋은 비즈니스 모델이 될 것이고 향후 여러 기업에서 방문자 수가 많은 블로그 등과 제휴하고자 할 것이다.

⑥ 블로그를 제작해 주고 수익을 얻는다.

블로그를 만들어서 활용하고 싶어도 하기 힘든 농어민, 장애인, 고령자 등에게 블로그를 디자인해서 만들어주고 수익을 얻는다. 전·현직 웹디자이너들이 활동하고 있으며 제작비는 30만 원에서 300만 원까지 다양하다.

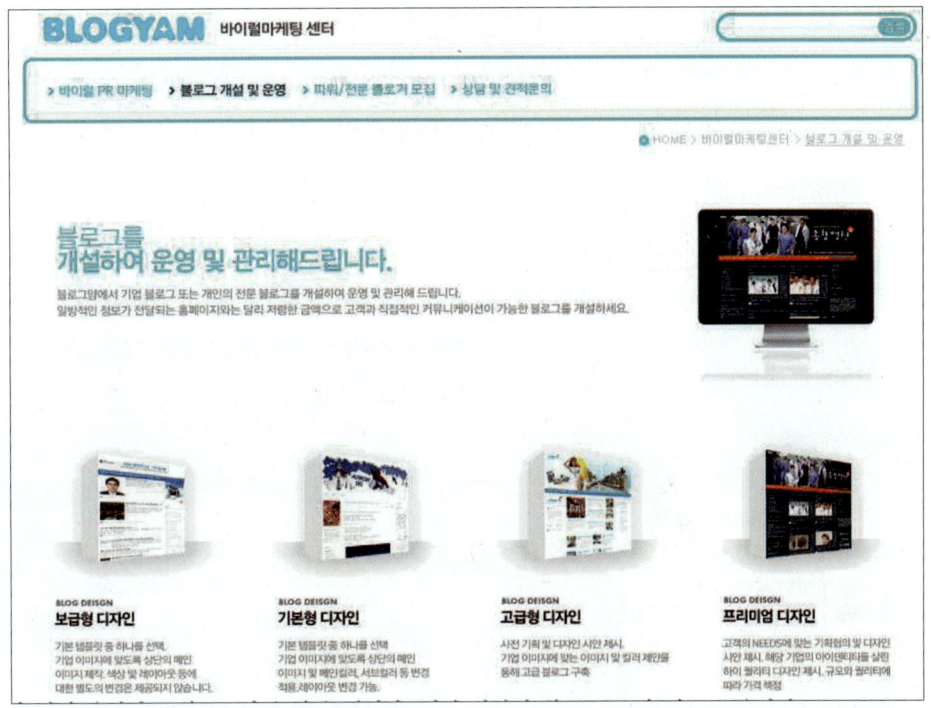

2) 블로그 활용 수익모델 창출의 향후 전망

① 블로그가 전자상거래의 도구가 되고 기업의 마케팅 수단이 된다.

블로그를 열심히 운영하면 개인미디어로서의 기능뿐만 아니라 수익도 얻을 수 있다는 결론을 얻었다. 향후 블로그는 개인의 수익창출의 수단일 뿐 아니라 기업의 중요한 마케팅 수단이 될 것이다. 상품홍보를 위해 신문광고나 TV 광고에 의존하던 기업들이 블로그 활성화 시대를 맞아 타깃이 정확한 블로그에 광고할 것으로 보이며 기업 임직원이 직접 운영하는 블로그가 늘어날 것이다. 이에 발맞춰 블로그를 잘 만들고 운영할 줄 아는 인력 수요가 늘 것으로 예상된다. 미취업으로 고민하는 대학생들이나 취업준비생들이 토익시험도 중요하지만 온라인마케팅의 핵심인 블로그를 만들고 운영하기를 권한다.

② 블로그를 활용한 전자상거래로 농촌경제를 살리자.

필자는 전국의 농어촌을 순회하며 농산물전자상거래 관련 교육을 실시하고 있으나 기존 인터넷 쇼핑몰을 운영하기에는 농어민들이 고령화되어 교육이 효과적이지 못한 실정이다. 이에 대한 대안으로 기존 인터넷쇼핑몰보다 제작 및 운영이 쉬운 블로그샵을 교육하여 농수산물을 판매하면 농촌경제도 살리고 도시민에게는 농산물 직거래로 양질의 농산물을 저렴하게 구입할 수 있는 기회가 될 것이다.

Ⅱ 학습 정리

1. 블로그란 무엇인가?

블로그(Blog 혹은 Web log)란 Web(웹)과 Log(로그; 기록)를 합친 낱말로, 스로가 가진 느낌이나 품어오던 생각, 알리고 싶은 견해나 주장 같은 것을 웹에다 일기(로그; 기록)처럼 차곡 차곡 적어 올려서, 다른 사람도 보고 읽을 수 있게끔 열어 놓은 글모음이다.

2. 블로그에 대해 알기

① 블로그는 가입형 블로그와 설치형 블로그로 나누어진다.
② 블로그를 직접 만들어보고 운영해보며 블로그를 체험해본다.

3. 블로그 검색엔진 최적화하기

① 검색엔진 최적화(SEO; Search Engine Optimization)는 웹 페이지 검색엔진이 자료를 수집하고 순위를 매기는 방식에 맞게 웹 페이지를 구성해서 검색 결과의 상위에 나올 수 있도록 하는 작업을 말한다.
② 검색엔진 최적화 방법은 메타태그를 수정하거나 검색엔진 등록을 설정하거나 블로그의 포스트를 관리함으로써 최적화가 가능하다.

4. 꼭 알아야 할 용어

1) 블로그

블로그(Blog 혹은 Web log)란 Web(웹)과 Log(로그; 기록)를 합친 낱말로, 스로가 가진 느낌이나 품어오던 생각, 알리고 싶은 견해나 주장 같은 것을 웹에다 일기(로그; 기록)처럼 차곡 차곡 적어 올려서, 다른 사람도 보고 읽을 수 있게끔 열어 놓은 글모음이다. 보통 시간의 순서대로 가장 최근의 글부터 보인다. 그러나 글쓴 시간을 수정할 수 있는 블로그의 경우에는 시간을 고쳐 글 순서를 바꿀 수 있다. 여러 사람이 쓸 수 있는 게시판(BBS)과는 달리 한 사람 혹은 몇몇 소수의 사람만이 글을 올릴 수 있다. 이렇게 블로그를 소유해 관리하는 사람을 블로거라고 한다. 블로그는 개인적인 성격을 가지고 있지만 때에 따라서는 인터넷을 통해 기존의 어떤 대형 미디어에 못지않은 힘을 발휘할 수 있기 때문에 '1인 미디어'라고도 부른다.

2) 마이크로블로그

인터넷에 블로거가 올린 한두 문장 정도 분량의 단편적 정보를 해당 블로그에 관심이 있는 개인들에게 실시간으로 전달하는 새로운 통신 방식을 사용한다. 미니블로그 내의 이용자 사이에 서로 메시지를 주고받는 형태를 하기도 한다. 짧은 텍스트 형태이므로, 실시간으로 정보가 업데이트가 된다. 따라서 사용자는 채팅을 하는 것과 비슷한 체험을 얻을 수 있다. 결과적으로 '블로그 + 메신저'의 형태라고 할 수 있다. 사진이나 동영상, 웹사이트 URL 등을 올릴 수 있는 경우도 있다. 컴퓨터 뿐 아니라 휴대전화 등을 써서 이용하기도 한다.

3) SNS

소셜 네트워크 서비스(Social Network Service, SNS)는 온라인 인맥구축 서비스이다. 1인 미디어, 1인 커뮤니티, 정보 공유 등을 포괄하는 개념이며, 참가자가 서로에게 친구를 소개하여, 친구관계를 넓힐 것을 목적으로 개설된 커뮤니티형 웹사이트이다.

4) 클라우드 컴퓨팅

클라우드 컴퓨팅(cloud computing)은 인터넷 기반(cloud)의 컴퓨팅(computing) 기술을 의미한다. 인터넷 상의 유틸리티 데이터 서버에 프로그램을 두고 그때그때 컴퓨터나 휴대폰 등에 불러와서 사용하는 웹에 기반한 소프트웨어 서비스이다.

Chapter Quiz

01 다음 중 가입형 블로그가 아닌 것은?
① 네이버
② 다음
③ 야후
④ 텍스트큐브

02 다음 중 검색엔진 최적화를 나타내는 말은?
① SAQ
② CLOUD
③ SEO
④ SED

03 다음 중 검색엔진 최적화의 방법이 아닌 것은
① 키워드 설정을 체크한다.
② 메타 블로그를 등록한다.
③ 메타태그를 수정한다.
④ 눈에 띄는 디자인을 업로드 한다.

04 다음 중 블로그의 기능이 아닌 것은?
① Trackback
② RSS
③ Like
④ Atom

05 다음 중 RSS의 해석이 아닌 것은?
① Rich Site Summary
② Realy Simple Summary
③ Realy Simple Syndication
④ RDF Site Summary

06 다음 중 블로그의 종류가 아닌 것은?
① Wordpress
② egloos
③ Moveble
④ Kimsq

 01 ④　02 ③　03 ④　04 ③　05 ③　06 ③

07 다음 해외 마이크로블로그 중 성격이 다른 하나는?
① Twitter
② We Chat
③ Fanfou
④ iLaodio

08 다음 국내 마이크로블로그 중 성격이 다른 하나는?
① Yozm
② Kakao Talk
③ me2day
④ Band

09 다음 중 블로그 프로그래밍 기술이 아닌 것은?
① HTML
② CSS
③ Java Script
④ SQL

10 다음 중 블로그 게시물 작성 시 필요한 항목이 아닌 것은?
① 제목
② 본문
③ 태그
④ URL

11 다음 중 블로그 콘텐츠 검색 시 담아야 할 중요한 포인트가 아닌 것은?
① 재미
② 정보
③ 성격
④ 감동

12 다음 중 수익성 블로그 광고 배너가 아닌 것은?
① 애드 센스
② 애드 포스트
③ 클릭 초이스
④ 애드 초이스

07 ② 08 ④ 09 ④ 10 ④ 11 ③ 12 ④

13 다음 중 이미지 편집 프로그램이 아닌 것은?
① 알씨　　　　　　　　② 포토스케이프
③ 편집기　　　　　　　④ 알툴바

14 다음 중 CCL에 포함되지 아닌 것은?
① 원저작자를 표시　　　② 저작물의 스크랩을 허용
③ 저작물을 영리목적으로 이용　④ 저작물의 변경 또는 2차 저작

15 다음 중 블로그 레이아웃 메뉴가 아닌 것은?
① Top　　　　　　　　② Bottom
③ Side Menu　　　　　④ Banner

16 다음 중 블로그 화면 구성 용어가 아닌 것은?
① Full Frame　　　　　② IFrame
③ Flash　　　　　　　 ④ HTML

17 다음 중 HTML 명령어가 아닌 것은?
① code　　　　　　　　② font
③ color　　　　　　　　④ href

18 다음 중 블로그 탄생 이야기가 아닌 것은?
① 1994년　　　　　　　② 저스틴홀
③ 매트 드러지　　　　　④ blog.co.kr

13 ④　14 ②　15 ④　16 ④　17 ①　18 ③

Chapter 2 | 페이스북

Ⅰ 페이스북의 개요 및 역사

1. 개요

페이스북은 2004년에 서비스를 시작하여 2014년 6월 기준, 전 세계 13억 2천만 명 이상의 활동 사용자(최근 30일 동안 그 사이트를 적어도 한 번 방문한 사용자)가 활동 중인 세계에서 가장 많이 사용되는 소셜 네트워킹 사이트이다. 사용자들은 페이스북을 이용하기 전에 가입을 해야 되고, 가입 후 자신의 프로필을 만들고 사용자들을 친구로 추가하고, 메시지를 교환할 수 있다. 친구들이 프로필을 업데이트하면 자동적으로 알림이 뜬다. 또한 사용자들은 공통의 관심사를 가진 사용자 그룹에 가입할 수 있으며, 이 그룹들은 직장, 학교 등과 같은 특성으로 분류되고, 친구들은 '직장친구', '가까운 친구'와 같이 분류 가능하다.

2. 역사

공동 창업자는 하버드 중퇴생인 마크 저커버그와 그의 대학 룸메이트인 에드왈드 세버린, 컴퓨터 전공자인 더스틴 모스코위츠, 크리스 휴즈이며, 본래는 하버드대 학생들을 위한 서비스로 시작하였다. 2003년 10월 28일에 페이스매시(Facemash)라는 이름으로 서비스를 시작하였다. 그 뒤 2004년 2월 4일에 '더페이스북'(TheFaceBook)이라는 이름으로 thefacebook.com 서비스를 본격적으로 시작하였다. 2004년 6월에는 캘리포니아 주의 팰러앨

토로 회사를 옮겼다. 그 뒤 페이팔 공동 창립자 피터 디엘로부터 첫 투자를 받았다. 그 뒤 이 기업은 facebook.com 도메인 이름을 2005년에 200,000 달러를 주고 구매한 뒤 이름에서 The를 빼어 지금의 이름 '페이스북'으로 자리잡게 되었다.

처음에는 하버드 대학교의 학생들만 이용할 수 있게 하였다. 3월에는 스탠퍼드, 컬럼비아, 예일대까지 영역이 확대되었으며, 그 이후 아이비리그 대학교들, 뉴욕대학교, 매사추세츠 공과대학교, 미국과 캐나다의 대부분 대학교로 영역이 확대되었고, 2005년 9월에는 고등학교로까지 영역이 확대되었다. 2005년 말까지 2천 개 이상의 대학과 2만 5천 개 이상 고등학교의 네트워크가 생성되었다. 그 이후로는 몇몇 기업으로까지 회원 영역을 넓혔으며, 마침내 2006년 9월에는 13살 이상의 전자우편 주소를 가진 사용자라면 누구나 가입할 수 있게 되었다. 하지만 실제로 13세 이하 이용자가 750만 명, 10세 이하 이용자가 500만 명 존재한다고 2011년 5월 Consumer Reports에 의해 보고된 바 있다. 또한 페이스북은 2006년 야후로부터 10억 달러에 인수 제안을 받았으나 이를 거부하고, 벤처 캐피털로부터 2억 5천만 달러를 투자받기도 하였다.

설립자인 마크 저커버그는 2008년 포브스 선정 세계의 억만장자에 15억 달러의 자산으로 785위에 올랐으며, 동시에 유산 상속이 아닌 자수성가형 억만장자 중 최연소로 기록되었다.

2012년 2월 1일, 페이스북은 기업공개를 신청하였으며, 상장을 통해 50억 달러의 자금을 조달할 계획을 밝혔다.

II 주요 기능

1. 페이스북 사용법 가이드

페이스북 계정 만들기 등 기초적인 이용법을 안내하고 있다. 개인정보의 오픈범위와 친구에게 어느 정도의 정보를 공유할 것인지를 설정하는 등 자신이 페이스북을 운영하기 위해 가장 기본적인 내용이 해당된다.

Part 2　SNS의 구체적인 이해

```
Facebook 사용법 가이드
　가입하기　　　　　프로필　　　　　　개인 정보
　로그인 및 비밀번호　메시지　　　　　　보안
　친구　　　　　　　담벼락　　　　　　경고
　네트워크　　　　　채팅　　　　　　　지적 재산
　검색　　　　　　　홈 및 뉴스피드　　　웹 접근성
　모바일　　　　　　제안　　　　　　　문제 해결
```

기능	주요 내용
가입하기	페이스북 계정 만들기에서 자주 발생하는 Q&A 페이지
프로필	내 프로필 작성과 콘텐츠 정보
개인정보	내 개인정보에 접근권한 설정을 할 수 있어 정보보호 범위 설정
로그인 및 비밀번호	로그인 관련 Q&A
메시지	친구초대, 문자메시지와 채팅의 연관성 등에 대한 안내 페이지
보안	계정을 도용당했거나 사기, 악의적인 피해를 당했을 경우 구제 방법 및 보안설정 방법
친구	친구 초대 등 친구관리 안내
담벼락	내가 쓴 글을 전체공개, 그룹공개, 개인공개 3개 분야로 분류
경고	내계정의 비활성화 및 보안 및 경고에 관련된 안내
네트워크	나만의 학연, 지연 등 네트워크 설정과 해지 등에 관한 안내
채팅	채팅 사용 방법 안내
지적재산	개인 저작권의 인정과 법적권리, 침해 시 조치 방법 등 안내
검색	친구 찾기, 공개검색 이용 방법
홈 및 뉴스피드	친구들에 제한된 의사소통 방법
웹 접근성	화면판독기, 운영체제별, 글꼴크기 설정 등 이용 방법 안내
모바일	휴대폰 앱 등 페이스북과 모바일 이용 방법 안내
제안	페이스북 사용에 관한 각종 제안 방법
문제해결	각종 버그문제 등 현안문제 해결 방법 안내 페이지

1) 페이스북 가입하기

Facebook 계정이 없으면 간단한 단계를 거쳐 가입할 수 있다.

① www.facebook.com으로 이동한다.

② 가입 양식이 나타나면 이름, 생일, 성별, 이메일 주소를 입력한다. 양식이 나타나지 않으면 가입하기를 클릭한 후에 양식을 작성한다.
③ 비밀번호를 선택한다.
④ 가입하기를 클릭한다.

⑤ 계정 1 단계 (이메일 계정 검색을 통한 친구 찾기)
- 이메일 주소와 비밀번호를 입력해야 친구 찾기를 할 수 있다.
- 이메일 계정을 검색하여 페이스북에서 친구를 찾아준다.
- 원하지 않으면 [건너뛰기] 버튼을 클릭하여 다음 단계를 진행한다.

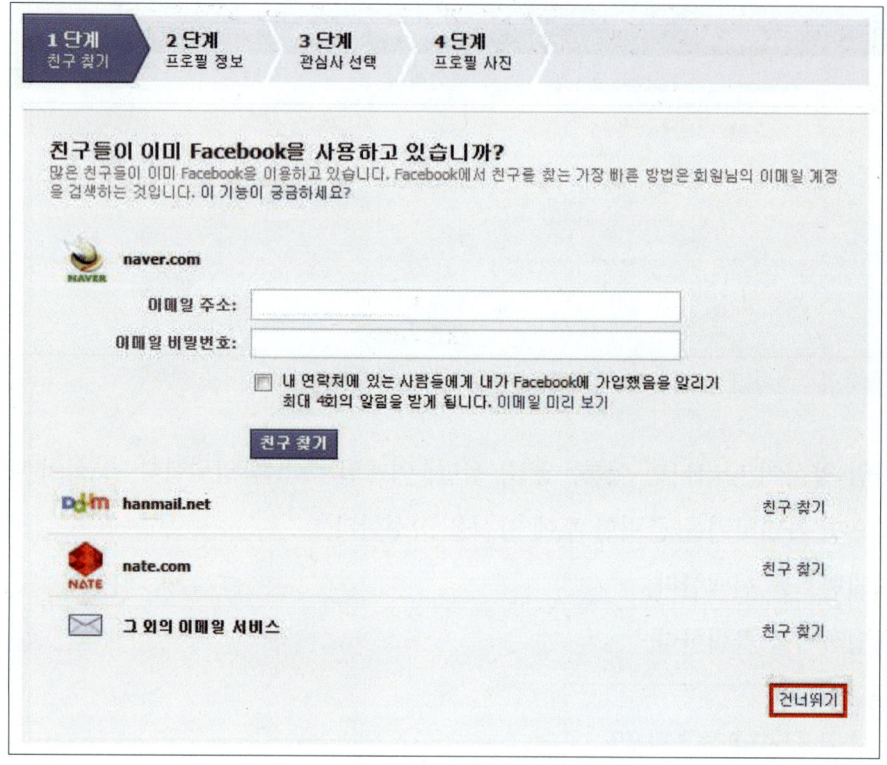

⑥ 계정 2단계 (프로필 정보 입력 단계)
- 프로필 정보를 입력하면 학교 동창 또는 나와 연결고리가 있는 사람들을 찾아준다.
- 개인정보 입력을 원치 않을 경우 [건너뛰기] 메뉴를 클릭하고 후에 언제든지 수정 가능하다.

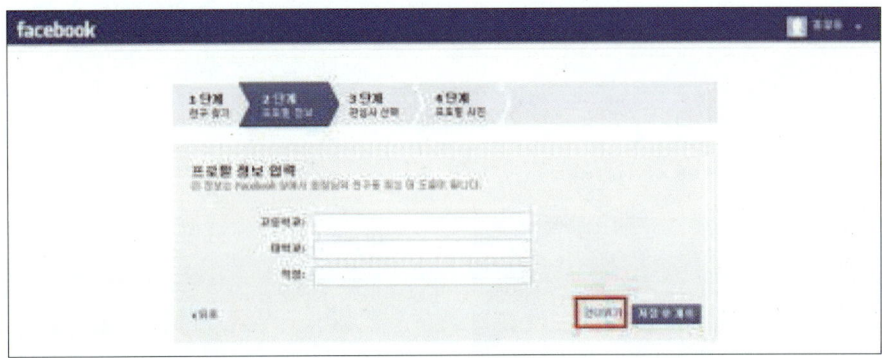

⑦ 계정 3단계 (관심사 추가하기 단계)
- 페이스북 계정을 만드는 3단계로 유명 인사, 업체, 브랜드에 관한 관심사를 선택할 수 있는 단계이다.
- 원하는 관심사가 있을 경우 선택하고, 없을 경우는 [건너뛰기]를 선택한다.

⑧ 계정 4단계 (프로필 사진 등록 단계)
- 페이스북 계정을 만드는 4단계로 프로필 사진을 등록하는 단계이다. 웹캠을 사용해 바로 촬영도 가능하다.
- 우선 [건너뛰기] 버튼을 누른 후 나중에 수정해도 된다.

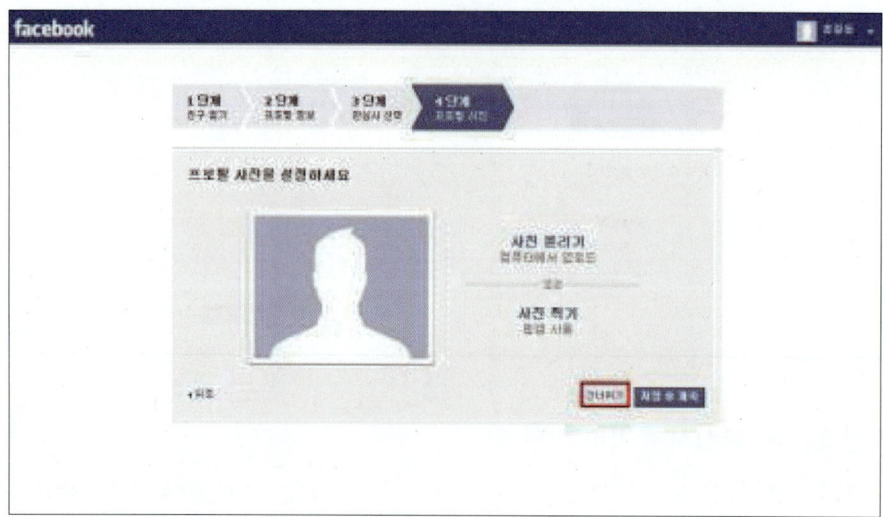

⑨ 계정 5단계 (메일 인증 단계)
- 화면 상단에 있는 [이메일을 확인] 버튼을 클릭한다.
- 메일 주소가 잘못된 경우 우측 상단의 이메일 주소 변경을 클릭한다.
- 버튼 클릭 후 해당 메일로 이동한다.
- '아이디'와 '비밀번호'를 입력하고 [로그인] 버튼을 클릭한다.
- 메일함을 보면 페이스북에서 발송된 메일을 볼 수 있다.

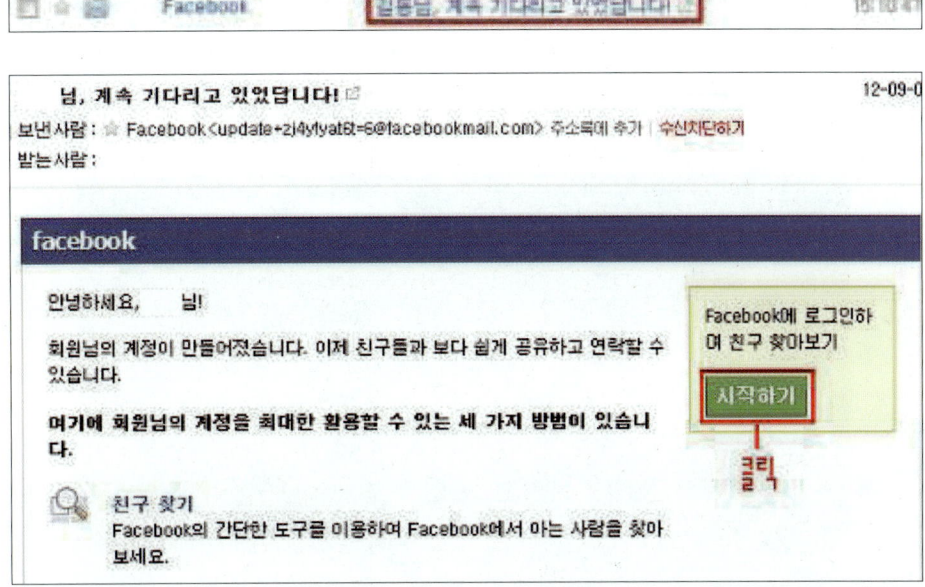

⑩ 가입완료

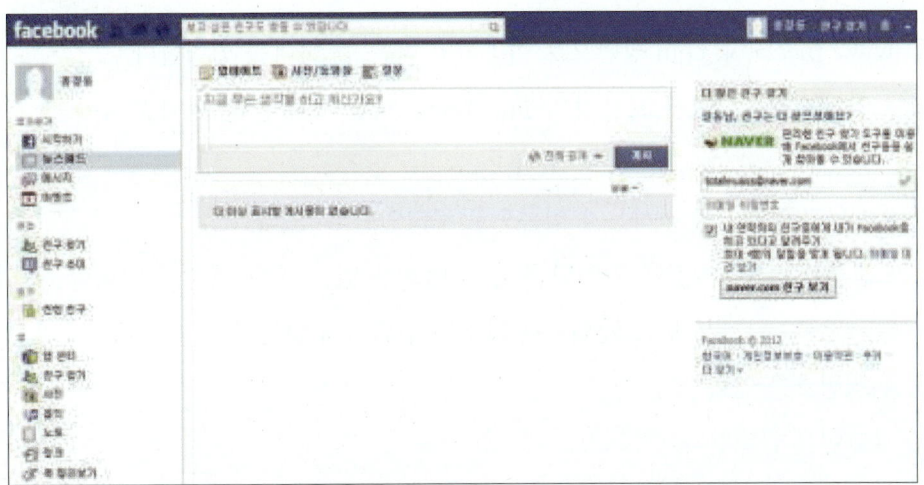

2) 로그인하기

① 다른 사람이 로그인되어 있지 않은지 확인한다. 다른 계정을 로그아웃하려면 사용자의 Facebook 홈페이지 오른쪽 상단에 있는 아이콘을 클릭하여 로그아웃을 선택한다.

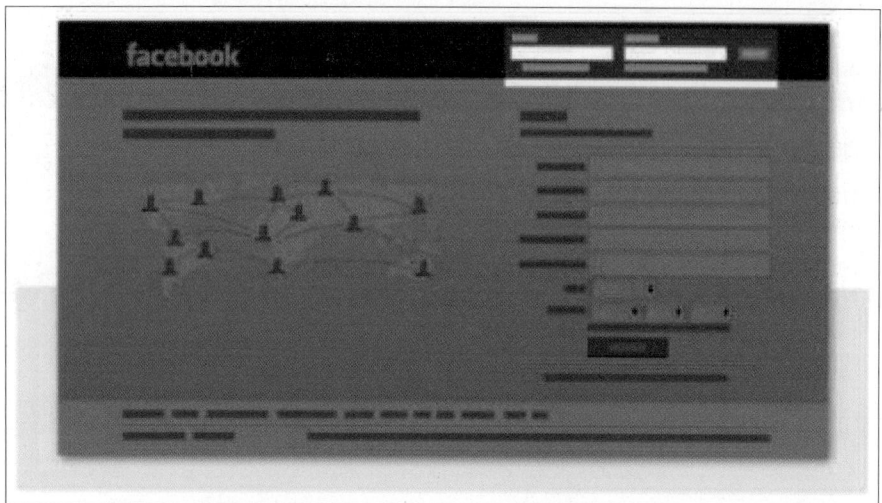

② www.facebook.com 상단으로 이동하고 다음 중 하나를 입력한다.
- 이메일 주소 : 현재 사용자의 Facebook 계정에 나열된 이메일 주소를 사용하여 로그인할 수 있다.
- 사용자 이름 : 또한 사용자 이름으로 로그인할 수 있다.
- 휴대폰 번호 : 계정에 확인된 휴대폰 번호가 있는 경우 여기에 입력할 수 있다. 국가 번호 앞의 0과 기호는 입력하지 않는다.

③ 비밀번호를 입력한다.
④ 로그인을 클릭한다.

3) 친구 찾기

Facebook에 가입한 후 다음과 같은 몇 가지 방법으로 친구를 찾거나 가입 초대를 보낼 수 있다.

① 친구 검색

검색창에 이름 또는 이메일 주소를 입력하여 친구를 검색할 수 있다.

② 연락처 가져오기

다른 위치(예: 이메일 계정, 휴대폰)에서 연락처 리스트를 가져와서 사용자의 친구를 찾을 수 있다. Facebook에서 사용자의 연락처를 가져오면 이미 Facebook 계정이 있는 친구에게는 친구 요청을 보내고, Facebook에 없는 친구에게는 초대를 보낼 수 있다.

③ 개별적으로 친구 초대

- 친구 초대 페이지에서 개별적으로 친구를 초대할 수도 있다. 초대할 사람의 이메일 주소를 입력하고 초대 메시지를 추가(선택사항)한다.
- Facebook에 친구를 초대하면 사용자가 누구를 초대했는지 알 수 있도록 해당 연락처의 리스트를 저장하고 알림을 보낸다. 언제든지 연락처 리스트를 관리할 수 있으며 이 친구들이 받는 초대와 알림도 관리할 수 있다.

Part 2　SNS의 구체적인 이해

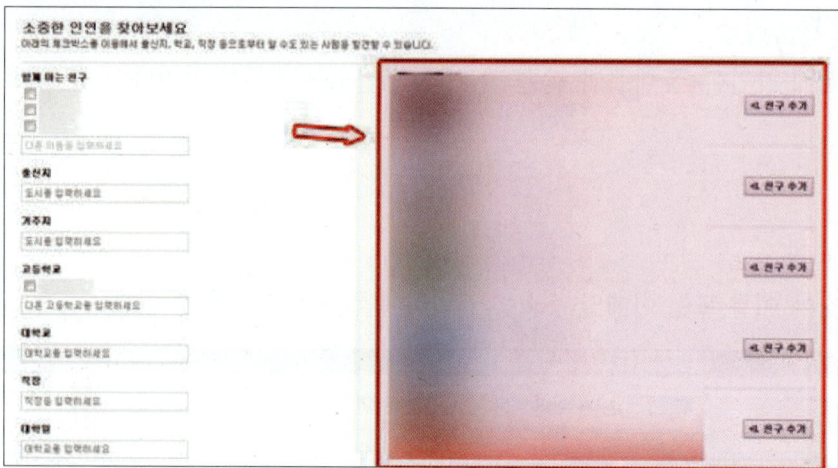

4) 게시 및 공유

(1) 상태 업데이트 게시

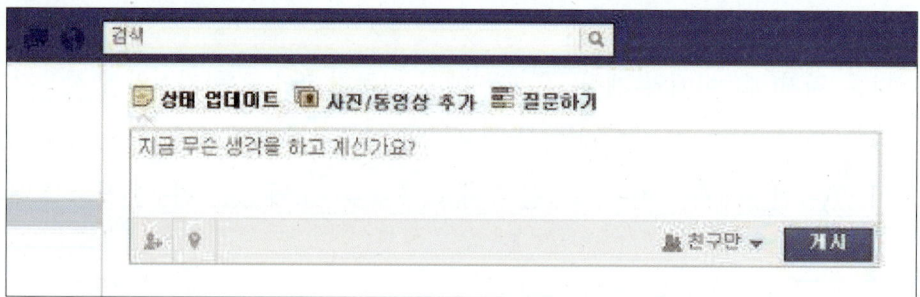

① 타임라인 또는 뉴스피드 상단에 있는 공유 메뉴에서 업데이트를 입력한다.

② 위치를 추가하려면 📍 아이콘을, 함께 있는 친구를 추가하려면 👤 아이콘을 클릭한다.

③ 게시를 클릭한다.

(2) 내 타임라인 게시

① 공유하려는 소식의 유형(예: ✏️ 상태, 🖼️ 사진/동영상)을 선택한다.

② 추가하려는 내용을 자세히 입력한다.

③ 다음 활동도 수행할 수 있다.

- 친구 태그
- 소식의 날짜 선택
- 위치 추가
- 사진 추가
- 회원님의 기분이 어떤지 또는 무엇을 하고 있는지 추가

④ 게시물의 공개 대상을 선택한다.

⑤ 게시를 클릭한다.

(3) 게시물 그룹 공유

① 그룹에 게시물을 남기려면 그룹으로 이동한 후 글쓰기라고 표시된 상자를 클릭한다.

② 여기에서 다음을 할 수 있다.
- 업데이트 게시
- 사진 또는 동영상 추가
- 질문하기
- 파일 업로드

③ 원하는 경우 게시물에 사용자의 위치를 포함하고 그룹의 다른 회원을 태그할 수 있다.

④ 그룹 회원은 그룹 알림 설정을 조정하지 않는 한, 그룹의 모든 새 게시물에 대해 알림을 받는다. 그룹 공개 설정이 비공개 또는 비밀인 경우에는 그룹 멤버만 그룹에 게시된 내용을 볼 수 있다.

(4) 사진 업로드

① 뉴스피드 상단에서 사진/동영상 추가를 클릭한다.

② 다음 옵션 중 하나를 선택한다.

- 사진/동영상 업로드 : 컴퓨터에 있는 사진을 게시한다. 게시하는 사진은 "타임라인 사진" 사진첩에 추가된다.
- 동기화된 사진 추가 : 사진 동기화 기능이 켜져 있으면 휴대폰 또는 태블릿에서 동기화된 사진을 게시할 수 있다. 게시하는 사진은 "타임라인 사진" 사진첩에 추가된다.
- 사진첩 만들기 : 컴퓨터에 있는 사진을 새 사진첩에 게시한다.

③ Facebook에 추가할 사진을 선택한다.

④ 필요에 따라 다음과 같은 작업을 할 수 있다.
- 친구 태그
- 게시물 공개 대상 선택
- 사용자의 기분이 어떤지 또는 무엇을 하고 있는지 알리기
- 위치 추가

⑤ 게시를 클릭한다.

(5) 링크 공유

① 링크를 공유하려면 타임라인이나 홈페이지 상단에 있는 공유 메뉴에 해당 URL을 입력한다. 원한다면 링크 옆에 메시지를 입력할 수 있다. 게시하기 전에 공개 범위를 정하고 게시 버튼을 클릭한다.

② 웹 서핑을 하는 동안 Facebook으로 돌아와 링크를 게시할 수도 있다. 다른 웹 사이트에서 '좋아요' 또는 '추천' 버튼을 클릭하면 Facebook에 이에 대한 소식이 게시된다.

(6) 동영상 공유

① 뉴스피드 또는 타임라인 상단에 있는 아이콘을 클릭한다.

② 사진/동영상 업로드를 클릭하고 컴퓨터의 동영상 파일을 선택한다.

③ 게시를 클릭한다.

④ 동영상을 Facebook에서 다른 사람이 볼 수 있도록 하는 처리 과정이 필요하며, 볼 수 있는 상태가 되면 알림을 받는다. 해당 동영상으로 이동하여 수정을 클릭해서 제목 추가, 친구 태그, 썸네일 선택 등 원하는 작업을 한다.

5) 공유 설정

(1) 볼 수 있는 사람 선택

① 상태 업데이트, 사진 및 기타 콘텐츠를 공유하는 곳 대부분에서 공개 대상 선택 도구를 확인할 수 있다. 도구를 클릭하고 콘텐츠를 공유할 사람을 선택한다.

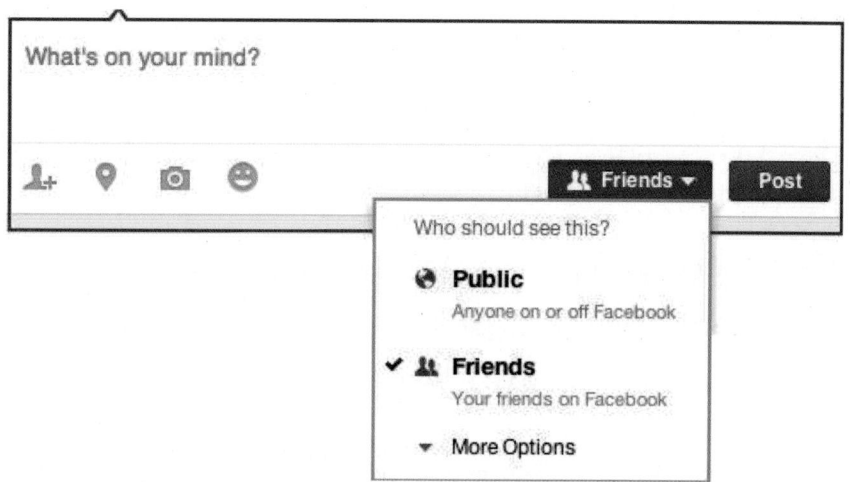

② 사용자가 마지막으로 콘텐츠를 게시했을 때 선택했던 공개 대상이 저장되므로 다시 게시할 때 따로 변경하지 않으면 이전과 같은 공개 대상을 선택하게 된다. 예를 들어 게시물에 대해 전체 공개를 선택한 경우 다음에 게시할 때 공개 대상을 변경하지 않으면 게시물이 전체 공개로 설정된다. 공개 대상 선택 도구는 공개 범위 설정 바로가기나 공개 범위 설정 등 여러 곳에 나타나며, 한곳에서 설정 내용을 변경하면 다른 곳에서도 동일하게 업데이트된다.

③ 공개 대상 선택 도구는 이미 공유된 콘텐츠와도 함께 나타나므로 각 게시물을 누가 볼 수 있는지 명백히 확인할 수 있다. 게시물을 공유한 후에는 공유 대상을 변경하는 옵션이 나타난다. 공유한 후에 게시물의 공개 대상을 변경하려면 공개 대상 선택 도구를 클릭해 새 공개 대상을 선택하면 된다.

④ 다른 사람의 타임라인에 게시하면 그 사람이 사용자 게시물의 공개 범위를 선택하게 된다는 점을 기억하라. 또한 게시물에 태그된 사람과 그 친구들도 이를 볼 수 있다.

(2) 맞춤형 공개 범위 설정

공개 대상 선택 도구에서 사용자 지정 옵션을 선택하면 특정인과 게시물을 공유하거나 특정인이 보지 못하게 게시물을 숨길 수 있다. 친구 리스트를 설정한 경우 친구 리스트를 통해 게시물을 공유하거나 숨기도록 선택할 수도 있다. 또한 사용자가 속한 그룹이나 네트워크와도 공유할 수 있다.

(3) 전체 공개

① 사용자가 공유하는 내용이 모든 사람에게 공개되어도 상관없다면 게시하기 전에 공개 대상 선택 도구에서 전체 공개 🌐 를 선택한다.

② 전체 공개인 콘텐츠는 친구가 아닌 사람들과 Facebook 외부의 사람들을 비롯해 인쇄물, 방송(TV 등), 인터넷의 다른 사이트 등 다른 미디어를 통해 콘텐츠를 보는 사람들에게도 공개될 수 있다. 전체 공개인 게시물에 댓글을 달았다면 그 댓글도 함께 공개된다.

※ 게시물을 공유한 이후에도 공개 대상 선택 도구를 사용하여 타임라인에 공유하는 게시물의 공개 대상을 변경할 수 있다. 사용자가 다른 사람의 타임라인에 콘텐츠를 공유할 경우 그 사람이 게시물의 공개 대상을 결정한다는 점을 기억하자.

6) 설정 관리

(1) 내 설정

설정을 확인하려면 Facebook 홈페이지에서 ▼ 아이콘을 클릭하고 설정을 선택한다. 설정에서 다음 정보를 업데이트할 수 있다.

- 공개 범위 설정
- 보안 설정
- 이름 및 이메일 주소

(2) 비밀번호 보안수준

① 비밀번호를 새로 만들 경우 길이가 6자 이상이어야 한다. 숫자, 글자, 구두점을 복잡하게 조합해서 사용한다. 입력한 비밀번호가 충분히 강력하지 않은 경우에는 대문자와 소문자를 섞어 쓰거나 비밀번호를 더 길게 만들어 보자.

② 사용자는 기억하기 쉽지만 다른 사람이 추측하기 어려운 비밀번호를 만들자. Facebook 비밀번호를 이메일이나 은행 계좌 등의 다른 곳에 로그인할 때 사용하는 비밀번호와 다르게 설정하면 보안을 강화할 수 있다.

(3) 이메일 추가

계정 설정 페이지에서 Facebook으로부터 알림을 받는 이메일 주소를 변경할 수 있다.

① Facebook 페이지의 오른쪽 상단에 있는 ▼ 아이콘을 클릭하고 설정을 선택한다.

② 이메일을 클릭한 다음 다른 이메일 추가를 선택한다.

③ 새 이메일 주소를 입력하고 변경 내용 저장을 클릭한 후 보안을 위해 비밀번호를 입력한다.

(4) 언어 설정 변경

① Facebook 페이지의 오른쪽 상단에 있는 ▼ 아이콘을 클릭하고 설정을 선택한다.

② 언어 섹션 오른쪽에서 수정을 클릭한다.

③ 드롭다운 메뉴에서 기본 언어를 선택하고 변경 내용 저장을 클릭한다.

④ 어느 Facebook 페이지에서나 언어를 설정할 수 있다. 오른쪽 칼럼 하단으로 스크롤하여 현재 언어를 클릭한 후 메뉴에서 새 언어를 선택하면 된다.

※ 참고 : 계정과 정보를 안전하게 지키기 위해 계정의 보안 질문을 한 번 설정한 후에는 어떠한 방법으로도 업데이트 할 수 없다.

7) 개인정보 관리

(1) 개인정보 공개 범위 설정

① 사용자의 프로필로 이동하여 커버 사진에 있는 정보 업데이트를 클릭한다.
② 연락처 및 기본 정보를 클릭한다.
③ 아래로 스크롤하여 생일(연도 제외)이나 태어난 연도 옆의 수정을 클릭한다. 수정할 정보 위에 커서를 놓으면 수정 옵션이 나타난다.
④ 드롭다운 메뉴를 이용해 생일을 변경한다.
⑤ 변경 내용 저장을 클릭한다.

※ 참고 • 공개 대상을 조정하여 내 생일을 볼 수 있는 대상을 변경할 수 있다. 생일 옆에 2개의 공개 대상 선택 도구가 있다. 하나는 월/일의 공개 대상을 선택하고 다른 하나는 연도를 공개할 대상을 선택한다. 월/일을 친구에게 공개하지 않으면 사용자의 생일이 다가와도 친구들이 알림을 받지 않는다.
• 생일을 변경할 수 있는 횟수에는 제한이 있다. 최근에 생일을 변경한 경우 며칠이 지나야 다시 변경할 수 있다.

(2) 이름 변경

① Facebook 이름 표준을 검토한다.
② Facebook 홈페이지의 오른쪽 상단에 있는 ▼ 아이콘을 클릭하고 설정을 선택한다.
③ 이름 섹션을 찾아서 맨 오른쪽에 있는 수정을 클릭한다.
④ 이름을 입력한 후 변경 내용 검토를 클릭한다.
⑤ 비밀번호를 입력한 후 변경 내용 저장을 클릭한다.

※ 참고 : Facebook에서는 실명을 사용하도록 권장한다. 이름은 60일 간격으로 변경할 수 있다.

(3) 이름에 사용할 수 없는 내용

① 기호, 숫자, 대소문자 표기법이나 맞춤법에 어긋나는 철자, 반복 문자 또는 구두점

② 둘 이상의 언어로 된 문자

③ 직책(예 : 직업 또는 종교상 직책)

④ 중간 이름이 아닌 단어, 문구 또는 별명

⑤ 모든 유형의 공격적이거나 자극적인 단어

⑥ Facebook에서는 사람들이 실제 생활에서 사용자를 부를 때 사용하며 허용되는 신원확인서에서 확인할 수 있는 이름을 사용해야 한다.

⑦ 실제 사용하는 이름을 변형한 별명의 경우 이름 대신 사용할 수 있다(Robert 대신 Bob).

⑧ 계정에 또 다른 이름을 나열할 수도 있다(예 : 결혼 전 성씨, 별명, 직업상의 이름). 이 경우 프로필에 다른 이름으로 추가해야 한다.

⑨ 프로필은 개인적인 용도로만 사용할 수 있다. 개인이 아닌 직업적인 내용, 단체, 비즈니스의 경우 페이지를 이용한다.

⑩ 타인을 사칭하는 행위는 금지되어 있다.

(4) 이름을 변경할 수 없는 이유

① 이름 정책에 어긋나는 이름인 경우

② 최근 60일 이내에 이름을 변경한 경우

③ 이전에 Facebook에서 이름을 확인해 달라고 요청한 적이 있는 경우

(5) 다른 이름

다른 이름이란 별명이나 결혼 전 성과 같이 다른 사람들에게 사용자의 이름으로 알려져 있는 이름을 말한다. 대부분의 사람들이 사용자의 이름으로 알고 있는 이름과 사용자의 신분증에 있는 이름이 다를 경우 계정을 인증하면서 이 이름이 다른 이름으로 계정에 추가되도록 요청할 수 있다.

① 프로필에서 사용자의 실명 옆에 있는 괄호 안에 표시(예 : 실명(다른 이름))
② 프로필, 타임라인과 Facebook상에서 사용자의 이름이 표시되는 다른 곳(예 : 검색 결과, 게시물, 댓글, 사진 태그)에서 단독으로 표시. 이 옵션을 선택하면 사용자의 실명이 프로필의 정보 섹션에 표시된다.

(6) 프로필에 다른 이름 표시

① Facebook 페이지의 오른쪽 상단에 있는 ▼ 아이콘을 클릭하고 설정을 선택한다.
② 왼쪽 열에서 일반을 클릭한다.
③ 이름 설정을 찾아서 맨 오른쪽에 있는 수정을 클릭한다.
④ 다른 이름을 입력한다.
⑤ 다른 이름이 타임라인에 표시되도록 하려면 이 이름을 타임라인에 표시하기를 선택한다. 선택하지 않으면 이 이름은 사람들이 사용자를 검색할 때만 사용된다.
⑥ 변경 내용 저장을 클릭한다.

(7) 다른 언어로 이름 표기

프로필에 다른 언어 이름을 추가하면 친구들이 각자 가장 친숙한 방식으로 사용자의 이름을 볼 수 있게 된다. "Young Hee Kim / 김영희"의 경우를 예로 들어보겠다.

친구가 한국어로 Facebook을 사용하는 경우에는 "김영희"라는 한국어 이름이 표시되고, 한국어 외에 다른 언어로 Facebook을 사용하는 경우에는 왼쪽에 표시된 Young Hee Kim이라는 영어 이름을 보게 된다. 프로필에 특정 언어 이름을 추가하는 방법에 대해 알아보자.

- Hanako Yamada / 山田花子
- Chen WeiJie / 陳偉傑
- Young Hee Kim / 김영희
- Marina Petrova / Марина Петрова

  ※ 다른 언어 이름은 현재 일부 국가에서만 이용 가능하다.

(8) 다른 언어 이름과 다른 이름의 차이점

① 다른 언어 이름이란?
- 다른 언어로 표기된 사용자의 성과 이름을 포함한 실명
- Facebook 전체(프로필, 검색 결과, 게시물, 댓글, 사진 태그)에서 가입 시 사용한 이름 대신 표시
- 해당 언어로 Facebook을 사용하는 사람에게만 보임

② 다른 이름이란?
- 별명이나 결혼 전 이름과 같이 사용자 이름의 다른 버전
- 프로필과 검색 결과에서만 이름 옆 괄호 안에 표시
- 사용자의 프로필이나 검색 결과를 볼 수 있는 모든 사람에게 보임

(9) 다른 이름 추가, 변경, 삭제

① 홈페이지의 오른쪽 상단에 있는 ▼ 아이콘을 클릭하고 설정을 선택한다.
② 이름 섹션을 클릭한다.
③ 다른 언어에 해당되는 이름을 다른 언어 이름 필드에 입력하고 변경 내용 저장을 클릭한다.

8) 공개범위 설정

(1) 기본 공개범위 설정 및 도구

① 상태 업데이트, 사진 및 기타 게시물을 공유하는 공간 대부분에서 공개 대상 선택 도구가 제공된다. 도구를 클릭하고 콘텐츠를 공유할 사람을 선택한다.

② 사용자가 마지막으로 콘텐츠를 게시했을 때 선택했던 공개 대상이 저장되므로 다시 게시할 때 따로 변경하지 않으면 이전과 같은 공개 대상을 선택하게 된다. 예를 들어 게시물에 대해 전체 공개를 선택한 경우 다음번에 게시할 때 공개 대상을 변경하지 않으면 게시물이 전체 공개로 설정된다. 공개 대상 선택 도구는 공개범위 설정 바로 가기나 공개범위 설정 등 여러 곳에 나타나며, 한곳에서 설정 내용을 변경하면 다른 곳에서도 동일하게 업데이트된다.

③ 공개 대상 선택 도구는 이미 공유된 콘텐츠에도 표시되므로 각 게시물을 누가 볼 수 있는지 언제라도 확인할 수 있다. 게시물을 공유한 후에는 공유 대상을 변경하는 옵션이 나타난다. 공유한 후에 게시물의 공개 대상을 변경하려면 공개 대상 선택 도구를 클릭해 새 공개 대상을 선택하면 된다.

④ 다른 사람의 타임라인에 게시하면 그 사람이 사용자 게시물의 공개 범위를 선택하게 된다는 점을 기억하자. 또한 게시물에 태그된 사람과 그 친구들도 이를 볼 수 있다.

(2) 타임라인 게시물 공개 설정

① 타임라인에서 게시물을 공유하는 경우 공개 대상 선택 도구를 사용하여 공유할 대상을 선택한다. 게시물을 게시한 후 공유 대상을 변경하려면 공개 대상 선택 도구로 돌아가서 새 공개 대상을 선택한다.

② 여러 게시물의 공개 대상을 동시에 조정할 수도 있다. 전체 공개 또는 친구의 친구로 공유한 게시물의 공개 대상을 친구만으로 변경할 수 있는 도구가 계정 설정에 있다. 이 도구를 사용하려면 다음 단계를 따르자.

- Facebook 페이지 오른쪽 상단에 있는 ▼ 아이콘을 클릭하고 설정을 선택한다.
- 왼쪽 메뉴에서 공개 범위를 선택한다.
- '내 콘텐츠를 볼 수 있는 사람은?' 섹션에서 '지금까지 친구의 친구 또는 전체 공개로 공유한 게시물의 공개 대상을 제한하시겠습니까?'를 클릭한다.
- 이전 게시물 제한을 클릭한다.

③ 이 도구의 몇 가지 중요한 사항은 다음과 같다.

- 나중에 이 작업을 취소하려면 각 게시물에 대해 개별적으로 공개 대상을 조정해야 한다. 이전 게시물의 공개 대상을 제한하는 작업은 클릭 한 번으로 되돌릴 수 없다.
- 아는 사람을 제외한 친구 또는 친한 친구와 같은 사용자 지정 대상과 이전 게시물을 공유한 경우 이런 과거 게시물의 공개 대상은 이 도구로 변경할 수 없다.
- 게시물에서 누군가를 태그한 경우 게시물의 공개 대상에는 사용자가 태그한 사람 및 태그되어 게시물에 포함된 사람들이 여전히 포함된다.
- 이 도구는 사용자가 공유한 게시물의 공개 대상만을 제어한다. 사용자가 다른 사람의 게시물에 태그된 경우 해당 게시자가 공개 대상을 제어하게 된다.

(3) 교류 방법 설정 관리

① 공개 범위 설정 페이지에는 Facebook 계정을 위한 여러 일반적인 관리 기능이 있다.
② 공개 범위 설정을 확인하고 조정하려면 다음 단계를 따른다.
  - Facebook 페이지 오른쪽 상단에서 ▼를 클릭한다.
  - 드롭다운 메뉴에서 설정을 선택한다.
  - 왼쪽에서 공개 범위를 선택한다.
  - 설정(예 : 향후 게시물을 볼 수 있는 사람은?)을 클릭하여 수정한다.
③ 또한 가장 많이 사용되는 공개 범위 설정과 기능을 빨리 확인하고 조정하려면 아무 Facebook 페이지의 오른쪽 상단에 있는 🔒공개 범위 설정 바로가기를 선택한다.
④ 타임라인에서 공유하는 게시물, 사진, 기타 내용에 대한 공개 범위를 설정하기 위해 게시할 때 공개 대상을 선택할 수 있다.

(4) 공개범위 설정 바로가기란?

① 공개범위 설정 바로가기를 이용하면 가장 많이 사용되는 공개범위 설정 및 기능으로 쉽게 이동할 수 있다. 페이지의 상단에 있는 버튼을 클릭하면 다음을 관리할 수 있는 바로가기가 나타난다.
  - 내 콘텐츠를 볼 수 있는 사람은?
  - 내게 연락할 수 있는 사람은?

■ 누군가가 나를 성가시게 하지 못하게 하려면?

② 또한 여기에 최신 공개 범위 업데이트와 기타 유용한 기능도 있다. 시간이 지나면 가장 관련성이 높은 설정과 도구를 반영하여 여기에 표시되는 바로가기가 변경될 수 있다.

(5) 내 프로필 사진은 누가 볼 수 있나?

사용자의 프로필 사진은 전체 공개이다. 프로필 사진을 추가하거나 변경하면 Facebook에서 다음 몇 가지 방법으로 공유된다.

① 사용자의 타임라인에 소식이 게시되고 친구의 뉴스피드에 표시될 수 있다.
② 사진이 프로필 사진첩에 나타난다.
③ 사진의 썸네일 버전이 Facebook 곳곳에서 사용자의 이름 옆에 표시된다. 이는 Facebook에서 친구들이 사용자의 게시물과 댓글을 알아볼 수 있게 도와준다.

(6) 내가 태그된 사진이나 게시물 관리

① 해당 소식에 커서를 올려놓고 ∨ 아이콘을 클릭한 다음, 드롭다운 메뉴에서 신고/태그 제거를 선택한다. 그런 다음 태그를 삭제하거나 게시자에게 게시물을 삭제해 달라고 요청할 수 있다.
② 여러 사진에서 한꺼번에 태그를 삭제할 수도 있다.
- 활동 로그로 이동한다.
- 왼쪽 열에서 사진을 클릭한다.
- 태그를 지우려는 사진을 선택한다.
- 페이지 상단에서 신고/태그 제거를 클릭한다.
- 사진 태그 삭제를 클릭하여 확인한다.

③ 삭제한 태그는 더 이상 게시물이나 사진에 표시되지 않지만 게시물 또는 사진 자체는 여전히 해당 공개 대상에게 표시되므로 뉴스피드나 검색 결과 등에서 사람들이 해당 게시물이나 사진을 볼 수 있다. Facebook에서 해당 게시물이나 사진을 완전히

삭제하려면 게시한 사람에게 내려달라고 요청한다.

(7) 내 확인을 거쳐 태그하게 하기

① 태그 검토는 사람들이 사용자의 게시물에 추가한 태그를 허가하거나 거절할 수 있는 옵션이다. 이 옵션을 설정하면 사용자의 허가가 없을 경우 다른 사람이 사용자의 게시물에 남긴 태그는 표시되지 않는다.

② 태그 검토를 설정하려면 다음 단계를 따른다.
- Facebook 페이지의 오른쪽 상단에 있는 ▼아이콘을 클릭하고 설정을 선택한다.
- 왼쪽 열에서 타임라인과 태그달기를 클릭한다.
- 친구들이 사용자의 게시물에 추가한 태그를 Facebook에 표시하기 전에 검토하려면 설정을 찾아서 맨 오른쪽에 있는 수정을 클릭한다.
- 드롭다운 메뉴에서 활성화됨을 선택한다.

③ 태그 검토 기능이 켜져 있으면 검토할 게시물이 있을 때 알림을 받게 된다. 게시물로 가서 태그 요청을 허가하거나 거부할 수 있다.

※ 참고 : 태그를 허가하면 태그한 사람과 그 사람의 친구들이 이 게시물을 볼 수 있다. 사용자의 게시물이 태그된 사람의 친구들에게 보이지 않도록 하려면 설정을 조정한다.

(8) 공유할 수 있는 대상

- 🌐 전체 공개 : 게시물을 공유할 때 전체 공개로 설정하면 Facebook 외부인을 포함한 모든 사람이 해당 게시물을 볼 수 있다.
- 👥 친구의 친구 : 사용자의 모든 친구와 그 친구의 친구들을 의미한다.
- 👤 친구만(+태그된 사람의 친구) : 이 옵션을 선택하면 Facebook 친구들에게 콘텐츠를 게시할 수 있다. 게시물에 다른 사람이 태그되어 있으면 태그된 사람과 그 친구들을 포함하도록 대상이 확장된다.
- 🔒 나만 보기 : 이 옵션을 선택하면 타임라인에 사용자만 볼 수 있는 게시물을 게시할 수 있다. 공개 대상이 나만 보기로 설정된 게시물은 사용자의 뉴스피드에 나타나지만 친구들의 피드에는 나타나지 않는다. 사용자가 나만 보기 게시물에 있는 사

람을 태그하면 그 사람이 해당 게시물을 볼 수 있게 된다.
- **✿ 사용자 지정** : 사용자 지정을 선택하면 특정인과 게시물을 공유하도록 선택하거나 특정인이 보지 못하게 게시물을 숨길 수 있다. 특정 친구 리스트를 설정한 경우 해당 리스트에 있는 사람들(예 : 가족 또는 베스트프렌드)과도 공유하거나 동료 리스트의 사람들이 보지 못하게 게시물을 숨길 수 있다. 또한 사용자가 소속된 그룹이나 네트워크와도 공유할 수 있다.

(9) 공개 정보로 간주되는 부분

모든 사람이 볼 수 있도록 설정된 항목은 공개 정보로 간주된다.

① 프로필에서 공유하는 내용

사용자의 프로필 사진, 커버 사진 및 네트워크(추가하도록 선택한 경우)와 함께 성별, 사용자 이름 및 사용자 ID(계정 번호)는 전체 공개이다. 친구나 가족과 연결하는 데 도움이 되는 정보이기 때문이다.

- 사용자의 이름, 프로필 사진 및 커버 사진은 사람들이 사용자를 알아보는 데 도움이 된다.
- 성별은 사용자를 설명하는 데 도움이 된다(예 : "그 여자를 친구로 추가").
- 사용자의 네트워크(예 : 학교, 직장)를 작성하면 다른 사람이 사용자를 쉽게 찾을 수 있다.
- 사용자 이름과 사용자 ID(예 : 계정 번호)는 사용자의 프로필 URL에 포함되어 있다.

② 공유하는 기타 내용

또한, 전체 대상과 공유하도록 선택한 내용(대상 선택 도구에서 🌐전체 공개로 지정)도 전체 공개 정보로 간주된다.

9) 보안

다음은 계정을 안전하게 보호하는 데 도움이 되는 6가지 방법이다.

① 보안 수준이 높은 비밀번호를 선택하고 다른 누구와도 공유하지 않는다. 최소 6자 길이의 글자, 숫자, 구두점 조합(! 또는 &)을 사용한다.

② 추가적인 보안 기능을 활용한다.

③ 이메일 계정의 보안에 신경 쓴다.

④ 다른 사람과 함께 사용하는 컴퓨터를 이용할 때는 Facebook에서 로그아웃한다. 깜박 잊어버린 경우에는 원격으로 로그아웃할 수 있다.

⑤ 컴퓨터에서 바이러스 백신 소프트웨어를 실행한다.

⑥ 항목을 클릭하거나 다운로드하기 전에 먼저 생각한다.

10) 뉴스피드

(1) 뉴스피드에 표시되는 내용 관리

① 특정한 사람, 특정 페이지 또는 그룹의 뉴스피드 소식을 그만 보려면?
- 취소할 대상의 소식 오른쪽 상단에서 ⌄ 아이콘을 클릭한다.
- 팔로우 취소를 선택한다.

② 친구, 페이지, 그룹, 이벤트 또는 앱에 대한 팔로우를 취소한 후에 뉴스피드에 다시 추가하려면?
- 왼쪽 열에 있는 뉴스피드 북마크 위로 커서를 가져간다.
- 왼쪽에 나타나는 ✲ 아이콘을 클릭한 다음 설정 편집을 선택한다.
- 다시 표시할 친구, 페이지, 그룹, 이벤트 또는 앱 이름 옆의 x 표시를 클릭한다.
- 저장을 클릭한다.

③ 내 뉴스피드에서 표시되는 소식을 숨기려면?
- 소식 오른쪽 상단에 있는 ⌄ 아이콘을 클릭한다.
- 개별 소식을 숨기고 해당 소식을 보고 싶지 않은 이유에 대해 알려줄 수 있도록 '보고 싶지 않아요'를 선택할 수 있다. 그런 다음에 게시자에게 소식을 내려달라고 요

청하거나 커뮤니티 표준을 준수하지 않는 소식을 Facebook에 신고하는 등 추가 조치를 취할 수 있다.
- 사용자와 연결되지 않은 사람, 페이지 및 그룹이 게시한 소식을 뉴스피드에서 삭제하려면 '모두 숨기기'를 선택할 수 있다.
- 팔로우 중인 특정한 사람, 페이지 또는 그룹의 소식을 앞으로 그만 보려면 팔로우를 취소하면 된다.

④ 친구 리스트를 사용해 친구들을 정렬하는 방법은?
- 친한 친구 : 가장 친한 친구들을 이 리스트에 추가하면 뉴스피드에서 이들에 대한 소식을 더 많이 보고 이들이 게시물을 올릴 때마다 알림을 받을 수 있다. 이 같은 추가 알림을 해제하는 옵션도 있다.
- 아는 사람 : 항상 가깝게 연락하고 지내지 않아도 되는 친구들을 추가하는 리스트이다. 아는 사람 리스트의 사람들은 뉴스피드에 거의 나타나지 않는다. 공개 범위 선택 도구에서 아는 사람을 제외한 친구를 선택하면 게시물을 올릴 때 이러한 사람들을 제외할 수 있다.
- 먼 친구 : 직장 상사 등 친구로 추가되었지만 콘텐츠를 공유하고 싶지는 않은 사람들을 추가하는 리스트이다. 먼 친구 리스트에 누군가를 추가하면 추가된 사람은 사용자의 공개 콘텐츠 또는 사용자에 의해 본인이 태그된 게시물만 볼 수 있다.

⑤ 친한 친구 리스트에 친구를 추가하려면?
- 홈페이지 왼쪽 메뉴에서 친구 섹션으로 스크롤한다.
- '더 보기'를 클릭한 후 '친한 친구'를 클릭한다.
- 오른쪽 상단에서 리스트에 친구 추가 상자에 추가할 친구 이름을 입력한다.

⑥ 뉴스피드의 소식을 게시된 순서대로 보려면?
- 뉴스피드의 소식을 게시된 순서대로 표시하려면 홈페이지 왼쪽 열 뉴스피드 옆에 있는 ▼ 아이콘을 클릭하고 '최신글(Most Recent)'을 선택한다.

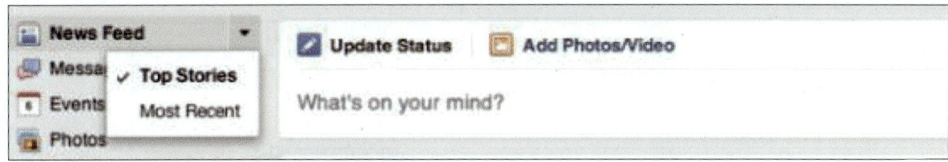

- 인기 소식 : 사용자가 가장 자주 교류하는 친구, 페이지 및 그룹의 게시물과 기타 인기 소식을 뉴스피드 상단에 보여준다.
- 최신글 : 같은 소식을 게시된 순서대로 표시한다.

(2) 뉴스피드 공개 설정

① 게시물을 공유할 때 사용자가 게시물 공개 대상에 포함한 사람이 뉴스피드에서 소식을 볼 수 있다.

② 뉴스피드에는 친구들의 Facebook 활동에 대한 소식이 표시되며, 사용자와 친구가 아닌 사람들의 게시물을 사용자의 친구가 좋아하거나 댓글을 단 경우도 여기에 포함된다. 뉴스피드에 친구의 Facebook 활동에 대한 소식을 표시하지 않으려는 경우 친구에 대한 팔로우를 취소하면 된다.

③ 타임라인의 게시물은 해당 공개 대상에게 뉴스피드, 검색 등 Facebook의 다른 위치에서 표시될 수 있다. 친구들이 사용자의 타임라인에 올리는 게시물의 공개 대상을 선택할 수 있다.

④ 상태 업데이트, 사진 및 그 외 사용자가 게시한 콘텐츠를 공유하는 곳 대부분에서 공개 대상 선택 도구를 확인할 수 있다. 도구를 클릭하고 콘텐츠를 공유할 사람을 선택한다.

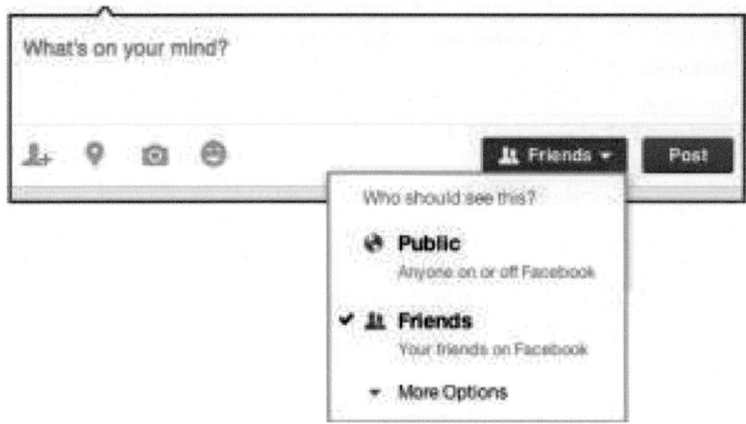

⑤ 도구는 사용자가 마지막으로 콘텐츠를 게시했을 때 공유한 대상을 기억하고 사용자가 다시 게시할 때 대상을 변경하지 않는 이상 이전과 같은 대상을 사용한다.

(3) 댓글 달기

① 댓글을 남기려면 다음 단계를 따른다.
- 게시물 아래의 댓글 달기 링크를 클릭하거나 댓글을 입력하세요라고 표시된 흰색 텍스트 상자를 클릭한다.
- 댓글을 입력한다.
- Enter 또는 Return 키를 눌러서 게시한다.

② 게시물에서 사람을 태그하려면 이름을 입력하기 시작하여 표시되는 드롭다운 메뉴에서 프로필을 선택한다. 페이지를 태그하려면 "@"기호를 입력한 다음 페이지 이름을 입력한다.

③ 키보드에서 Shift 키와 Enter 키를 동시에 눌러서 댓글 안에서 새 단락을 만들거나 줄을 바꿀 수 있다.

④ 댓글을 삭제하려면 다음 단계를 따른다.
- 댓글에 마우스를 올려놓고 ✎ 아이콘을 클릭한다.
- 삭제를 선택한다.

- 삭제를 클릭한다.
⑤ 댓글을 수정하려면 다음 단계를 따른다.
- 댓글에 마우스를 올려놓고 ✏ 아이콘을 클릭한다.
- 수정...을 선택한다.
- 댓글을 수정한다.
- 수정한 댓글을 게시하려면 Enter 키 또는 Return 키를 누르고, 취소하려면 Esc 키를 누른다.

⑥ 이메일 알림에서 누군가가 게시물에 단 댓글에 직접 응답하려면 이메일 본문에 댓글을 달면 된다. 이렇게 하면 그 사람의 댓글 아래 사용자의 댓글이 게시된다.

⑦ 댓글에 사진을 게시하려면 다음 단계를 따른다.
- 게시물로 이동한다.
- 입력란 오른쪽의 카메라 아이콘을 클릭한다.
- 첨부할 사진을 선택한다.
- 입력란에 내용을 입력하여 사진과 함께 게시할 댓글을 작성할 수 있다.
- 키보드의 Enter 키를 눌러 게시한다.

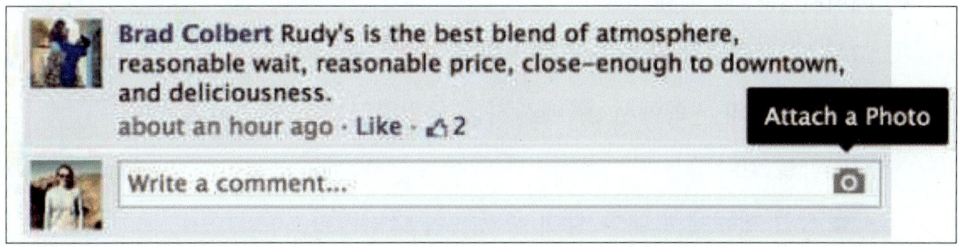

11) 메시지

(1) 메시지 보내기

① 메시지를 보내려면 다음 단계를 따른다.
- 왼쪽 메뉴에서 💬 메시지를 클릭한다.
- +새 메시지를 클릭한다.

- 받는 사람 필드에 이름을 입력한다. 친구와 다른 아는 사람의 이름이 드롭다운에 나타난다.
- 메시지를 보낼 사람을 선택한다.
- 메시지를 입력하고 보내기를 클릭한다.
- 상대방의 프로필 상단에서 메시지를 클릭해 메시지를 보낼 수도 있다.

② 다른 사용자가 가장 최근에 보낸 메시지를 보게 되면 읽은 상태로 표시된다. 따라서 사용자는 누가 메시지를 읽었고, 누가 아직 읽지 않았는지 항상 알 수 있다.

③ 이미 보낸 메시지는 전송을 취소하거나 받는 사람의 메시지 함에서 제거할 수 없다. 상대방의 알림 설정에 따라서 메시지가 이메일 알림으로 전송되기도 한다.

④ 한 번에 최대 250명까지 메시지를 보낼 수 있다.

⑤ 메시지에 파일을 추가하려면 다음 단계를 따른다.
- 채팅 창 오른쪽 상단의 ✱ 아이콘을 클릭한다.
- 파일 추가...를 선택하여 사진, 동영상 및 문서를 추가한다.
- Enter를 눌러 메시지를 보낸다.

(2) 메시지 읽기 및 삭제

① 그룹 대화에 사람을 추가하려면 다음 단계를 따른다.
- 홈페이지의 왼쪽에서 🗩 메시지를 클릭한다.
- 대화를 연다.
- ✱ 작업 메뉴에서 대화 상대 추가...를 클릭한다.
- 추가하려는 사람의 이름을 입력한다.
- 대화 상대 추가를 클릭한다.

② 특정인으로부터 온 메시지나 특정 키워드가 포함된 메시지를 검색할 수 있다.
- 홈페이지의 왼쪽에서 🗩 메시지를 클릭한다.
- 대화 위의 검색 상자에 이름 또는 키워드를 입력한다.
  ※ 참고 ・특정 사람과의 대화를 검색할 경우 검색 상자 아래에 결과가 표시된다.

- 이름 또는 키워드 참조를 검색할 경우 🔍 아이콘을 클릭하면 페이지의 가운데에 결과가 표시된다.

③ 대화에서 1개 이상의 메시지를 삭제하려면 다음 단계를 따른다.
- 홈페이지의 왼편에서 메시지를 클릭한다.
- 삭제할 메시지가 있는 대화를 연다.
- ✽ 작업 메뉴에서 메시지 삭제...를 선택한다.
- 확인란을 이용해 삭제하려는 메시지를 선택한다.
- 삭제를 클릭한다.

④ 대화를 보관하면 해당 대화는 상대와 다음에 다시 대화할 때까지 받은 메시지 함에서 숨겨지며, 대화를 삭제하면 해당 메시지 기록이 받은 메시지함에서 영구적으로 제거된다. 대화를 보관하려면 기본 메시지 페이지로 이동하고 보관하려는 대화 옆에 있는 ×를 클릭한다.

⑤ 두 명 이상의 친구와 대화를 하던 중 대화에서 나가려면 다음 단계를 따른다.
- 해당하는 대화로 이동한다.
- ✽ 작업 메뉴를 클릭한다.
- 대화에서 나가기를 선택한다.

(3) 채팅

① 친구와 대화를 시작하려면 다음 단계를 따른다.
- 채팅 사이드바에서 채팅할 친구의 이름을 클릭한다.
- 친구의 이름이 보이지 않을 경우 사이드바 하단의 검색 상자를 이용해 찾는다.
- 친구와의 채팅 창이 열리면 메시지를 입력하고 Enter 또는 Return 키를 누른다.

② 친구와 채팅하는 도중 더 많은 친구를 대화에 참여시키려면 다음 단계를 따른다.
- 채팅 창 오른쪽 상단에서 톱니바퀴 모양 메뉴(✽)를 클릭한다.
- 드롭다운 메뉴에서 채팅 친구 추가...를 선택한다.
- 추가하려는 친구의 이름을 입력하고 완료를 클릭한다.

③ 채팅을 켜거나 끄려면 다음 단계를 따른다.
- 채팅 사이드바의 ✱ 아이콘을 클릭한다.
- 채팅 켜기 또는 채팅 끄기를 선택한다.

④ 친구가 채팅 가능한 상태인지 알아보려면 채팅 사이드바에서 친구 이름 옆의 아이콘을 확인한다.
- 이름 옆에 ● 아이콘이 표시되어 있는 친구는 채팅 또는 Messenger 가능 상태이다.
- Facebook 앱 중 하나를 다운로드한 친구의 이름 옆에는 휴대폰 아이콘(□)이 표시된다.
- 이름 옆에 아이콘이 없는 친구는 채팅 불가능한 상태이다. 사용자가 보낸 채팅 또는 메시지는 친구의 받은 메시지함으로 직접 전달된다.

⑤ 채팅 음향(Chat Sounds)을 끄려면 채팅 사이드바에 있는 ✱ 아이콘을 클릭하여 채팅 음향을 선택 취소한다.

(4) 영상 통화

① 영상 통화를 사용하면 친구와 얼굴을 마주보고 이야기를 나눌 수 있다. 간단하게 한 번만 설치하면 Facebook에 있는 모든 친구에게 전화를 걸 수 있다.
- 작동 방식 : 사용자와 사용자의 친구 모두에게 웹캠 및 마이크가 있으면 실시간으로 서로를 보고 목소리를 들을 수 있다. 웹캠이 없는 친구에게 전화를 걸 경우 상대방은 사용자를 보고 목소리를 들을 수 있지만 사용자는 상대방의 목소리만 들을 수 있다.

- **통화 기록** : 사용자가 건 모든 통화의 시간과 날짜가 각 친구와 진행 중인 메시지 창에 표시된다. 통화 자체는 기록되거나 저장되지 않다.
- **멀티태스킹** : 영상 통화 중에도 채팅 및 기타 Facebook 기능을 계속해서 사용할 수 있다.

② 영상 통화를 시작하려면 친구와의 채팅 창을 열고 오른쪽 상단에 있는 ▶◀ 아이콘을 클릭한다. 친구가 현재 영상 통화를 수락할 수 없는 경우 ▶◀ 아이콘이 회색으로 나타나며 "[이름]님은 현재 영상 통화를 할 수 없습니다."라는 메시지가 표시된다.

③ 영상 통화 중에도 채팅 및 기타 Facebook 기능을 계속해서 사용할 수 있다.

④ 영상 통화는 한 번에 한 친구에게만 전화를 걸 수 있다.

⑤ 웹캠을 갖고 있다면 영상 통화중에 동영상이 항상 켜져 있다. 이 기능은 끌 수 없다.

2. 페이스북 앱 및 기능

페이스북의 페이지를 통해서 친구들과 공유를 위해 글 작성 시 필요한 각종 앱을 비롯한 모바일 앱과 웹 기능, 문자 이용 방법 등을 알 수 있다.

Facebook 앱 및 기능

사진	노트	채팅
동영상	링크	장소
그룹	크레딧	모바일
이벤트	생일	비즈니스용 페이지
좋아요	앱 지원	

기능	주요 내용
사진	사진 업로드 및 사진첩 만들기
노트	노트 작성방법, 새 노트 가져오기
채팅	채팅기능 사용방법
동영상	동영상 업로드 및 보기

링크	페이스북에 링크 거는 방법
장소	모바일이용 위치기반서비스
그룹	그룹설정과 이용방법
크레디트	페이스북의 화폐단위 이용방법
모바일	모바일 앱, 웹, 문자 이용방법
이벤트	각종 행사일정 관리 안내
생일	나와 친구들 생일관리
비즈니스용 페이지	사업목적의 페이지 관리방법
좋아요	친구나 광고페이지 찜과 같은 의사표현 방법의 이용 안내
앱 지원	페이스북 앱 기능, 지원, 삭제 등

페이스북에는 여러 가지 기능을 제공하는 수많은 앱이 등록되어 있다. 페이스북에서 앱을 설치하면 친구와 소셜 게임을 즐기고, 친구의 생일을 기억하고, 좋아하는 영화를 공유하고, 친구에게 선물을 보내는 등 페이스북에 없는 다양한 기능을 사용할 수 있다.

페이스북에 앱을 설치하는 방법은 간단하다.

① 내 타임라인에 앱을 설치하려면 타임라인 앱 페이지에 접속하여 음식과 영화, 사진, 여행, 전자책 등 각종 분야의 인기 앱들을 살펴본 후, 원하는 앱을 선택해 추가하면 된다.

② 또는 앱과 게임 대시보드를 방문하면 대시보드상에 친구들이 보낸 요청이 표시되고, 추천 앱과 친구들이 사용 중인 앱의 리스트가 나타난다.

③ 친구의 타임라인, 뉴스피드, 티커(Ticker)에 표시되는 친구의 앱 활동을 통해 원하는 앱을 발견할 수도 있다.

④ 특정한 앱을 찾고자 할 경우에는 페이스북의 모든 페이지 상단에 있는 검색 창에 앱 이름을 입력해 검색한 후, 나에게 필요한 앱을 설치하면 된다.

그럼 페이스북 게임 및 앱을 설치하는 방법과 페이스북 앱 설치 시 주의사항, 페이스북 앱 설정 및 관리방법, 페이스북 앱 차단 및 삭제방법, 그리고 페이스북 앱 공개 범위 설정 방법과 페이스북 앱 프로필 페이지 찾는 방법에 대해 하나하나 살펴보도록 하자.

1) 타임라인 앱 설치하기

① 새로운 타임라인 앱을 추가하려면 타임라인 앱 페이지(https://www.facebook.com/about/timeline/apps)에 접속하여 모두 보기 또는 내가 원하는 카테고리를 클릭한 후, 사용할 앱을 선택하고 해당 앱의 썸네일이나 이름을 클릭한다. 여행 정보를 나누는 앱을 설치하기 위해서 트립어드바이저(TripAdvisor)의 썸네일을 클릭해 보자.

② 사용할 앱의 썸네일이나 이름을 클릭하면 해당 앱 설치 페이지로 연결된다. 앱 설치 페이지에는 앱에 대한 설명과 앱의 권한 정보 등이 표시된다. 트립어드바이저 앱을 설치하면 이름, 프로필 사진, 사용자 이름, 사용자 ID(계정 번호), 네트워크 및 공개적으로 사용할 수 있도록 선택한 모든 정보가 포함된 공개 정보에 액세스할 수 있는 권한을 부여하게 된다. 또한 친구 리스트, 성별, 연령대 및 로케일(Locale)을 비롯하여 사용 환경을 개인화하기 위한 기타 정보가 앱에 제공된다.

따라서 해당 앱을 설치하기 전에 어떠한 정보가 앱에 제공되는지 잘 살펴보고 앱을 사용할지 여부를 결정한 후, [앱으로 가기] 버튼을 클릭한다. 또한 게시된 활동 유형과 활동의 개인정보 설정을 제어하기 위한 대상 선택기가 표시된다. 옵션 메뉴(▼)를 클릭한 후, 공개 대상을 선택하면 해당 앱은 내가 선택한 대상 안의 사람들에게만 소식을 게시할 수 있다. [나만 보기]를 선택하여 비공개로 할 수도 있고, 사용자 지정 아래쪽에서 특정 리스트에 속한 사람들만 볼 수 있도록 선택할 수도 있다.

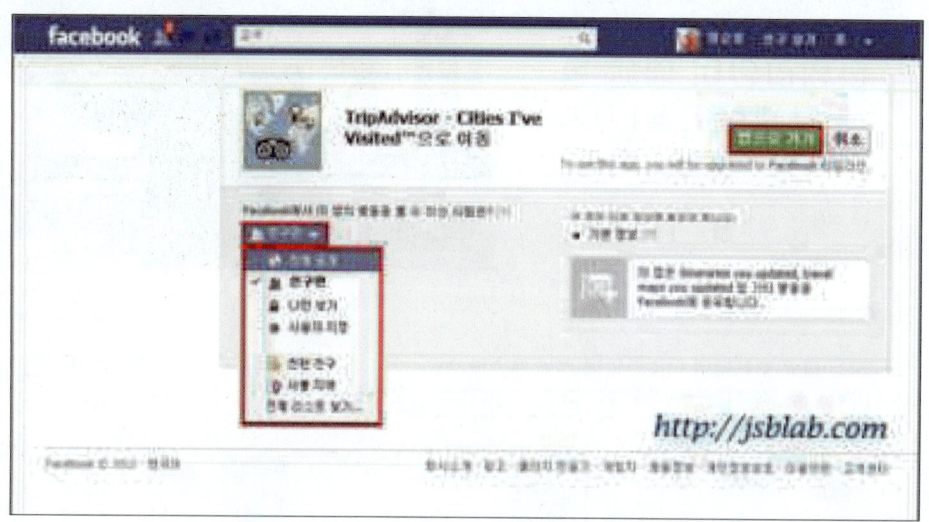

③ [앱으로 가기] 버튼을 클릭하면 앱이 설치되고, 해당 앱의 프로필 페이지로 이동한다. 트립어드바이저 앱 페이지에서 여행 갔던 도시를 찾아 표시하고, 나만의 여행 지도를 친구들과 공유할 수도 있으며, 앱에 대한 정보를 얻거나 개발자에게 문의할 수도 있다.

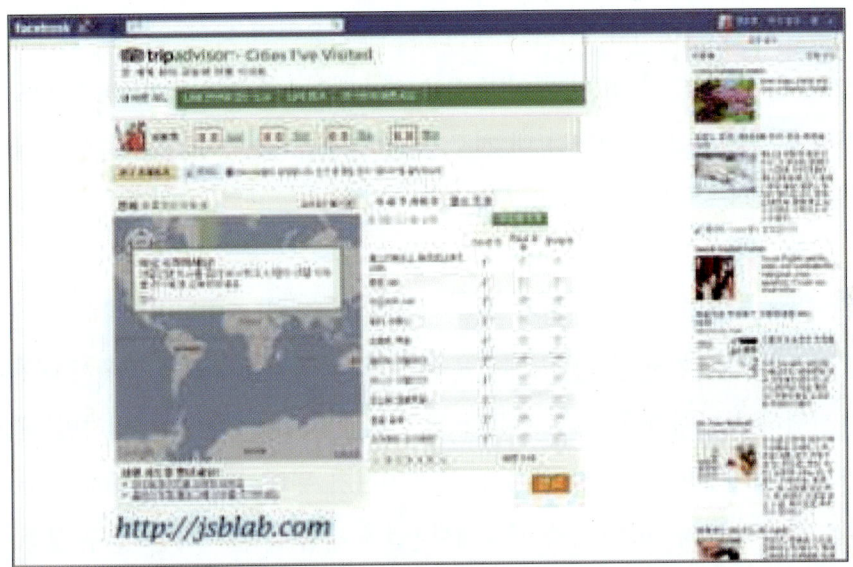

④ 트립어드바이저 앱이 설치되면 페이스북 홈페이지 좌측 메뉴에 [TripAdvisor]라는 아이콘이 만들어진다. 최근에 사용한 모든 앱은 언제든지 쉽게 액세스할 수 있도록 홈페이지 좌측 메뉴에 자동으로 북마크되어 나타난다. 북마크는 마지막으로 앱에 액세스한 시점에 따라 순서가 변경된다.

2) 추천 앱을 통해서 앱 설치하기

앱과 게임 대시보드를 방문하여 내가 원하는 앱을 설치할 수도 있다. 앱 대시보드와 게임 대시보드는 사용자가 보다 쉽게 좋아하는 앱과 게임을 사용하고 새 앱과 게임을 만날 수 있도록 추가한 것이다. 이러한 대시보드를 사용하여 나와 친구들이 사용한 최신 앱이나 게임을 볼 수 있다. 또한 게임 대시보드는 페이스북 게임 전용 공간으로, 게임에서 내 차례를 알려 주거나 앱에서 내 친구가 한 행동을 알 수 있는 맞춤형 업데이트 소식을 받을 수 있다.

① 페이스북에 로그인 후, 홈페이지 좌측 메뉴에서 [앱과 게임]을 클릭하면 인기 앱과 게임, 추천 게임, 추천 앱, 신규 앱들을 확인할 수 있다. 이 앱들 중에서 내가 원하는 앱을 선택하여 설치하면 된다. 사용할 앱의 썸네일이나 이름을 클릭하면 해당 앱 설치 페이지로 연결된다. 사진 편집 앱을 설치하기 위해서 piZap Photo Editor의 썸네일을 클릭해 보자. 또한 좌측 메뉴에서 [앱과 게임]을 클릭하면 [친구 활동]이 나타난다. [친구 활동]을 클릭하면 친구들의 최근 앱과 게임 활동이 나타난다. 내 친구들이 어떤 앱이나 게임을 사용하고 있는지 알 수 있으며, 친구들이 사용하고 있는 앱을 클릭하면 해당 앱 페이지로 이동된다. [앱 목록]을 클릭하면 앱 카테고리가 나타나고, 카테고리별로 나와 있는 앱들 중에 내가 원하는 앱을 선택하여 설치할 수 있다.

② 앱 설치 페이지에는 앱에 대한 설명과 액세스에 필요한 정보 등이 표시된다. piZap Photo Editor 앱을 설치하면 이름, 프로필 사진, 사용자 이름, 사용자 ID(계정 번호), 이메일 주소, 내 사진과 내가 공유한 사진들, 네트워크 및 공개적으로 사용할 수 있도록 선택한 모든 정보가 포함된 공개 정보에 액세스할 수 있는 권한을 부여하게 된다. 또한 친구 리스트, 성별, 연령대 및 로케일(Locale)을 비롯하여 사용 환경을 개인화하기 위한 기타 정보가 앱에 제공된다. 따라서 해당 앱을 설치하기 전에 어떠한 정보가 앱에 제공되는지 잘 살펴보고 앱을 사용할지 여부를 결정한 후, [앱으로 가기] 버튼을 클릭한다.

또한 게시된 활동 유형과 활동의 개인정보 설정을 제어하기 위한 대상 선택기가 표시된다. 옵션 메뉴(▼)를 클릭한 후, 공개 대상을 선택하면 해당 앱은 내가 선택한 대상 안의 사람들에게만 소식을 게시할 수 있다. [나만 보기]를 선택하여 비공개로 할 수도 있고, 사용자 지정 아래쪽에서 특정 리스트에 속한 사람들만 볼 수 있도록 선택할 수도 있다.

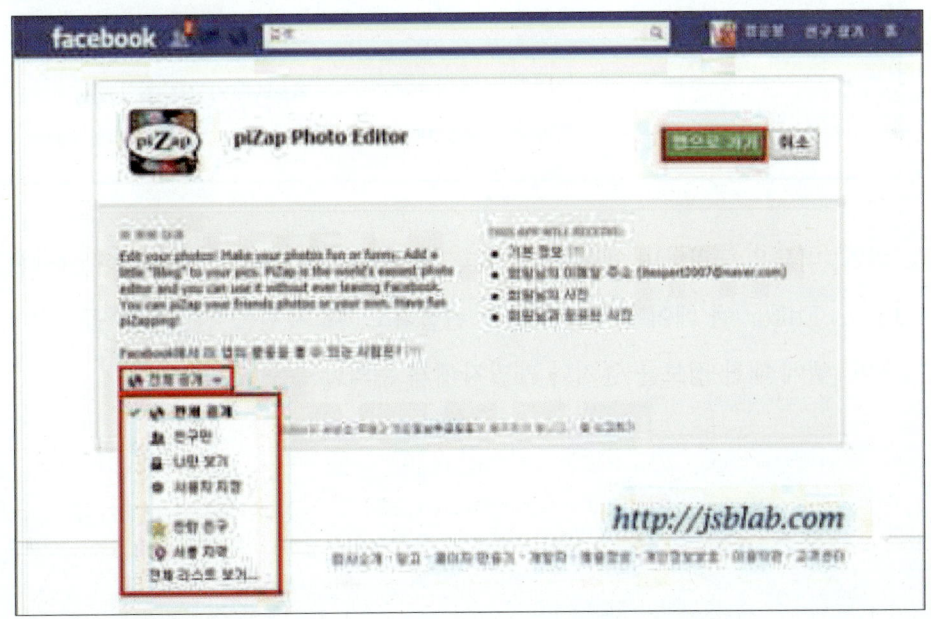

③ [앱으로 가기] 버튼을 클릭하면 앱을 작동하기 위해 입력해야 하는 정보를 모두 볼 수 있는 권한 허가 페이지가 나타난다. piZap Photo Editor 앱은 내 기본 정보에 접근하는 권한뿐만 아니라, 페이스북에 내 이름으로 글을 등록할 수 있는 권한을 요구한다. 앱이 요청하는 정보에 액세스할 수 있도록 하려면 [허가] 버튼을 클릭한다. 그러면 앱과의 상호작용을 시작할 수 있는 앱의 배경 페이지로 이동한다. 앱이 요청하는 정보에 액세스를 허용하지 않으려면 [건너뛰기] 버튼을 클릭한다. 그러나 해당 앱이 요구하는 사용 권한을 거부하면 앱을 이용할 수 없다.

④ [허가] 버튼을 클릭하면 앱이 설치되고, 해당 앱의 프로필 페이지로 이동한다. piZap Photo Editor 앱 페이지에서 사진을 편집하고, 내 사진을 친구들과 공유할 수도 있으며, 앱에 대한 정보를 얻거나 개발자에게 문의할 수도 있다.

⑤ piZap Photo Editor 앱이 설치되면 페이스북 홈페이지 좌측 메뉴에 [piZap Photo Editor]라는 아이콘이 만들어진다. 최근에 사용한 모든 앱은 언제든지 쉽게 액세스할 수 있도록 홈페이지 좌측 메뉴에 자동으로 북마크되어 나타난다. 북마크는 마지막으로 앱에 액세스한 시점에 따라 순서가 변경된다.

3) 검색을 통해서 앱 설치하기

특정한 앱을 찾고자 할 경우에는 페이스북의 모든 페이지 상단에 있는 검색 창에 앱의 이름을 입력하여 검색할 수 있다. 상단 메뉴 검색창에서 Docs를 검색하여 클릭한 후, Docs 앱을 설치해 보자.

① 검색창에 [Docs]라고 입력하면 검색 결과가 표시된다. 아래로 펼쳐지는 앱들 중에 내가 원하는 앱을 선택하여 클릭한다. 원하는 앱을 찾지 못했다면 [Docs에 대한 결과 더 보기]를 클릭한다.

② Docs 앱을 클릭하면 해당 앱 페이지로 이동한다. Docs 페이지 주소는 https://www.facebook.com/docs이며, 페이지를 통해 앱을 설치할 수 있다. Docs 앱을 설치하려면 Docs 페이지 오른쪽 상단에 있는 [앱으로 가기] 버튼을 클릭한다.

③ [앱으로 가기] 버튼을 클릭하면 허가 요청 페이지가 나타난다. 허가 요청 페이지에는 해당 앱에서 요구하는 정보가 표시된다.

　Docs 앱을 설치하면 이름, 프로필 사진, 사용자 이름, 사용자 ID(계정 번호), 네트워크 및 공개적으로 사용할 수 있도록 선택한 모든 정보가 포함된 공개 정보에 액세스할 수 있는 권한을 부여하게 된다. 또한 친구 리스트, 성별, 연령대 및 로케일(Locale)을 비롯하여 사용 환경을 개인화하기 위한 기타 정보가 앱에 제공된다. 따라서 해당 앱을 설치하기 전에 어떠한 정보가 앱에 제공되는지 잘 살펴본 후, 앱을 사용할지 여부를 결정한다.

　앱이 요청하는 정보에 액세스할 수 있도록 하려면 [허가] 버튼을 클릭한다. 그러면 앱과의 상호작용을 시작할 수 있는 앱의 배경 페이지로 이동한다. 앱이 요청하는 정보에 액세스를 허용하지 않으려면 [허가 안함]을 클릭한다. 필요한 권한을 제공하지 않으면 앱을 사용할 수 없다.

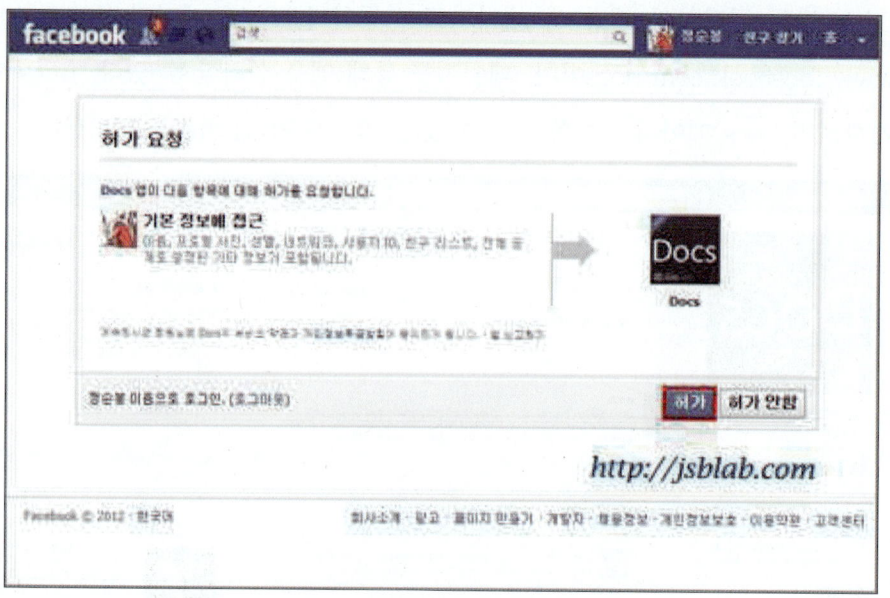

④ [허가] 버튼을 클릭하면 앱이 설치되고, 해당 앱의 프로필 페이지로 이동한다. 해당 앱 페이지에서 앱에 대한 정보를 얻거나 개발자에게 문의할 수도 있다. Docs 앱은 마이크로소프트 퓨즈 랩스(Microsoft Fuse Labs)에서 제작했기 때문에 기존의 워드, 엑셀, 파워포인트와는 100% 호환이 가능하고 무료로 사용할 수 있으며, 친구와 공유하면 하나의 문서를 함께 작성할 수 있다.

⑤ Docs 앱이 설치되면 페이스북 홈페이지 좌측 메뉴에 [Docs]라는 아이콘이 만들어진다. 최근에 사용한 모든 앱은 언제든지 쉽게 액세스할 수 있도록 홈페이지 좌측 메뉴에 자동으로 북마크되어 나타난다. 북마크는 마지막으로 앱에 액세스한 시점에 따라 순서가 변경된다.

3. 광고와 비즈니스 솔루션

13억 이상의 회원들을 대상으로 사업을 기획하거나 구상중이라면 세심하게 살펴보아야 할 부분들이다. 이미 각 기업체에서 자신의 회사를 등록하고 관리하기 시작했으며 이러한 목적으로 페이스북 자체의 통화제도인 크레디트를 개발할 정도로 페이스북은 자신만만하다.

향후 20억 이상의 회원을 보유한다고 상상할 때 페이스북 시장을 선점할 수 있다면 엄청난 파급효과를 기대할 수 있다.

별도의 광고비 지출이 없으며 오로지 회원들의 '좋아요' 기능을 이용한 홍보방법으로 단골을 확보하여 거래가 이루어지는 방식이다. 따라서 자신의 가게(?)를 먼저 오픈하여 많은 홍보를 통한 입지확보를 통해 시장선점의 필요성이 갈수록 높아지고 있다.

광고와 비즈니스 솔루션

- Facebook 광고
- Facebook 스폰서 소식
- 비즈니스 계정
- 비즈니스용 페이지
- 비즈니스 솔루션
- 브랜드 리소스 센터
- Facebook Connect
- Facebook 인사이트
- Facebook 플랫폼

기능	주요 내용
페이스북 광고	페이스북 내 광고방법과 결제방법, 각종 사례 등 안내
비즈니스용 페이지	페이지를 만드는 방법 등 안내
페이스북 커넥터	페이스북과 개인 웹사이트 또는 외부사이트 연결방법
페이스북 스폰서 소식	고객센터로 한국어 미지원
비즈니스 솔루션	내 페이지 홍보방법, 사례
페이스북 인사이트	페이스북 개발자 페이지
비즈니스계정	사업목적의 광고페이지 만드는 방법 등 안내
브랜드리소스센터	브랜드 등록은 사업관련 페이지
페이스북 플랫폼	페이스북 앱 이용과 개발에 관한 안내 페이지

페이스북은 개인의 프로필을 놀이의 개념으로 확장한 것이라 볼 수 있다. 일단 페이스북에 가입한 이용자들은 개인 프로파일을 생성하고, 다른 이용자와 친구를 맺으며, 메시지를 교환한다. 그리고 일상생활의 소소한 재미나 공유하고 싶은 일들을 담벼락(wall)에 글과 사진 등의 다양한 형태로 올리고 이를 개방된 공간에서 친구들과 이야기를 나눌 수 있다. 또한 친구들이 올린 글, 사진, 영상 등에 댓글을 달고, 좋은 내용이나 정보를 링크 기능을 통해 다른 사람들과 공유할 수 있다. 본인의 상태는 물론 친구들의 상태, 팬 페이지, 그룹메시지 등을 뉴스피드(News Feed)에서 시간 순서, 또는 인기 순서대로 확인할 수 있다. 페이스북은 기본적으로 쌍방의 동의에 의해 친구가 되어야만 상대방이 올린 글이나 사진/동영상 등을 볼 수 있는 구조이다. 친구 신청과 승인의 방식으로 친구관계 맺기가 이루어진다. 이는 싸이월드나 마이스페이스 등 다른 SNS에서도 이용하고 있는 방식이다. 이렇게 친구를 맺게 되면, 상대방의 인맥을 통해 새로운 사람과 관계를

맺고, 또 새로운 사람을 알게 되는 방식으로 네트워크가 확장된다. 반면 이렇게 확장된 네트워크 속에서 사생활 침해의 소지를 막기 위해 상태 업데이트에서 공유를 할 네트워크의 범위를 정할 수 있는데, 나만 보기, 친구만 보기, 친구의 친구만 보기, 특정 사람들 또는 리스트 보기, 전체 보기 등 다양한 범위의 공개를 설정할 수 있다. 이렇게 설정함으로써 정보가 지나치게 빨리 퍼져나가는 것을 막아 이용자들에게 어느 정도의 안정감을 제공할 수 있다.

페이스북은 트위터와 마찬가지로 플랫폼을 외부개발자에게 개방하였고, 외부개발자들은 이를 이용한 다양한 어플리케이션을 개발하여 선보이고 있다. 2007년 5월부터 오픈 플랫폼을 통해 다양한 페이스북 전용 어플리케이션을 개발해 수익을 올릴 수 있는 구조를 만들었다. 이후 1만 5천여 개 이상의 제3자 어플리케이션들이 등장했는데, 담벼락에 올리는 재미있는 메시지에서부터 페이스북 친구들과 함께 하는 게임까지 그 종류가 다양하다. 특히 페이스북의 게임들은 페이스북 인맥을 바탕으로 진행하는 게임들이 많기 때문에 게임을 함으로써 자연스럽게 모르는 사람들과 관계를 맺을 수 있는 새로운 인맥 확장 방법이다. 예를 들어 '시티빌(CityVille)'이라는 도시경영 시뮬레이션 게임의 경우 건물을 짓기 위해 시티빌 게임 이용자인 친구를 고용하거나 친구에게서 물품을 부탁해야 하는 시스템이기 때문에 게임을 계속 진행하려면 친구의 존재가 필수적이다.

페이스북은 또한 '페이스북 커넥트'라는 API를 제공하고 있다. 페이스북 커넥트를 이용해 이용자들이 제3자 웹사이트, 어플리케이션, 모바일 기기, 게임 등을 로그인해 이용할 수 있으며, 접속했을 때 페이스북에 상태 업데이트 등을 할 수 있게 한다. 이는 이용자의 정보를 회사 내에 묶어두기보다는 다양한 웹사이트에 동일한 아이디로 로그인을 가능하게 함으로써 몇 번이나 새로 로그인을 해야 하는 부담을 덜어준다. 페이스북 커넥트를 채택한 외부 계정은 약 8만 개 이상이며, 외부 어플리케이션을 통해 업로드된 메시지를 친구들이 클릭하여 외부 어플리케이션에 트래픽이 몰리는 선순환 구조를 이룬다.

페이스북은 현재 중국, 베트남, 이란, 우즈베키스탄 등 여러 나라에서 접속이 금지되고 있다. 중국과 베트남의 경우 사회주의 사회체계에 대한 비판을 통제하기 위해

(International Business Times, 2011-10-10), 이란 등은 페이스북의 내용이 반이슬람적 사상을 가지고 있거나 종교 차별적 성격을 가지고 있어서 금지하고 있다. 또한 직장에서는 직원들의 시간을 낭비한다는 이유로 직장 내에서 페이스북 접속을 차단시켰다. 2011년 5월 HCL Techonlogies에 따르면 영국 고용인의 약 50%가 직장 내 페이스북 이용을 금지당하고 있다.

페이스북의 보안에 대해서도 문제 제기가 끊이지 않고 있다. 이미 소셜 미디어들이 해커들의 표적이 되고 있고 페이스북 또한 안전하지 않다. 2011년 1월 프랑스의 니콜라 사르코지 대통령의 계정이 두 차례나 해킹당하고, 며칠 뒤엔 창업자인 마크 저커버그의 팬 페이지에 해커가 쓴 메시지가 올라오면서 페이스북의 보안에 대해 많은 이용자들이 염려하였고, 이에 페이스북은 공공장소에서 쓸 수 있는 1회용 비밀번호 발급 등의 대책을 내놓았다.

Chapter Quiz

01 2003년 Facebook의 초기 버전으로 하버드대 학생들에게만 공개했던 네트워크 서비스의 이름은?
① ConnectU
② TheFaceBook
③ MySpace
④ Facemash

02 세계에서 가장 많이 쓰이고 있는 SNS 플랫폼은 무엇인가?
① Twitter
② Facebook
③ MySpace
④ Google+

03 Facebook의 현재 도메인을 얼마에 구입하였나?
① $20,000
② $200,000
③ $2,000,000
④ $20,000,000

04 Facebook이 자신들과 유사한 소스코드를 도용해 만들었다고 고소를 한 소셜네트워크 서비스는?
① My Space
② Friendster
③ ConnectU
④ Twitter

05 Facebook은 언제 교육기관을 넘어 모든 사용자가 사용할 수 있게 되었나?
① 2005년 9월
② 2006년 9월
③ 2005년 10월
④ 2006년 10월

01 ④ 02 ② 03 ② 04 ③ 05 ②

06 2006년 페이스북을 거액에 인수하려 했던 대형 기업은?
① 야후 ② 구글
③ 마이크로 소프트 ④ 애플

07 2007년 페이스북 지분을 구입한 대형 기업은?
① 야후 ② 구글
③ 마이크로 소프트 ④ 애플

08 페이스북의 본사는 어디에 있나?
① 하버드대학교 ② 팰러앨토
③ 샌프란시스코 ④ 스탠포드대학교

09 Facebook의 수익모델이 아닌 것은?
① 광고 ② 민간 투자
③ 사용료 ④ 기프트

10 약 30만 명이 자신의 프로필에 접속할 때 어떤 기기를 사용하는가?
① 노트북 ② PC
③ 태블릿 ④ 모바일 폰

11 2010년 콜롬비아 영화사는 페이스북에 관한 영화를 만들었다. Aaron Sorkin 작가가 쓴 이 영화의 제목은 무엇인가?
① The Social Network ② The Facebook
③ The Newsroom ④ Studio 60

06 ① 07 ③ 08 ② 09 ③ 10 ④ 11 ①

12 회원가입 후 친구 찾기에 대한 설명으로 틀린 것은?

① 이메일 주소와 비밀번호를 입력해야 친구 찾기를 할 수 있다.
② 이메일 계정을 검색하여 페이스북에서 친구를 찾아준다.
③ 원하지 않으면 [건너뛰기] 버튼을 클릭하여 다음 단계를 진행한다.
④ 단 한 개의 이메일 계정에서 친구를 찾을 수 있다.

13 회원가입 후 프로필 정보 입력에 대한 설명 중 틀린 것은?

① 프로필 정보를 입력한 후 나와 연결고리가 있는 친구를 수동으로 찾아야 한다.
② 개인정보 입력을 원치 않을 경우 [건너뛰기] 메뉴를 클릭하여 단계를 넘어갈 수 있다.
③ 프로필 정보는 후에 언제든지 수정 가능하다.
④ 프로필 이전 단계로 가고 싶으면 [뒤로] 메뉴를 클릭하면 된다.

14 관심사를 추가하는 데에 관한 설명으로 옳지 않은 것은?

① 정보입력의 세 번째 단계이다.
② 유명인사, 업체, 브랜드 등을 관심사로 추가할 수 있다.
③ 후에 관심사를 더 추가할 수 없다.
④ 원하는 관심사가 없을 경우 [건너뛰기] 버튼을 눌러 과정을 생략할 수 있다.

15 프로필 사진을 등록하는 단계에 대한 설명에 대해 올바르게 설명한 것은?

① 정보입력의 마지막 단계이다.
② 반드시 자신의 사진을 사용하여야 한다.
③ 웹캠을 사용하여 바로 촬영도 가능하다.
④ 나중에 수정할 수 없으므로 꼭 입력하고 넘어가야 한다.

12 ④　13 ①　14 ③　15 ③

16 이메일 인증 단계에 대한 설명 중 틀린 것은?

① 정보입력의 마지막 단계이다.
② 메일 주소가 틀린 경우 처음부터 다시 가입해야 한다.
③ 입력한 이메일에 접속하여야만 메일을 확인할 수 있다.
④ Facebook에서 발송된 메일에서 [시작하기] 버튼을 클릭하면 Facebook을 시작할 수 있다.

17 Facebook에 가입 후 친구 찾기 방법이 아닌 것은?

① 친구 검색
② 연락처 가져오기
③ 개별적으로 친구 초대
④ 생년월일로 친구 찾기

18 Facebook에 로그인을 할 때의 설명으로 바르지 않은 것은?

① Facebook 우측 상단에 이메일 주소와 비밀번호를 입력한다.
② 이메일 주소 대신에 사용자 이름을 입력할 수도 있다.
③ 이메일 주소 대신에 계정에 확인된 휴대폰 번호를 사용할 수도 있다.
④ 휴대폰 번호를 사용할 때에는 국가번호 앞에 0을 붙여줘야 한다.

19 검색 창에 이름 또는 이메일 주소를 입력하여 친구를 찾는 방법은?

① 친구 검색
② 연락처 가져오기
③ 개별적으로 친구 초대
④ 생년월일로 친구 찾기

20 친구 찾기에서 연락처 가져오기 방법으로 친구를 찾을 때 잘못된 것은?

① 다른 이메일에서 연락처 리스트를 가져와 친구를 추가할 수 있다.
② 휴대폰에 저장되어 있는 친구는 찾을 수 없다.
③ 이미 Facebook 계정이 있는 친구에게 친구요청을 보낼 수 있다.
④ Facebook 계정이 없는 친구에게 초대를 보낼 수 있다.

16 ②   17 ④   18 ①   19 ①   20 ②

21 친구 초대에 관한 설명으로 틀린 것은?

① 개별적으로 친구를 초대할 수 있다.
② 이메일 주소와 초대 메시지를 반드시 입력하고 초대를 해야 한다.
③ 친구를 초대하면 해당 연락처의 리스트를 저장하고 알림을 보내준다.
④ 언제든지 연락처 리스트를 관리할 수 있다.

22 상태 업데이트를 게시할 때에 대한 설명으로 틀린 것은?

① 타임라인 또는 뉴스피드 상단에 있는 공유 메뉴에서 업데이트를 입력한다.
② 위치를 추가하려면 📍 아이콘을 클릭한다.
③ 함께 있는 친구를 추가하려면 👤 아이콘을 클릭한다.
④ 한 번 업데이트한 상태는 수정할 수 없다.

23 내 타임라인에 글을 게시할 때의 설명으로 틀린 것은?

① 공유하려는 소식의 유형을 선택해야 한다.
② 내용을 입력해야만 게시할 수 있다.
③ 공개 대상을 선택해야 한다.
④ 한 번 업데이트한 글은 수정할 수 없다.

24 내 타임라인에 글을 게시할 때 같이 수행할 수 없는 활동은?

① 친구 태그   ② 위치, 사진 추가
③ 소식의 날짜 선택   ④ '좋아요' 버튼 클릭하기

25 그룹에 게시물을 남길 때 할 수 없는 것은?

① 음악 추가   ② 사진 또는 동영상 추가
③ 파일 업로드   ④ 질문하기

21 ② 22 ④ 23 ④ 24 ④ 25 ①

26 사진을 업로드 할 때의 설명으로 틀린 것은?
① 컴퓨터에 있는 사진을 업로드 할 수 있다.
② 동기화 기능이 켜져 있는 휴대폰 또는 태블릿에서 동기화된 사진을 게시할 수 있다.
③ 사진에는 장소를 추가할 수 없다.
④ 컴퓨터에 있는 사진을 새 사진첩에 게시할 수 있다.

27 동영상을 업로드 할 때의 설명으로 틀린 것은?
① 뉴스피드 또는 타임라인 상단에 있는 ▣ 아이콘을 클릭한다.
② 알림은 받을 수 없다.
③ 사진/동영상 업로드를 클릭하고 컴퓨터의 동영상 파일을 선택한다.
④ 제목 추가, 친구 태그, 썸네일 선택 등 원하는 작업을 할 수 있다.

28 계정 설정에 관한 설명 중 틀린 것은?
① 계정을 비활성화하면 프로필이 Facebook 상에서 즉시 사라진다.
② 비활성화 시 본인이 보낸 메시지와 같은 일부 정보도 보이지 않는다.
③ 계정을 영구 삭제하면 다시 활성화할 수 없다.
④ 계정을 영구 삭제하기 전에 정보를 다운로드 할 수 있다.

29 설정에서 업데이트 할 수 없는 것은?
① 친구 추가   ② 공개 범위 설정
③ 보안 설정   ④ 이름 및 이메일 주소

26 ③   27 ②   28 ②   29 ①

30 Facebook에서 금지되지 않은 것은?

① 나체 이미지 또는 성적으로 외설적인 콘텐츠

② 타인에 대한 비방, 위협, 또는 개인이나 그룹을 향한 직접적인 공격

③ 모든 상업적인 콘텐츠

④ 가짜 또는 허위 프로필, 스팸 등

31 내가 업로드한 게시물이 삭제되지 않는 경우는?

① 내가 직접 찍은 동영상을 게시한 경우

② 사용허가를 받지 않은 타인의 콘텐츠를 업로드 한 경우

③ 마약 사용에 대한 콘텐츠가 포함된 글이나 사진, 동영상을 게시한 경우

④ 개인이나 그룹을 괴롭히거나 공격할 목적으로 제작된 콘텐츠를 게시한 경우

32 Facebook 기능을 남용했다고 경고를 받는 경우가 아닌 것은?

① 모르는 사람에게 반복적으로 친구 요청을 보낼 경우

② 같은 메시지를 반복하여 보내거나 동일한 글을 게시하는 행위

③ 친구와 오랜 시간 동안 Facebook 채팅을 하는 경우

④ 자동 프로그램을 사용하여 Facebook 회원으로부터 콘텐츠를 수집하는 행위

33 내가 보낸 메시지에 대한 경고를 받는 경우가 아닌 것은?

① 다른 사용자가 스팸으로 신고한 메시지를 보낸 경우

② 내 조직/회사를 홍보하려고 메시지를 보낸 경우

③ 내 그룹 또는 이벤트에 대한 정보를 알리려고 메시지를 보낸 경우

④ 친구들에게 단체로 같은 메시지를 보낸 경우

30 ③ 31 ① 32 ③ 33 ④

34 친구 요청 차단에 대한 설명 중 틀린 것은?

① 친구 요청 기능이 차단된 경우 나머지 Facebook 기능도 사용할 수 없다.
② 내가 보낸 친구 요청이 응답을 받지 못했거나 원치 않는 것으로 표시되면 일시적으로 친구 요청 보내기가 차단된다.
③ 메시지 보내기가 차단되었다면 다른 사람들이 메시지를 원치 않는 것으로 신고했기 때문이다.
④ 친구 추가 기능이 차단되지 않게 하려면 알고 있는 사람에게만 친구 요청을 보내는 것이 좋다.

35 비밀번호 재설정에 관한 설명으로 틀린 것은?

① 비밀번호를 재설정하지 않고 이전 비밀번호를 알 수 있다.
② 내 계정에 기재된 이메일 주소를 사용할 수 없어도 비밀번호를 재설정할 수 있다.
③ 비밀번호를 잊어버려도 보안 질문을 사용해 내 계정에 액세스할 수 있다.
④ 내 계정을 다시 사용하기 위해 친구를 활용할 수도 있다.

36 보안 질문에 대한 설명으로 맞는 것은?

① 보안 확인 절차를 완료한 후에 즉시 계정에 로그인할 수 있다.
② 계정에 등록된 이메일 주소 중에 액세스할 주소가 하나도 없으면 계정을 사용할 수 없다.
③ 보안 질문에 대한 답변이 기억나지 않아도 친구의 도움을 받으면 계정에 액세스할 수 있다.
④ 차단된 동안에는 친구들도 내 계정을 볼 수 없다.

 34 ① 35 ① 36 ③

37 Facebook으로부터 내 계정에 대한 계정 복구가 시작되었음을 알리는 메시지를 받았을 때의 행동으로 틀린 것은?

① 내가 신청한 것이 아니라면 계정을 보호하기 위한 조치를 취해야 한다.
② 메시지에 나와 있는 모든 친구에게 바로 연락을 취해 참여하지 말라고 전한다.
③ 계정을 잠근다.
④ 이메일 주소를 바꾼다.

38 친구가 계정을 되찾게 도와주려는 방법이 아닌 것은?

① 친구가 알려준 URL로 이동한다.
② 친구와 이야기한 내용임을 확인한다.
③ 친구에게 전화하거나 직접 만나 코드를 알려준다.
④ 친구가 요청한 이메일이나 메신저로 코드를 전해준다.

39 그룹에 게시물을 남길 때 할 수 없는 것은?

① 사진 또는 동영상 추가
② 보안 설정
③ 질문하기
④ 파일 업로드

40 사진을 업로드 할 때 선택할 수 없는 것은?

① 사진/동영상 업로드
② 동기화된 사진 추가
③ 사진 보정하기
④ 사진첩 만들기

41 Facebook 프로필에 이름으로 쓸 수 있는 내용은?

① 직책
② 둘 이상의 언어로 된 문자
③ 기호, 숫자
④ 실제 사용하는 이름을 변형한 별명

37 ④   38 ④   39 ②   40 ③   41 ④

42 동영상을 게시할 때의 설명으로 맞지 않는 것은?

① 동영상을 업로드하면 다른 사람이 볼 수 있도록 처리하는 과정이 필요하다.
② 볼 수 있는 상태가 되면 알림을 받는다.
③ 한 번 게시된 글은 수정할 수 없다.
④ 뉴스피드 또는 타임라인 상단에 있는 🖼 아이콘을 클릭하여 게시할 수 있다.

43 공유 설정에 대한 설명으로 틀린 것은?

① 마지막으로 콘텐츠를 게시했을 때 선택했던 공개 대상이 저장된다.
② 한 곳에서 설정 내용을 변경해도 다른 곳의 공개 설정이 변하지 않는다.
③ 이미 공유된 콘텐츠에도 공개 대상 선택 도구가 함께 나타난다.
④ 다른 사람의 타임라인에 게시하면 그 사람이 해당 게시물의 공개 범위를 선택하게 된다.

44 이름을 변경할 수 없는 이유가 아닌 것은?

① 이름 정책에 어긋나는 이름인 경우
② 최근 60일 이내에 이름을 변경한 경우
③ 모국어가 아닌 경우
④ 이전에 Facebook에서 이름을 확인해 달라고 요청한 적이 있는 경우

45 링크를 공유할 때의 설명으로 맞는 것은?

① 링크를 공유하려면 타임라인이나 홈페이지의 상단에 있는 공유 메뉴에 해당 URL을 입력한다.
② 링크 옆에는 메시지를 입력할 수 없다.
③ 게시하기 전에 공개 범위를 정하고 나중에는 수정할 수 없다.
④ 다른 웹사이트에서 좋아요 또는 추천 버튼을 클릭해도 Facebook에는 소식이 게시되지 않는다.

 42 ③ 43 ② 44 ③ 45 ①

46 내 프로필 사진은 누가 볼 수 있나?
① 친구만
② 전체 공개
③ 친구의 친구만
④ 공개 설정 범위에 해당하는 친구만

47 댓글을 남길 때의 설명으로 틀린 것은?
① 게시물 아래의 댓글 달기 링크를 클릭하거나 댓글을 입력하세요라고 표시된 흰색 텍스트 상자를 클릭하여 입력한다.
② 사람을 태그하려면 이름을 입력하기 시작하여 표시되는 드롭다운 메뉴에서 프로필을 선택한다.
③ 페이지를 태그하려면 "@"기호를 입력한 다음 페이지 이름을 입력하면 된다.
④ Enter 키를 누르면 새 단락을 만들거나 줄을 바꿀 수 있다.

48 메시지에 대한 설명으로 틀린 것은?
① 한꺼번에 여러 명에게 보낼 수 있다.
② 한 번에 최대 500명까지 메시지를 보낼 수 있다.
③ 내가 보낸 메시지를 누가 읽었고, 읽지 않았는지 알 수 있다.
④ 이미 보낸 메시지는 전송을 취소하거나 받은 사람의 메시지함에서 제거할 수 없다.

49 Facebook 채팅에 관한 설명으로 맞지 않는 것은?
① 한 번에 한 친구에게만 채팅을 할 수 있다.
② 이름 옆에 ● 아이콘이 표시되어 있는 친구는 채팅 가능 상태이다.
③ Facebook 앱 중 하나를 다운로드한 친구의 이름 옆에는 휴대폰 아이콘 ▯이 표시된다.
④ 이름 옆에 아이콘이 없는 친구는 채팅 불가능한 상태이다.

46 ② 47 ④ 48 ② 49 ①

50 다음 중 Facebook 영상 통화에 대한 설명으로 틀린 것은?

① 영상 통화 중에 동영상을 끄는 기능을 사용하여 동영상을 끌 수 있다.
② 한 번에 한 친구에게만 전화를 걸 수 있다.
③ 영상 통화 중에도 채팅 및 기타 Facebook 기능을 계속 사용할 수 있다.
④ 모든 통화의 시간과 날짜가 각 친구와 진행 중인 메시지 창에 표시된다.

50 ①

Chapter 3 카카오 마케팅

I 카카오톡 마케팅

1. 카카오톡의 사전적 정의

카카오톡(KakaoTalk)은 주식회사 다음카카오가 2010년 3월 18일 서비스를 시작한 글로벌 모바일 인스턴트 메신저이다. 2014년 5월 26일 다음과 합병되어 2014년 10월 1일 다음카카오로 통합 법인을 정하였다. 카카오톡은 현재 스마트폰 사용자를 대상으로 프리웨어(무료로사용)로 제공된다. 안드로이드 모바일 장치 사용자는 구글 플레이에서, 애플의 모바일 장치 사용자는 애플 앱스토어에서, 블랙베리 기기 사용자는 앱월드에서, 노키아 기기 사용자는 오비(노키아)에서, 윈도 폰 사용자는 마켓플레이스에서 내려받아 사용할 수 있다. 모바일에서만 사용 가능한 것이 아니라 카카오톡 PC버전 및 MAC버전을 배포 중이다. 줄여서 '카톡'이라고도 한다.

1) 카카오톡 사용자 수

대한민국 사용자와 해외 사용자 수를 합하여 2011년 4월 1일 천만 명, 2011년 7월 28일 2천만 명, 2011년 11월 14일 3천 만 명을 넘어선 데 이어, 2012년 3월 11일 4천 만 명을 돌파하였다. 2011년 12월 29일 카카오톡을 통해 일일 오가는 메시지 수가 10억 건이 넘었다.

2) 카카오톡의 기능과 서비스

카카오톡은 상대방과 단순한 대화기능 외에 다양한 기능과 서비스들을 가지고 있다. 카카오톡의 주 기능으로는 상대방에게 메시지, 사진, 동영상, 음성, 연락처 등을 전송할

Part 2 SNS의 구체적인 이해

수 있고, 친구들과 일정을 만들 수 있다. 또한, 보이스톡 기능을 이용하여 상대방과 음성으로 대화를 할 수 있고, 카카오계정을 이용해 친구들과 게임을 할 수 있다(바다OS는 대부분 지원 안 함).

카카오톡의 주요 기능	
①	사진앨범, 동영상앨범에서 파일 보내기
②	음성메시지를 녹음하여 보내기
③	연락처 보내기
④	보이스톡
⑤	선물하기
⑥	일정

3) 카카오 계정 및 카카오톡 채팅플러스 기능

기기를 교체하거나 번호를 변경해도 카카오계정으로 다시 로그인을 하면 이전에 사용했던 카카오톡의 친구 목록, 내 프로필 사진, 카톡 아이디 등을 다시 불러올 수 있으며, 카카오게임/스토리/앨범 등을 카카오계정으로 연결시켜 이용할 수 있다. 이를 활용하여 카카오톡은 채팅 기능을 벗어나 보다 다채로운 드로잉톡, 이모티콘, 필터카메라, 위자드사다리, 오늘지수, 솜노트, 솜투두, 다vote, U+BOX, 라쿤슬라이스, 불리2 등의 어플리케이션 기능을 활용하여 친구들과 다채로운 채팅을 하면서 이용할 수 있다(바다OS는 지원 안 함).

4) 카카오톡 채팅 기능

카카오톡은 1:1 채팅은 물론 많은 친구들과 함께 그룹 채팅을 즐길 수 있으며 검색기능도 제공하고 있다. 이로 인해 카카오톡 감옥, 보이스톡 음질, 검열 논란 등의 문제가 발생하였으나 적극적으로 대응하여 이를 개선하여 불편함을 최소화하는 데 노력하고 있다. 카카오톡 감옥은 카카오톡의 그룹 채팅 기능을 이용해 여러 명의 불특정다수를 한 채팅방에 초대해 가두는 행위를 말한다. 일반적인 그룹 채팅은 채팅을 원치 않으면 나가면 되지만, 카카오톡 감옥은 채팅방을 나가도 누군가에 의해 다시 초대되어 그 채팅방에 다시 갇히게 된다. 불편을 호소하는 사용자가 증가하자 카카오톡은 신고된 사용자를 즉각 이용정지 처리하고 있다. 이 외에도 원치 않는 친구를 차단하는 기능과 친구 외에는 파일 전송이 불가능하게 하였다.

보이스톡은 기존 통신사의 요금제에 구애받지 않고 데이터 통신만으로 통화가 가능하다. Wifi나 3G/4G망을 이용하여 친구와 실시간으로 음성 통화를 할 수 있다(바다OS에서는 지원 안 함). 또한, 3~5명의 친구들과 함께 그룹으로 통화를 할 수 있다. 그룹콜 화면에서 친구들의 통화중/종료/음성필터 사용 상태를 한눈에 볼 수 있으며, Tom&Ben 캐릭터 음성 필터로 색다른 그룹 통화를 즐길 수 있다. 또한 그룹콜을 종료해도 재연결 기능으로 언제든지 참여할 수 있다.

카카오톡 검열 논란은 2014년 9월 18일 대한민국 검찰이 인터넷 허위사실 유포를 엄단하겠다는 취지로 인터넷 상시 모니터링을 하겠다고 발표했으며, 당시 회의에 네이버, 다음, 카카오톡의 간부들이 참석하여 큰 파장을 일으켰다.

5) 카카오프렌즈

이전에는 유명 캐릭터들이 외부에서 스마트폰 내부로 들어오는 형태가 주를 이뤘지만, 이제는 반대로 스마트폰 내부에서 탄생한 캐릭터들이 외부로 나가는 형태가 늘고 있다. 대표적인 경우가 소셜미디어 캐릭터이다. 카카오톡과 라인 같은 모바일 메신저는 전 연령층이 사용하기 때문에 메신저 속에서 만나볼 수 있는 캐릭터들의 노출 빈도나 인지도는 타의 추종을 불허해 스마트폰 내부에서뿐 아니라 외부에서도 그 인기를 이어가고 있다. 스마트폰을 벗어난 캐릭터들이 다양한 시장에서 활용되고 있다.

2012년 11월 카카오가 낳은 대표 캐릭터 카카오프렌즈 캐릭터 7명이 아이템스토어를 통해 정식으로 출시되었다. 카카오게임 외 온·오프라인 매출에 직결된 콘텐츠이다. 카카오 프렌즈는 국민 모바일 메신저 카카오톡에 등장하는 캐릭터들로 이들의 다양한 모습을 담은 이모티콘은 스마트폰을 사용하는 국민 대부분이 매일같이 애용하고 있다. 모바일 메신저의 특성상 전 연령층에게 노출되기 때문에 국민적인 인지도가 상당히 높으며, 캐릭터 하나하나가 다양한 상황과 감정을 잘 표현해 주고 있어 문자 메시지 대신 이모티콘만을 이용해 대화를 하는 경우가 생길 정도로 대중적으로 활용도가 높다. 캐릭터 상품 및 캐릭터를 활용한 다양한 제품들 또한 큰 인기를 끌고 있다. 근래에는 타 기업들도 호응도가 높다는 이유로 오프라인 인쇄 광고에서도 적극적으로 활용하는 추세이다.

〈카카오프렌즈 캐릭터 팝업스토어 및 캐릭터 빵〉

6) PC용 카카오톡

컴퓨터를 통해 인증을 한 뒤 모바일과 동일한 형식으로 카카오톡을 이용할 수 있다. 공용 컴퓨터에서 카카오톡을 이용할 경우 1회용 인증을 받아서 안전하게 이용이 가능하다. 파일전송, 모바일 연동이 편리하여 PC메신저의 1위로 급부상하고 있다. MAC용 카카오톡은 매킨토시에서 작동하는 카카오톡이다.

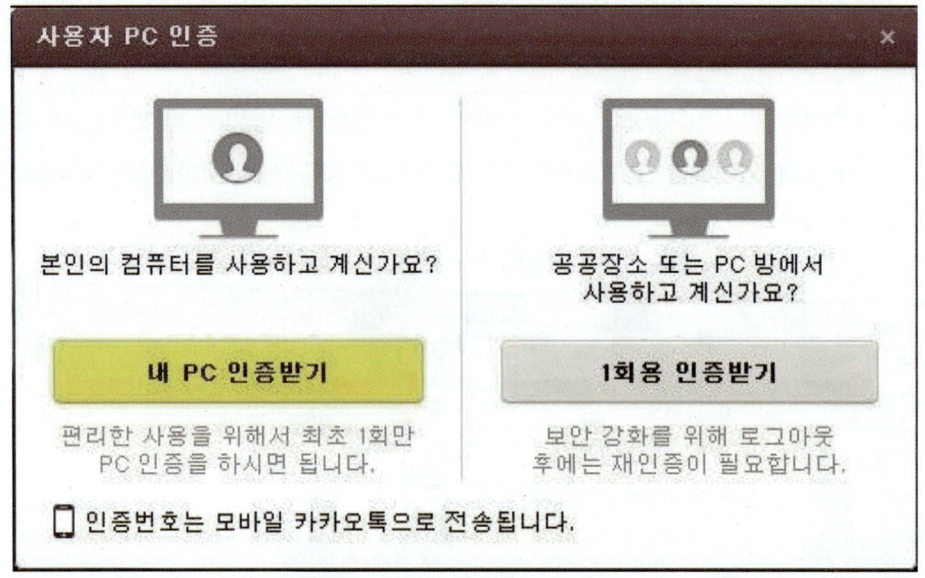

카카오톡 PC버전의 주요 기능	
①	사용자 간의 이미지, 동영상, 파일 전송 기능
②	프로필 란에서 카카오스토리로 연동 기능
③	설정 기능 (일반설정, 알림설정, 채팅설정, 친구설정, 보이스톡)
④	모바일 메시지 수신 기능 (옐로아이디는 PC버전에서 수신 불가)

7) 그 외 카카오톡 기능들

① 카카오 게임 : 카카오 계정을 이용하여 카카오톡 친구들과 함께 할 수 있는 게임이다.
② 플러스친구 : 좋아하는 브랜드나 스타, 미디어를 친구로 추가하여 다양한 콘텐츠와 혜택을 받을 수 있다. 플러스친구는 '친구추천 탭'에서 만날 수 있다.

③ **아이템스토어** : 테마, 이모티콘, 스티콘 등을 카카오의 화폐인 '초코'를 이용하여 구매하고 사용할 수 있는 곳이다. 디지털 아이템 외에도 '선물하기' 기능을 활용해 제품 구매도 가능하다.

④ **카카오스타일** : 여러 쇼핑몰 업체의 옷들을 볼 수 있고 구매할 수 있는 곳이다. 현재는 별도의 애플리케이션으로 분리되었다.

⑤ **카카오톡 ID** : 전화번호를 몰라도 카카오톡 아이디 검색을 통해 친구가 될 수 있는 기능이다.

⑥ **친구관리** : 자동 친구 등록, 자동 친구추천 설정, 숨김친구 관리, 차단친구 관리, 친구목록 내보내기, 친구목록 불러오기 기능이 있다.

⑦ **선물하기** : 여러 브랜드의 상품들을 구매하고 친구에게 선물할 수 있는 기능이다.

⑧ **카카오뮤직** : 카카오에서 제공하는 음악 소셜 서비스이다. 별도 애플리케이션으로 분리되어 있다.

II 카카오스토리 마케팅

1. 카카오스토리의 사전적 정의

카카오스토리(KakaoStory)는 (주)다음카카오가 2012년 3월 22일 서비스를 시작한 사진 공유 기반 한국형 소셜 네트워크 서비스이다. 카카오스토리는 현재 스마트폰 사용자를 대상으로 프리웨어로 제공된다. 안드로이드 모바일 장치 사용자는 구글 플레이에서, 애플의 모바일 장치 사용자는 애플 앱스토어에서 다운 받을 수 있다. 가장 큰 장점으로는 카카오톡과 연동하여 사용이 가능하다는 데 있다.

카카오톡에서는 한 장의 사진만을 프로필로 볼 수 있었던 것과 달리 미니 프로필에 여러 장의 사진을 업로드 하여 공유할 수 있다. GIF 파일을 업로드 하면 움직이는 이미지도 업로드 가능하다. 전체공개와 친구공개, 나만보기, 수정하기, 링크(URL) 올리기 등 다양한 기능이 있다. PC에서 이용할 수 있는 카카오스토리 웹 버전이 있어 PC에서도 쉽게 이용할 수 있다. 업로드 유형으로는 글, 사진, 동영상, 뮤직, 링크가 있다.

1) 글 콘텐츠 업로드

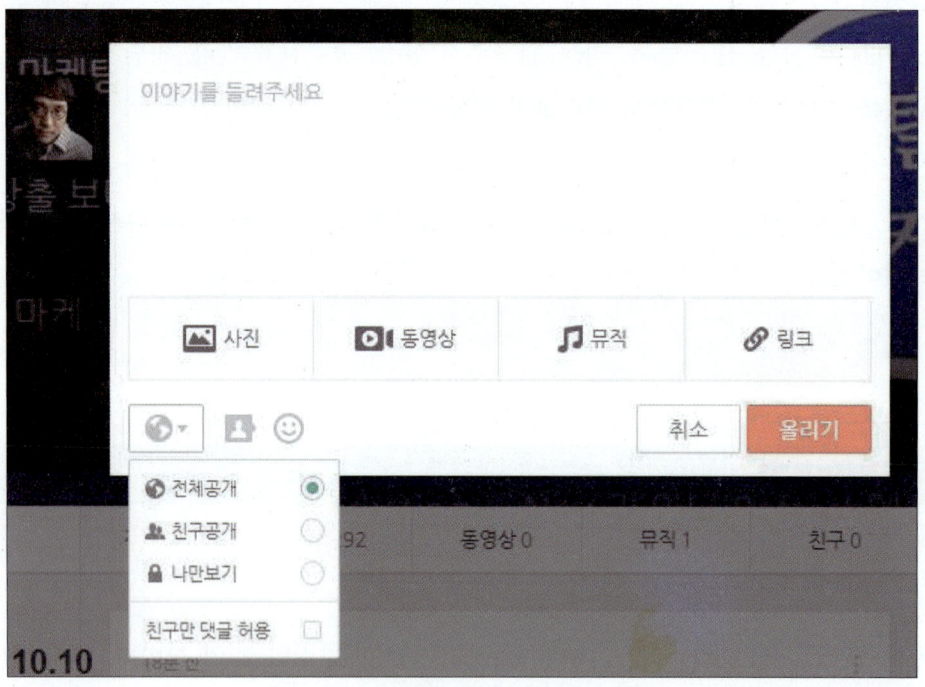

카카오스토리에서 가장 기본적인 글쓰기 기능으로서 이를 기반으로 사진, 동영상, 뮤직, 링크와 같은 콘텐츠를 업로드 가능하다. 콘텐츠 외에도 이모티콘으로 글을 꾸미기가 가능하다.

글 작성 시 @기호를 입력하면 현재 친구를 찾을 수 있으며 이들과 함께 하는 소식을 업로드 할 수 있다. 또는 함께하는 친구란을 통해서 자신이 작성한 글을 원하는 친구에게 보다 정확하게 알리는 것이 가능하다.

카카오스토리 글의 공개 수준은 전체공개, 친구공개, 나만보기로 구분되어 설정이 가능하며 친구만 댓글을 허용할 수 있게 설정이 가능하다. 이는 글을 최종적으로 작성한 뒤에 수정이 가능하며 본문의 작성한 글은 수정 또는 삭제도 가능하다.

카카오스토리 글의 공개 수준	
전체공개	누구든지 올라온 글과 이미지를 볼 수 있다. 카카오톡 프로필에도 동일 적용
친구공개	친구만이 올라온 글과 이미지를 볼 수 있다. 카카오톡 프로필에도 동일 적용
나만보기	자신만이 올라온 글과 이미지를 볼 수 있다. 카카오톡 프로필에도 동일 적용

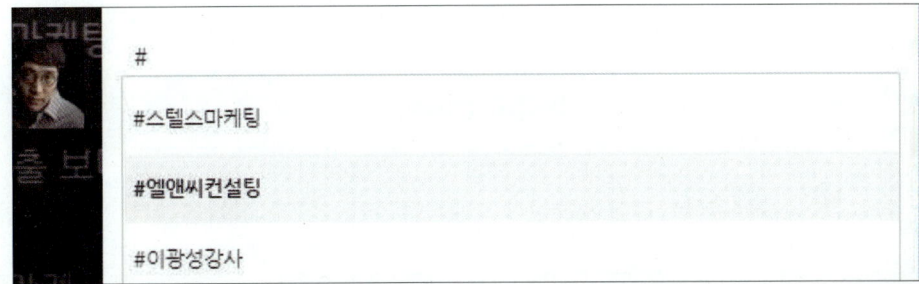

글 작성 시 #기호를 입력하고 원하는 단어를 삽입하면 향후 특정단어를 중심으로 콘텐츠를 찾으려고 하는 이용자들에게 편의성을 제공한다. 이를 해시태그라고 하며 친구, 채널, 해시태그 검색이 가능한 카카오스토리 검색기능에서 노출 빈도수가 높아진다. 또한 검색기능을 적극적으로 활용하기 위해서는 카카오스토리 프로필 설정 시 이름과 한 줄 소개를 잘 정해야 한다.

2) 사진 콘텐츠 업로드

사진 추가는 GIF 파일을 활용하여 움직이는 사진 이미지도 업로드 가능하다. 최대 10장의 사진이 올라가며 사진의 위치는 올리기 버튼을 누르기 전에 자유롭게 이동이 가능하다. 모바일에서는 휴대폰에, 저장된 PC 웹버전에서는 컴퓨터상에 저장된 파일을 업로드 가능하다.

모바일상에서 카카오스토리 사진을 올릴 때 사진의 순서는 번호로 표시되며 화면 상단 메뉴로는 90도 회전, 사진 자르기, 사진 톤 조절, 사진에 스티커 붙이기 기능이 있다.

Part 2 SNS의 구체적인 이해

사진 자르기는 정사각형 형태로만 가능하며 이유는 실제로 카카오스토리에 최적화된 사이즈가 정사각형이기 때문에 PC버전으로 올릴 때도 가독성을 높이기 위해서 가급적이면 정사각형으로 편집하여 이미지를 올리는 것이 좋다.

카카오스토리 사진 꾸미기 필터 종류

원본 / 선명한 / 따스한 / 아련한 / 솜사탕 / 화사한 / 우아한 / 필름 / 가을날 / 짙은 / 오후 / 1960s / 그 겨울 / 그늘진 / 안개 / 밝은빛 / 블루베리 / 스케치북 / 프리즘 / 칵테일 / 무지개 / 흑백

3) 동영상 콘텐츠 업로드

PC 또는 모바일에 저장된 동영상 목록 중에서 마음에 드는 영상을 찾아 동영상 콘텐츠를 올릴 수 있다. 모바일은 촬영을 터치하여 촬영을 즉시 하여 업로드가 가능하다. 동영상은 1분(60초)까지 올릴 수 있다.

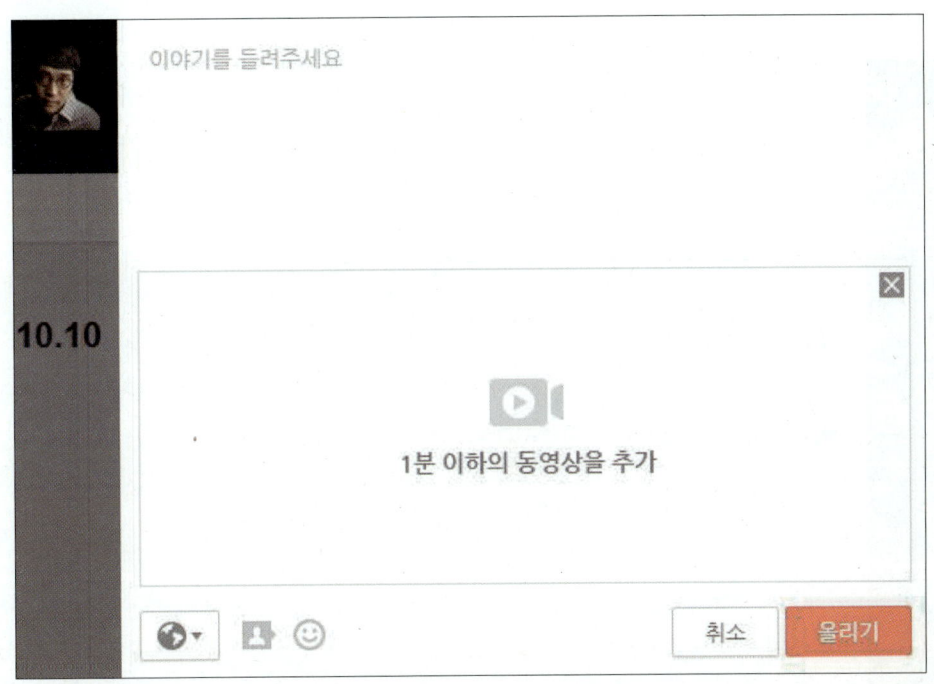

1분 이상의 동영상을 올리고 싶다면 유튜브 등의 동영상 업로드 서비스에 동영상 콘텐츠를 업로드 한 뒤에 이를 카카오스토리로 공유하기 기능을 활용하여 업로드 하면 된다.

4) 뮤직 콘텐츠 업로드

자신이 구매한 뮤직 콘텐츠 중에서만 선택하여 업로드가 가능하다. 카카오스토리 채널에서는 뮤직 콘텐츠 업로드 서비스가 불가능하다. 뮤직 콘텐츠를 업로드 시에는 사진 또는 동영상 콘텐츠를 동시에 올리기가 불가능하다. 카카오 뮤직 콘텐츠는 반드시 유료로만 가능하다.

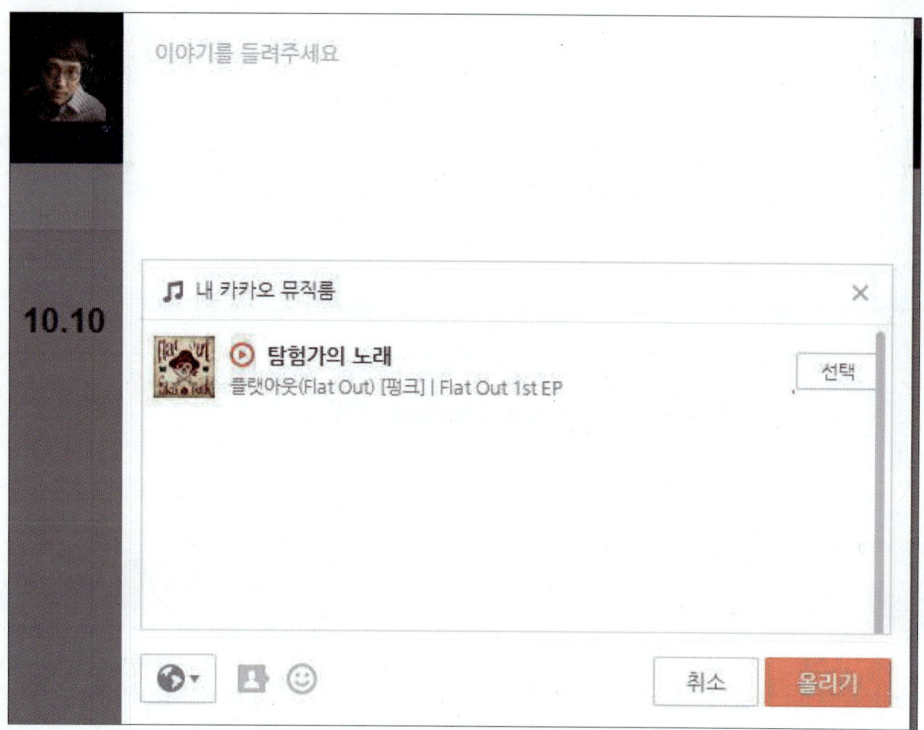

5) 링크 콘텐츠 업로드

콘텐츠 업로드 시 저작권 문제를 피하기 위해서는 반드시 활용해야 하는 기능이다. 직접적으로 다운을 받아 업로드 시 저작권 문제가 발생할 수 있기 때문에 타인이 올린 콘텐츠를 사전에 양해를 구한 뒤 링크 형태로 업로드를 하면 이러한 문제가 해결이 된다는 이점을 가지고 있다.

링크는 블로그, 카페뿐만 아니라 페이스북, 카카오스토리 글을 링크로 걸어서 업로드를 할 수 있다. 카카오스토리 글과 같은 경우는 링크 형태의 업로드보다는 공유 형태의 업로드를 권하며 타 카카오스토리의 글을 공유하거나 덧글을 달지 못하는 카카오스토리 채널과 같은 경우에는 링크 형태의 콘텐츠 업로드를 권한다.

링크 업로드 시 첫 이미지 사진을 링크 내에 있는 다른 사진으로 변경이 가능하며 이미지 만을 삭제하고 글만 업로드를 할 수도 있다. 링크 글에 사진 이미지가 없을 경우에는 글만 링크 형태로 올라가며 한 콘텐츠에는 하나의 링크만이 반영되어 업로드가 가능하기 때문에 링크 클릭을 유도할 목적의 글이라면 링크는 반드시 하나의 URL만을 사용해야 한다.

카카오스토리와 카카오스토리 채널 운영 정책상 타 플랫폼(카페, 홈페이지 등) 가입 유도를 권하는 글을 작성 시 제재 대상이 될 수 있기 때문에 이를 주의하기 위해서는 링크 형태의 콘텐츠 업로드를 적절하게 활용해야 한다.

어뷰징을 유도할 만한 불량 링크주소는 카카오스토리 자체적으로 점검을 하는 기능을 가지고 있기에 링크 콘텐츠 업로드 된 글은 안심하고 접속해도 무방하다.

6) 상대방의 글에 공유 및 댓글 달기

상대방의 카카오스토리 글에 하트 표시를 눌러 감정을 자유롭게 표현할 수 있다. 페이스북은 '좋아요'라는 감정 표현이 하나인데 비해 카카오스토리에서 표현이 가능한 감정은 '좋아요, 멋져요, 기뻐요, 슬퍼요, 힘내요' 등 총 5종류가 있다. 카카오스토리 채널 아이디로는 상대방의 카카오스토리 글에 감정 및 댓글을 남길 수 없다.

공유 기능은 스토리로 공유하기 버튼과 URL로 공유하기 버튼이 있다.

댓글 기능은 @기호를 이용하여 친구와 함께 친구소환 형태로 댓글을 다는 방식이 가능하며 이모티콘뿐만 아니라 사진 또한 업로드를 할 수 있는 기능이 있다. 해시태그(#) 기능은 댓글로 사용이 불가능하다.

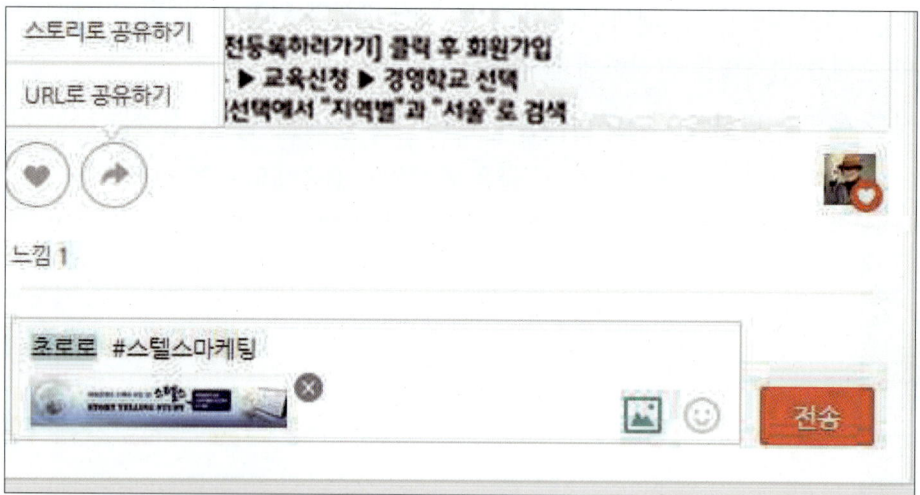

7) 친구 찾기 및 검색 기능

카카오스토리의 친구 수는 최대 천 명이며 채널의 경우는 친구 수 제한이 없다. 카카오톡과 연계된 효과를 원한다면 개인용 카카오톡이 좋지만 친구만 검색이 된다는 단점이 있기 때문에 마케팅적으로 모르는 사람에게 자신의 카카오스토리를 알리기 위한 검색 기능의 활용을 위해서는 채널을 활용하는 것이 좋다. 카카오스토리와 카카오스토리 채널의 차이는 페이스북과 페이스북 페이지의 차이와 유사하다.

검색 기능은 현재 카카오스토리 PC 웹 버전 상단에 제공이 되고 있으며 모바일 버전도 향후 반영 예정이다. 검색은 친구, 채널, 해시태그 세 가지로 구분되어 노출이 된다.

검색 시 친구 등록이 된 카카오스토리, 소식받기 한 카카오스토리 채널, 평소 자주 사용하는 해시태그가 우선적으로 검색 결과에 반영된다. 그 외에도 친구가 소식받기 한 카카오스토리 채널, 친구가 자주 사용하는 해시태그 및 검색 정확도가 반영되어 검색 결과에 우선순위로 노출이 되며 카카오스토리 친구와 같은 경우에는 자신이 친구를 한 카카오스토리만이 검색에 노출이 된다. 모바일 카카오스토리 아이디 검색 기능을 활용하면 자신의 친구가 아니어도 카카오스토리 친구 검색이 가능하다.

8) 최근 알림

새로운 소식을 받게 되면 최근 알림 란에 표시가 뜨며 모바일 알림 설정을 해놓은 경우에는 알림이 울리게 된다. PC 웹 버전에서는 알림 기능을 설정할 수 없다.

최근 알림에 노출되는 경우	
①	내 스토리에 감정 또는 댓글을 남길 경우
②	친구의 글에 함께하는 스토리를 올릴 경우
③	친구가 오랜만에 새로운 글을 올릴 경우
④	친구가 댓글에서 자신을 언급했을 경우
⑤	친구가 내 스토리를 공유했을 경우
⑥	친구가 채널 소식을 받도록 초대할 경우
⑦	소식을 받는 채널에서 오랜만에 글을 올릴 경우

III 카카오스토리 채널 마케팅

1. 카카오스토리 채널이란

(주)다음커뮤니케이션이 운영하는 카카오서비스의 일종으로 다양한 주제, 특별한 이야기로 더 많은 사람들을 만날 수 있다는 목적으로 서비스 중에 있다. 기업용 카카오스토리의 일종으로 기존의 명칭인 '카카오스토리 플러스'에서 9월 16일부터 정식 오픈하면서 카카오스토리 채널이라는 이름으로 변경되었다. 특장점으로는 별도의 운영비용이 들지 않는 데 있다. 카카오 아이디 하나면 법인사업자, 개인사업자, 일반 개인사용자 등 누구나 제한 없이 만들 수 있다는 장점 또한 있다.

1) 카카오스토리 채널의 장점

① 누구나 쉽게 만들고 운영할 수 있다.
② 채널에서 쓴 글이 스토리에서 보여진다.
③ 내 이야기를 좋아하는 구독자를 얻을 수 있다.

Part 2   SNS의 구체적인 이해

2) 카카오스토리 채널 개설 및 운영 절차

① 사전에 이메일 계정을 하나 준비해 둔다.
② 카카오 계정 센터에서 회원가입을 하여 아이디 개설을 한다.
③ 이메일 주소와 비밀번호를 입력하여 로그인을 한다.
④ 자신의 스토리 채널 컨셉과 운영 목표를 설정한다.
⑤ 새 스토리 채널 만들기로 들어가 이름, 아이디, 한줄 소개를 정하여 작성한다.
⑥ 카테고리 설정, 웹사이트 주소 및 사업장 소재지, 옐로아이디 연동 등을 설정한다.

　※ 참고 • 사업자등록증을 등록할 필요가 없고, 별도 검수절차를 거치지 않는다.
　　　　 • 채널 만들기 및 운영은 무료이다.

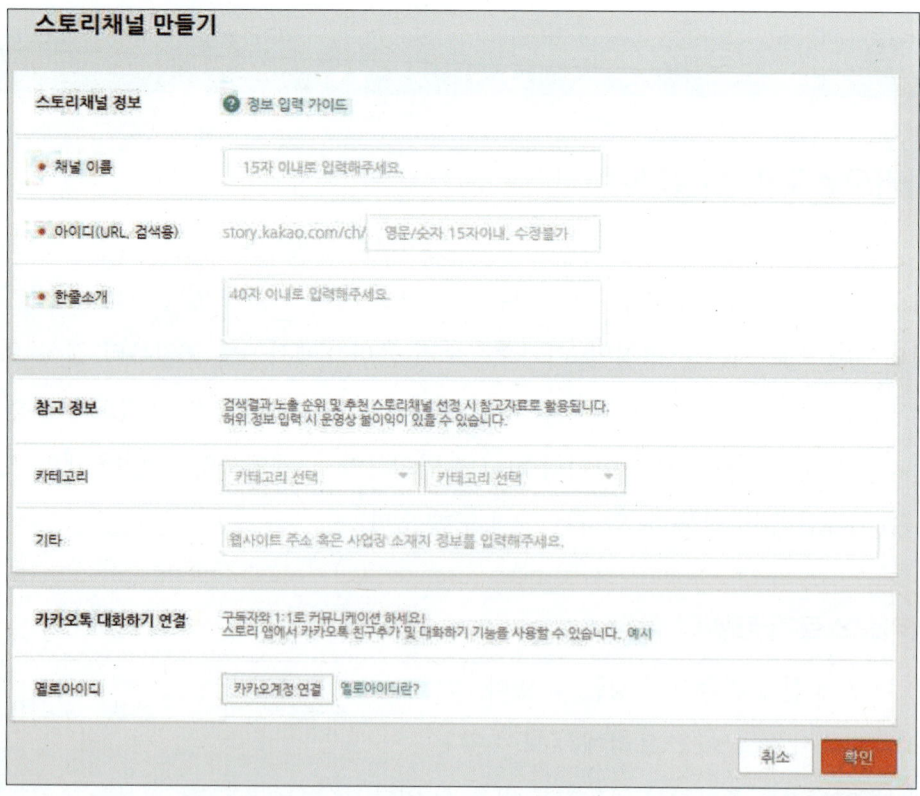

3) 카카오스토리 채널의 특징

① 한 아이디로 최대 3개의 스토리 채널을 검수 절차 없이 만들 수 있다.
② 개설 완료 후 프로필 사진과 배경화면 이미지를 넣는다.
③ 나의 관심사, 브랜드, 비즈니스와 관련된 이야기 콘텐츠를 올린다.
④ 카카오스토리 사용자가 소식받기를 하면 이야기 콘텐츠가 전달된다.
⑤ 콘텐츠 작성 시 해시태그를 추가하면 더욱 쉽게 전달이 가능하다.
⑥ PC 웹 또는 모바일 전용 앱을 통해 활동로그 및 통계를 볼 수 있다.
⑦ 매니저 초대 설정을 통해 하나의 계정에 다수의 채널 관리가 가능하다.

2. 카카오스토리와 카카오스토리 채널

외형적으로는 카카오스토리와 카카오스토리 채널이 큰 차이가 없어 보이지만 아래와 같은 차이점을 가지고 있으며 기업들이 적극적인 소셜 콘텐츠 마케팅 활용을 위해서 이 제는 필수적인 요소로 오늘날 자리매김을 하고 있다.

서비스명	카카오스토리	카카오스토리 채널
주요 사용자	개인	기업
콘텐츠 전달	모든 콘텐츠 전달이 가능	하루 최대 3개만 전달 가능
관계 유형	상호 수락형 친구 맺기	단방향 구독형 소식받기
최대 관계 수	1,000명	무제한
통계자료	미제공	제공

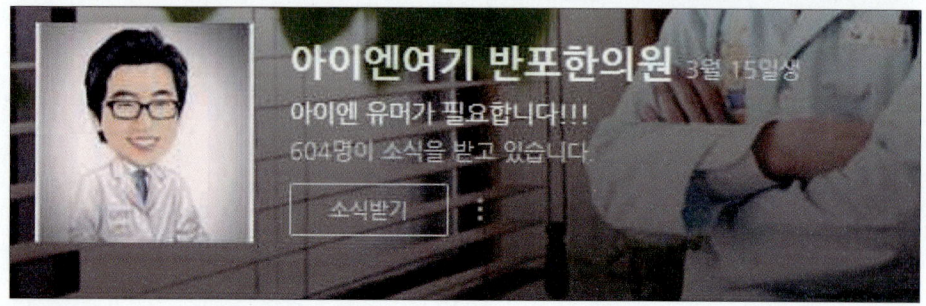

카카오스토리는 도메인 주소가 story로 시작하는 데 비해(Story.kakao.com/아이디) 카카오스토리 채널은 도메인 주소가 ch로 시작한다(Ch.kakao.com/아이디). 그 외에

손쉽게 구분할 수 있는 방법으로는 카카오스토리는 친구신청 란이 보이며 몇 명의 친구가 있는지 파악할 수 없는 데 비해 카카오스토리 채널은 소식받기 란이 보이며 몇 명이 소식을 받고 있는지 손쉽게 파악할 수 있다.

카카오스토리 채널을 통한 소셜 콘텐츠 마케팅 시 주의사항	
①	운영을 시작하기 전에 명확한 목적과 목표를 설정해야 한다.
②	콘텐츠는 공감대를 형성하여 공유를 일으킬 만한 것이 좋다.
③	소식받기 이벤트 또는 공유 이벤트를 사전에 기획하라.
④	우선 노출되는 5줄의 텍스트 내에 흥미를 유발해야 한다.
⑤	첫 대표 이미지 1장을 편집하여 제목을 삽입토록 한다.
⑥	페이스북이나 블로그 등 외부링크를 통한 유입을 활용한다.
⑦	초반에 소식받기를 증대하기 전 내실 있는 콘텐츠를 쌓아라.
⑧	공유를 활용하여 카카오스토리 친구들에게 콘텐츠를 확산하라.
⑨	이벤트나 구매 관련 콘텐츠만 지속적으로 올리는 것은 삼가라.
⑩	카카오의 서비스 본 목적에 어긋나게 사용하는 경우를 주의하라.

3. 카카오스토리 채널 알리기

1) 검색 기능 활용

기본적으로 친구 찾기에서 스토리 채널 이름과 아이디를 검색할 수 있다. 이를 활용하여 오프라인 매체에 검색을 통한 소식받기를 유도할 수 있다.

2) 구독자 초대

카카오스토리 친구는 다른 친구를 구독자로 초대할 수 있다. 같은 관심사를 가진 친구를 구독자로 초대함으로써 카카오스토리 채널을 알리기가 가능하다.

3) 채널 홈 바로가기 링크

카카오스토리 채널 홈 바로가기 링크 공유 기능을 제공하고 있다(story.kakao.com/ch/채널아이디). 링크를 활용하여 이메일, 문자뿐만 아니라 다양한 소셜미디어에 링크를 공유함으로써 소식받기를 유도할 수 있다.

4) 해시태그 활용

작성한 스토리와 연관된 해시태그(#)를 사용하여 콘텐츠를 작성한다. 카카오스토리 검색 기능 및 모아보기 페이지에서 동일한 관심사를 가지고 찾아본 카카오스토리 유저에게 노출이 가능하다.

5) 카카오스토리 친구 활용

카카오스토리 친구 탭에서 친구들이 소식을 받는 채널이 노출됨으로써 많은 사람들이 친구들이 관심 있어 하고 꾸준하게 관심을 가지는 스토리 채널을 발견할 수 있다.

4. 구독자와 소통하기

1) 스토리 채널 이용자에게 전달하기

카카오스토리 채널을 소식받기를 하면, 스토리 사용자의 소식 탭에 최신순으로 콘텐츠가 노출된다. 하루 3개의 스토리까지만 소식 탭에 노출되며, 삭제한 스토리 개수도 포함된다.

2) 댓글, 느낌, 공유 활동

카카오스토리 채널에 남겨진 댓글, 느낌, 공유 활동을 확인할 수 있다. 또한 이를 통계로 확인이 가능하다. 자신의 카카오스토리 채널에 남겨진 댓글에는 댓글을 달 수 있기 때문에 이를 활용하여 소식받기 구독자와 적극적으로 소통이 가능하다.

3) 카카오톡 대화

설정 기능에서 옐로아이디 연동 및 카카오톡 대화하기 기능을 연결하면, 스토리 앱에서 구동 시 구독자와 1:1 대화가 가능하다. 옐로아이디에 가입한 뒤 설정한 경우에만 가능하다.

5. 채널 운영하기

1) 매니저 초대

카카오스토리 친구, 카카오 계정으로 매니저를 초대할 수 있다. 채널 매니저는 최대 4명으로 제한된다. 매니저는 스토리 채널 콘텐츠 작성과 정보 조회 등 채널 운영에 대한 권한을 가진다.

2) 마스터 권한

마스터 권한은 개설자 외에 이관이 불가능하다. 마스터는 스토리 채널을 만들고 삭제하거나, 매니저 내보내기 등의 관리를 할 수 있는 권한을 가지게 된다. 스토리 채널 삭제 시 등록한 스토리 채널 콘텐츠 및 구독자 리스트 등 모든 정보는 삭제되어 복구가 불가능하기 때문에 항상 매니저와 협의하여 채널을 운영해야 한다.

3) 알림센터 기능

운영하는 모든 채널의 주요 내용은 알림 센터에 보여진다. 스토리 채널에 가입하기 위해서는 카카오스토리 회원으로 가입해야만 한다. 스토리 채널에서는 채널명으로 활동하기 때문에 카카오스토리의 프로필과는 별개로 설정해야 한다.

4) 구독자 기능

최근 일주일간 소식받기한 구독자 리스트를 최대 100명까지 조회할 수 있다. 또한 차단 중인 사용자 목록을 카카오스토리 채널 구독자 탭에서 확인이 가능하다.

5) 활동로그 기능 활용

채널 관리자가 활동한 이력을 일자와 시간 기준으로 자세하게 확인할 수 있다. 이를 활용하여 다수의 매니저가 활동을 한다 하더라도 기록이 남기 때문에 원활한 관리가 가능하다. 관리자 기준 보기와 활동기간 기준 보기 기능을 제공하여 보다 쉽게 정렬된 기능으로 확인이 가능하다. 활동로그 정보에는 스토리/댓글, 채널 정보, 관리자, 구독자가 있다.

6. 통계 기능 확인하기

카카오스토리 채널은 통계 데이터를 제공하고 있다. 구독자, 활동 사용자, 방문 사용자 관련 데이터 및 다운로드 기능을 제공하고 있다. 구독자 증감 추이, 댓글/느낌 등의 활동성 변화, 사용자 연령 구성 등 다양한 분석을 통해 채널 운영 전략을 수립할 수 있다.

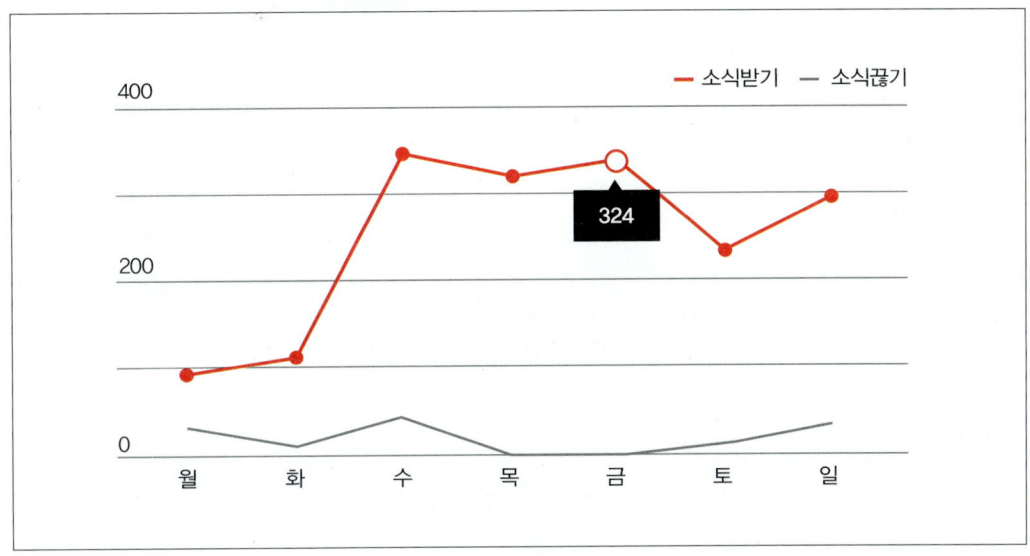

구독자(날짜별 구독)

활동 사용자(날짜별 활동)

Part 2   SNS의 구체적인 이해

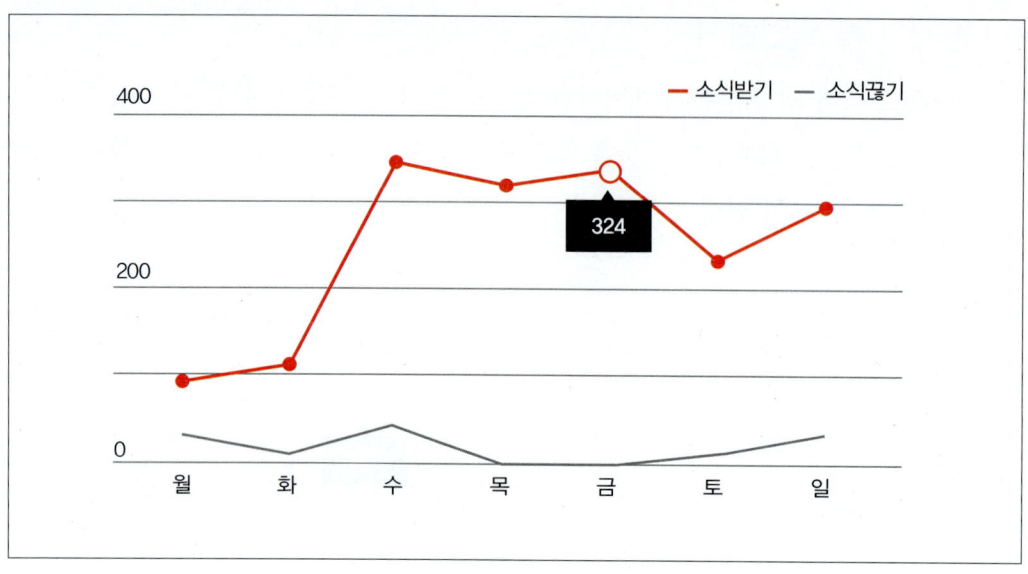

방문 사용자(날짜별 방문)

1) 구독자 데이터

① 요약 : 최근 일주일간 구독자 증감을 확인할 수 있다.

② 상세
- 소식받기 : 일자별 새로 소식받기한 사용자
- 소식끊기 : 일자별 소식끊기한 사용자

2) 활동 사용자 데이터

① 요약 : 최근 일주일간 댓글/느낌/공유 활동개수 및 활동 사용자 수, 연령별 구성을 확인할 수 있다.

② 상세
- 활동 사용자 : 댓글+느낌+공유 활동을 한 사용자 수(중복 제거). 데이터 다운로드 시 연령별 사용자 수 확인이 가능하다. 연령데이터는 사용자가 입력한 생년월일을 기반으로 제공하며, 미입력한 경우 기타로 분류된다.
- 댓글 : 일자별 전체 댓글 수

- 느낌 : 일자별 전체 느낌 수. 데이터 다운로드 시 느낌별(좋아요, 멋져요, 기뻐요, 슬퍼요, 힘내요) 상세 데이터 확인이 가능하다.
- 공유 : 일자별 전체 공유 수

3) 방문 사용자 데이터

① 요약 : 최근 일주일간 조회수(채널홈+게시글)와 방문한 사용자 수 추이를 확인할 수 있다. 방문한 사용자 수는 일주일 단위로 중복 제거하므로 일 단위 방문 사용자 수와 다를 수 있다.

② 상세
- 채널홈 조회수 : 스토리 채널 홈의 페이지 조회수(웹+앱)
- 게시글 조회수 : 스토리 채널의 개별 게시글 조회수 합계(웹+앱). 소식탭에서 게시글을 클릭하여 상세보기로 진입한 경우만 집계된다(상세보기로 진입하지 않고 게시글 내용, 사진, 동영상을 보거나 느낌을 남기는 경우 제외).
- 방문 사용자 : 스토리채널 홈 방문+게시글 상세보기에 진입한 사용자 수(중복 제거).

7. 계정 정보

설정의 계정정보 란에서 이름, 카카오 계정, 전화번호를 확인할 수 있다. 이름과 계정은 수정이 불가능하지만 전화번호는 수정이 가능하다. 추가 메일과 추가 전화번호 설정 및 스토리 채널 탈퇴하기 기능 또한 제공하고 있다.

8. 카카오스토리 채널 운영 원칙

1) 운영 원칙

가. 프로필 정보는 스토리 채널의 얼굴입니다.

스토리 채널 운영목적을 표현할 수 있도록 프로필 정보(이름, 한줄소개, 프로필사진,

배경사진)를 만들어 주세요. 프로필 정보 내용이 아래 내용에 해당하는 경우, 이용제한이 적용될 수 있습니다.
- 부적절한 내용이나 이미지를 포함하는 경우
- 다른 단체나 개인이 권리를 보유한 브랜드를 도용하거나 기업, 단체, 인물 등을 사칭하는 경우

나. 스토리는 이렇게 작성해 주세요.
스토리 채널에서 작성되는 스토리는 모든 카카오스토리 사용자가 볼 수 있으므로 작성한 스토리가 "이용제한 게시물"에 해당하지 않는지 항상 확인해 주세요.

다. 스토리 채널이 스토리 친구찾기 검색결과에 노출되려면 아래 조건을 만족해야 합니다.
- 스토리 채널 정보(사진포함)가 모두 입력되어야 합니다.
- 스토리 채널이 이용제한에 적용되지 않아야 합니다.
- 구독자 수가 일정 기준을 넘어야 합니다.
- 스토리 채널을 만든 후 일정 기간이 경과해야 합니다.
- 스토리 채널 아이디검색 허용하기에 체크가 되어 있어야 합니다. (스토리채널 〉 정보)

라. 댓글 내용, 느낌 리스트도 관리가 필요해요.
- 광고, 홍보 목적의 댓글이 작성되었나요?
- 신고, 차단 등의 기능을 통해 스토리 채널을 더욱 쾌적하게 관리할 수 있습니다.
- 댓글리스트에서 사용자에 대한 이용제한을 적용 또는 신고하거나 해제할 수 있습니다(단, 차단을 적용한 경우에는 구독자 〉 차단중인 사용자 메뉴에서 해제가 가능합니다).

2) 게시글 이용제한 사유에 해당하는 게시물

카카오 운영정책 및 스토리채널 이용약관과 방송통신심의위원회의 정보통신에 관한 심의규정 및 청소년보호위원회 심의규정에 따라 아래와 같은 정보를 포함하는 게시물을 '부

적합 게시물'로 정의하여 게시글의 노출과 서비스의 이용을 제한하고 있다.

(1) 음란성 게시물
① 과도한 신체 노출이나 음란한 행위를 묘사하는 경우
② 성매매 관련 정보를 공유하는 경우
③ 타인에게 성적 수치심이나 불쾌감을 유발할 수 있는 내용을 포함한 경우

(2) 불법성 게시물
① 불법 사행성, 도박 사이트를 홍보하거나 사행심을 조장하는 경우
② 불법 제품 또는 인터넷에서 판매금지된 물품을 판매하거나 홍보하는 경우
③ 범법 행위에 대한 동기 부여 및 실행에 도움이 되는 정보를 제공하는 경우
④ 악성코드, 바이러스 등 이용자의 서비스 환경을 저해하는 프로그램으로 카카오의 업무를 방해하는 프로그램을 수록하거나 설치 유도, 배포하는 경우

(3) 청소년 유해물
① 공서양속에 저해되는, 일반 사람들이 보기에 혐오스럽고 눈살이 찌푸려지는 사진 또는 내용(예 : 인간/동물의 사체 또는 훼손된 모습, 방뇨/배설 장면, 살인/자살의 장면 등)
② 합리적인 이유 없이 성별, 종교, 장애, 연령, 사회적 신분, 인종, 지역, 직업 등을 차별하거나 이에 대한 편견을 조장하는 내용

(4) 광고/홍보성 게시물
① 운영목적과 관계없는 제3자 광고/홍보성 내용을 게시하는 경우
② 타 스토리 채널을 홍보하는 게시글을 게시하는 경우
③ 스토리 채널 내 상업/홍보 활동이 현행 법률(의료법, 학원법, 대부업법, 부가가치세법, 전자상거래 등에서의 소비자 보호에 관한 법률, 간접투자자산운용업법 등)을 위반하는 경우

채널 내 상업/홍보 활동은 해당 운영자의 책임과 판단 하에 진행하는 것으로 그 자발적 거래행위 등에 대해 회사는 책임지지 않으며 이와 관련한 분쟁에 관여하지 않으니 신중한 이용 부탁드립니다.

(5) 비방/욕설이 포함된 게시물
- 특정 사람 또는 단체를 대상으로 욕설하거나 비방/모욕하는 경우

(6) 악성코드 유포 게시물
① 악성코드, 바이러스 등 이용자의 서비스 환경을 저해하는 프로그램으로 카카오의 업무를 방해하는 프로그램을 수록하거나 설치 유도, 배포하는 경우
② 카카오에서 제공하지 않은 비정상인 방법으로 대량의 글을 작성 및 공유/유포하거나, 타인의 활동을 방해하는 경우

(7) 지적 재산권 위반 게시물
① 방송, 음원, 영화, 만화 등 타인의 저작물을 당사자의 동의 없이 공유하는 경우
② 타인의 저작물을 불법적인 경로로 획득할 수 있는 정보나 방법을 제공하는 경우
  (예 : 무료다운로드, 프리서버, CD키 공유 등)
③ 타인의 권리에 속하는 상표권, 의장권 등을 무단으로 침해하는 내용
④ 내 게시물(전체 및 일부), 사진, 이미지를 무단도용(불펌)한 경우

(8) 개인정보를 요구하는 게시물
① 댓글로 개인정보를 요구하는 경우
② 개인정보를 포함한 내용을 게시하는 경우(당첨자 정보 공개 등)
③ 개인정보 수집 가이드
  - 스토리 채널에서 개인정보 수집은 불가하며, 별도 페이지를 생성하여 수집 및 동의를 받아야 합니다.
  - 별도 페이지 생성이 어려운 경우, 개인정보를 수집 받을 운영자의 정보를 남겨서

따로 받아 주세요.
- 당첨자 발표 시 개인정보의 50%는 마스킹 처리해 주세요. (이름 중 1자 이상, 이메일 및 아이디 50% 이상)

(9) 기타
① 이벤트만 지속적으로 게시하는 경우
② 카카오와 무관한 이벤트임을 명시하지 않는 경우
③ 이벤트 당첨 및 당첨 확률을 높이기 위한 조건에 공유하기를 포함하는 경우
④ 특정 단어/문구를 반복 삽입하는 등의 비정상적인 게시물, 혹은 프로그램 등을 이용하여 기계적인 패턴글로 도배하는 경우
⑤ 행운의 편지글, 스팸글, 홍보글 등의 도배자료를 게시하는 경우
⑥ 타인의 개인정보 노출/유도, 관리자 사칭 등 기타 카카오의 서비스를 본 목적에 어긋나게 사용하는 경우

3) 카카오스토리 채널 이용제한 조치 대상

이용제한 기준에 따른 제한 조치 종류는 아래와 같으며, 복수의 이용제한이 동시에 적용될 수 있다. 반복적인 이용제한이 발생할 경우 스토리 채널이 영구적으로 이용이 제한될 수 있으며, 이용제한 적용 시에는 카카오계정(메일), 스토리 채널 알림센터와 활동 로그에서 확인할 수 있다.

(1) 프로필 정보 초기화
① 프로필 정보에 부적절한 내용이나 이미지가 포함될 경우 등록한 내용이 모두 초기화될 수 있다.
② 반복적으로 적용되면 영구 이용제한이 적용될 수 있다.
③ 단, 채널 이름에 부적절한 단어가 포함되는 경우에는 곧바로 영구 이용제한이 적용된다.

(2) 게시글 블라인드

① 다른 방문객들이 부적합 게시글을 볼 수 없도록 운영자에 의해 노출이 차단된다.
② 차단된 게시글은 운영자에 의해 차단된 게시글임을 다른 방문객들이 알 수 있도록 표시된다.
③ 게시글 블라인드가 반복되는 경우, 활동 제한 등이 추가로 적용될 수 있다.

(3) 퍼블리싱 중지

① 게시글 작성 활동은 가능하지만, 구독자의 소식 탭에 전달되지 않는다.
② 일정 기간 동안 중지가 적용된다.

(4) 활동 제한

① 게시글 작성이 불가능하며, 친구찾기에서 검색이 불가능하다.
② 구독하기 및 카카오톡 대화하기 기능이 OFF 처리된다.
③ 일정 기간 동안 제한이 적용된다.

(5) 영구 제한

① 활동 제한 상태가 영구적으로 유지된다.
② 채널 삭제하기 및 멤버 탈퇴 기능만 사용 가능하다.

(6) 계정 제한

본 운영정책에 따라 부적합 게시물을 반복적으로 작성한 이용자는 한시적, 영구적으로 계정이 제한된다.

위의 항목에 구체적으로 해당하지 않는 사항이라 하더라도 건전한 서비스 환경 제공에 악영향을 끼치는 경우는 회사의 약관에 의거하여 서비스 이용이 제한될 수 있으며 사례가 중복되는 건에 대해서는 가중 처리될 수 있다.

9. Kakao Crossmedia for StoryChannel

Kakao Crossmedia는 노란 말풍선, 서비스 심볼, 키워드로 구성되어 있다. Kakao Crossmedia는 정보의 표현 방법에 따라 기본형1, 기본형2, 축약형으로 구성되어 있으며 적용 상황에 따라 선택하여 적용할 수 있다.

서비스 인지도의 확산에 맞춰 기본형2 〉기본형1 〉축약형으로의 단계별 적용을 권장한다(단, 웹 및 모바일에 적용 시에는 적용면적을 고려하여 축약형을 사용할 수 있다).

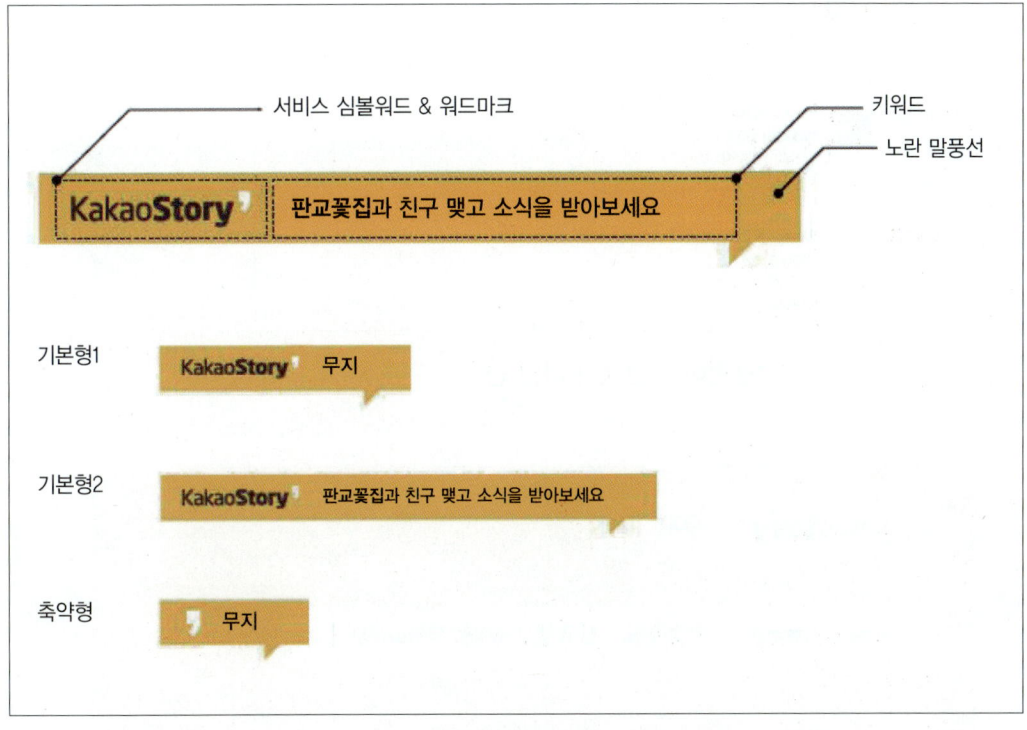

Kakao Crossmedia 적용 시 심미성과 효과적인 인지를 위하여 적용면의 색상 상황에 따라 다음의 색상 규정을 권장한다.

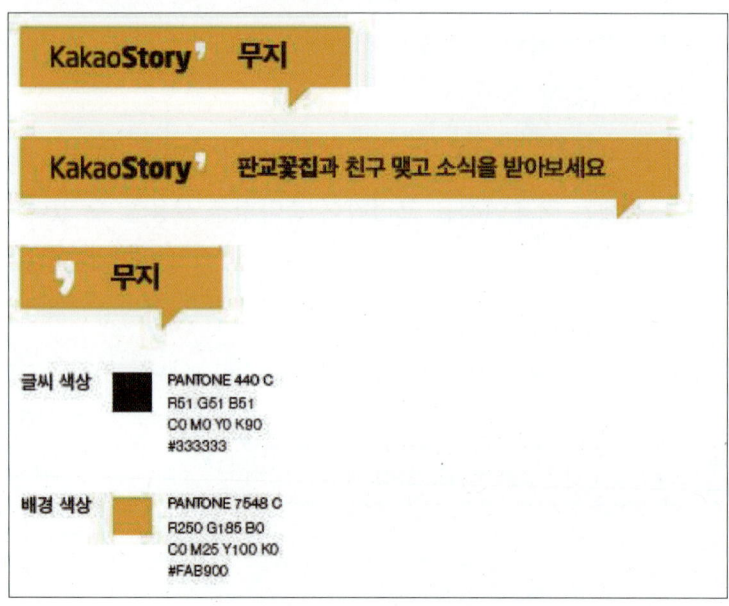

〈적용면이 노란색이 아닌 경우〉

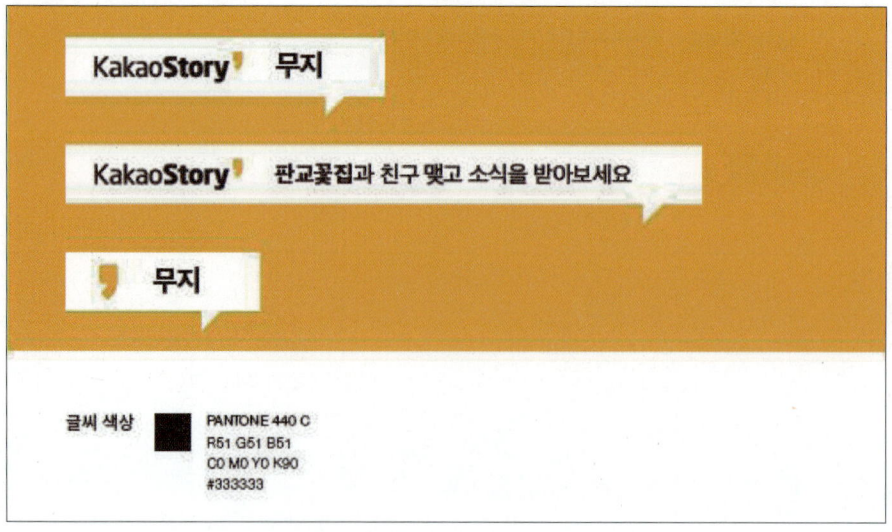

〈적용면이 노란색 계열인 경우〉

인쇄 및 TV 매체와 같은 경우 Kakao Crossmedia의 심미성과 효과적인 인지를 위하여 적용 매체의 종류와 적용 크기에 따라 아래에 제시된 크기 규정을 권장한다.

적용크기	적용매체	
Size A : 높이 5-6 mm	초대장 / 입장권	
Size B : 높이 7-10 mm	무가지 공동 일반신문 (전면 외 모든사이즈: 3/5/7/9단 광고) 도서 / 잡지공동 포스터 전단 / 리플렛	
Size C : 높이 15-20 mm	일반신문 (전면 / 양전면) 지하철 / 버스 내부광고 포스터 (A2/A3)	
Size D : 높이 20-50 mm	지하철 / 버스 외부광고 포스터 (A0/A1/B0/B1/B2)	*매체별 사이즈 A0 : 841 X 1189 A1 : 594 X 841 A2 : 420 X 594
Size E : 높이 60-80 mm	지하철 역사 (스크린도어 / 와이드 / 원형기둥) 버스 / 택시 승강장 공동 일반 현수막	A3 : 297 X 420 A4 : 210 X 297 A5 : 148 X 210 B0 : 1030 X 1456 B1 : 728 X 1030
Size F : 높이 90-100 mm	한면이 4000mm 이상인 경우	B2 : 515 X 728 B3 : 364 X 515 B4 : 257 X 364
Size G : 높이 150-180 mm	한면이 6000mm 이상인 경우 (대형 현수막)	B5 : 182 X 257

Part 2 SNS의 구체적인 이해

카카오스토리 채널 로고 오용사례		
①	지정된 가이드 외 색상 변경과 테두리선 적용	
②	적용매체의 각 모서리에 마진 없이 적용	
③	지정된 가이드 외 기울기 적용	
④	지정된 가이드 외 형태 변형 ①	
	지정된 가이드 외 형태 변형 ②	
⑤	지정된 가이드 외 비례 변형	
⑥	지정된 가이드 외 키워드 없이 서비스 심볼과 워드마크 사용	
⑦	지정된 가이드 외 그래픽 효과 적용	
⑧	지정된 가이드 외 심볼 및 그래픽 요소 변형	

Ⅳ 카카오톡 옐로아이디 마케팅

1. 카카오톡 옐로아이디

1) 카카오톡 옐로아이디란

카카오톡에서 제작한 중소사업자를 위한 비즈니스 전용 카카오톡으로 고객과 친구를 맺고 채팅방에서 실시간 1대1 대화는 물론 각종 소식을 메시지로 전송할 수 있는 서비스이다. 별도의 전화번호 등록 및 사업자등록증이 없어도 유효한 이메일 계정만으로 손쉽게 '옐로아이디'를 만들 수 있다. 영문 아이디만 사용할 수 있었던 개인용 카카오톡과 달리, 옐로아이디는 한글로도 아이디 개설이 가능하다. 소비자들은 기존 카카오톡 아이디로 친구를 찾는 것과 동일한 방식으로 카카오톡 실행, 검색, 아이디 검색과 QR코드로 기업 아이디를 찾아 추가할 수 있다. 다양한 분야의 파트너들이 옐로아이디를 비즈니스 채널로 잘 활용할 수 있도록 성공적인 서비스 운영 사례 및 이용 예시, 활용팁을 공유하는 블로그도 운영 중이다. 카카오톡 옐로아이디는 새로운 기업용 연락처로 빠르게 자리매김 하고 있다.

Part 2 SNS의 구체적인 이해

기존 "카카오 플러스친구"와의 차이점		
①	플러스친구	대형 기업들이 주로 이용하고 있는 서비스, 단체메시지/이벤트 등의 정보제공에 최적화 (일종의 홈페이지 형식의 정보 알림창)
②	옐로아이디	중소사업자들이 타깃(단, 대형 기업의 경우 1:1 상담 기능을 원할 경우 옐로아이디를 이용해도 됨)

2) 카카오톡 옐로아이디의 장점

별도의 전화번호가 필요 없고, 한글 아이디 검색이 가능한 옐로아이디를 대표 연락처로 사용할 수 있다는 점이 가장 큰 장점이다. 고객, 회원, 손님, 학생들을 카카오톡으로 보다 쉽게 만나고 상담 및 예약 기능을 활용할 수 있다.

		카카오톡 옐로아이디 개설의 필요성
①	비즈니스를 대표하는 카카오톡 아이디이다.	• 별도의 전화번호가 필요 없어 업무용으로 카카오톡을 쓰기 위해 따로 스마트폰을 개통할 필요가 없다. • 개인 전화번호, 개인 카카오톡 아이디를 고객에게 알릴 필요가 없기 때문에 정보 보안에 안정적이다. 카카오톡 아이디 검색으로 누구나 친구 추가가 가능하다.
②	누구나 무료로 개설하고 이용할 수 있다.	• 개설 및 운영, 설정 기능 모두 무료이다. 단, 메시지 전송 및 친구추가 광고는 과금된다.
③	단체 메시지 발송 비용이 저렴하다.	• 메시지 전송 비용이 저렴하다(400자 텍스트 기준 건당 전송 비용 11원).
④	메시지 도달율 및 오픈율이 높다.	• 전송한 메시지는 친구들에게 모바일 PUSH메시지 형태로 도달되며 친구들과의 대화 목록에 섞여 보이므로 오픈율이 높다.

3) 카카오톡 옐로아이디 만들기

카카오 회원가입

옐로 아이디 등록

심사 후 완료

옐로아이디를 만들고 사업자등록번호를 등록한다. 개인일 경우는 실명인증을 하면 된다. 프로필 사진, 전화번호, 주소, 상태메시지, 친구추가 감사메시지 등을 통해 옐로아이디를 세팅하면 된다. 카카오톡에서 검색과 친구추가가 가능하도록 옐로아이디를 오픈해야 한다.

	옐로아이디 개설이 제한되는 경우
①	청소년 유해매체물, 청소년 출입/고용금지업소 등 청소년 유해콘텐츠를 포함하거나 제공하고 있다고 판단되는 경우
②	법률상 광고 혹은 판매가 금지된 콘텐츠에 대해 광고 혹은 판매를 하고 있는 경우
③	사행산업 관련 콘텐츠를 포함하거나 정보를 제공하는 경우
④	기타 카카오에서 가입 혹은 운영이 부적절하다고 판단되는 경우

4) 카카오톡 옐로아이디 꾸미기

(1) 프로필 기본정보 입력

프로필 우측에 있는 연필 아이콘을 클릭한 후, 기본정보 팝업에서 프로필 정보를 입력할 수 있다. 입력한 프로필 정보는 미니프로필, 미니홈, 아이디 검색결과 페이지에 노출된다.

(2) 친구추가 감사메시지

친구추가 감사메시지 입력 팝업에서 카카오톡 사용자가 옐로아이디를 친구 추가했을 때 처음으로 받게 되는 감사메시지 입력이 가능하다. 텍스트 입력(최대 200자)과 이미지 추가 그리고 링크주소 입력 기능이 있다.

〈친구추가 감사메시지〉

(3) 미니홈 게시글 작성

미니홈은 옐로아이디가 제공하는 모바일 홈페이지이다. 자세한 소개글, 메뉴 및 가격정보, 공지사항 제품 및 매장사진 등 다양한 콘텐츠를 올릴 수 있다. 카카오스토리 채널과 연계 시 홈 바로가기를 클릭하면 공지 외에도 카카오스토리에 올라온 콘텐츠도 함께 읽을 수 있다. 뿐만 아니라 발송된 메시지 또한 소식란에서 확인이 가능하다. 따라서 미니홈 소식에서 확인이 가능한 콘텐츠는 공지, 카카오스토리 채널, 메시지가 있다.

〈미니홈_소식탭〉

(4) 스토리 채널 연결

스토리 채널에 등록된 카카오 계정을 입력한 후 인증을 완료하면 스토리 채널 게시물을 [미니홈〉소식탭]에 노출할 수 있다. 또한, 스토리 채널은 검색 포털에 사이트 등록이 가능하다. 카카오톡 옐로아이디는 검색 포털 사이트 검색결과 반영 등록이 불가능하다.

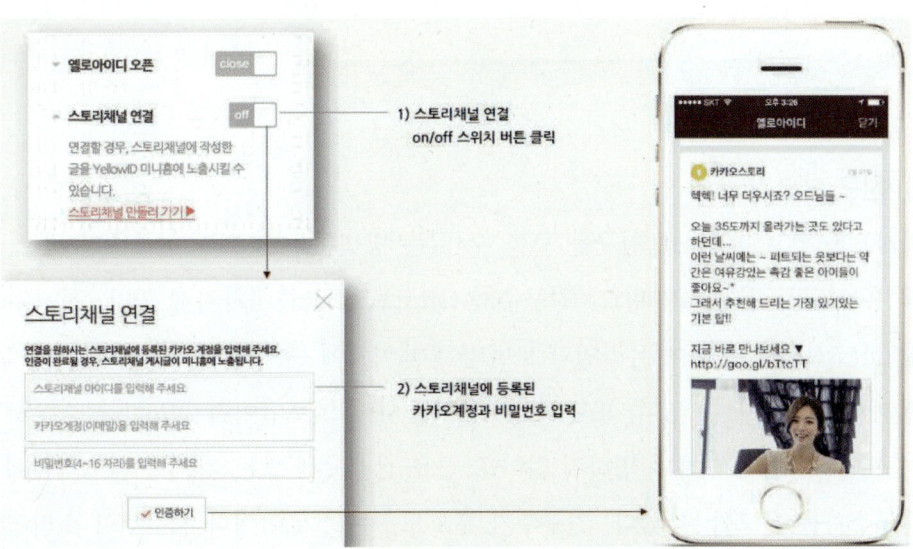

(5) 옐로아이디 오픈

옐로아이디 설정을 모두 완료한 뒤에 옐로아이디를 오픈한다. on/off 스위치 버튼을 확인하여 Open 상태인지 체크를 하여야 한다. close 상태일 경우 아이디 검색 및 친구추가가 불가능하며 메시지 전송과 일대일 대화 또한 불가능하다.

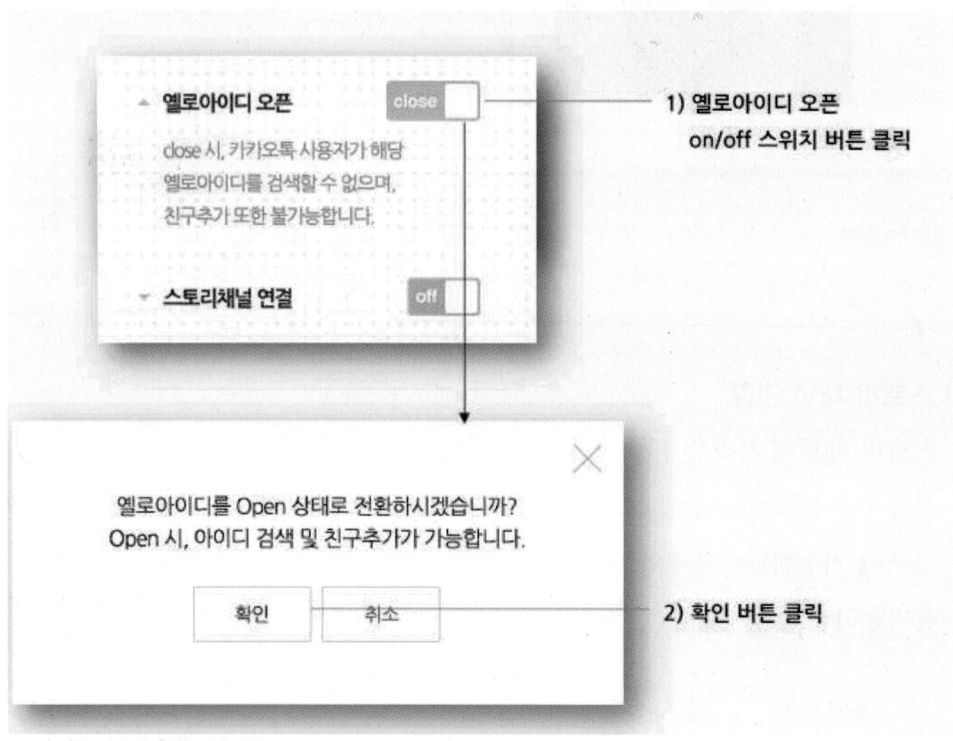

(6) 친구 모으기

카카오톡 옐로아이디로 친구를 모을 수 있는 방법은 카카오톡 친구추천 광고, 친구추가 홍보도구, 친구추가 링크, 친구추가 QR코드로 크게 4가지가 있다. 친구추가 링크 및 QR코드를 활용하여 온라인과 모바일 홈페이지에 옐로아이디 친구추가 링크가 연결된 배너를 삽입할 수 있다. 또한 매장, 광고물 내에 옐로아이디 QR코드를 넣을 수 있다. 친구추가 방법에 대해 설명하지 않아도 신규 잠재고객 또는 기존 구매고객에게 손쉽게 친구추가를 유도할 수 있다. 친구추가 홍보도구는 옐로아이디 친구추가 스티커와 스탠드 등이 있으며 인쇄물을 매장에 부착할 수도 있다. 옐로아이디 BI를 활용하여 온라인 배너도 만들 수 있다. 친구추천 광고구매는 [카카오톡〉친구찾기] 페이지에서 옐로아이디 노출이 가능하다. 과금은 친구추가가 이루어질 때만 발생된다. 과금은 설정한 입찰가에 기반하여 노출 확률을 차등적으로 분배한다. 총 친구추가 수와 총 소진 금액은 익일 반영된다.

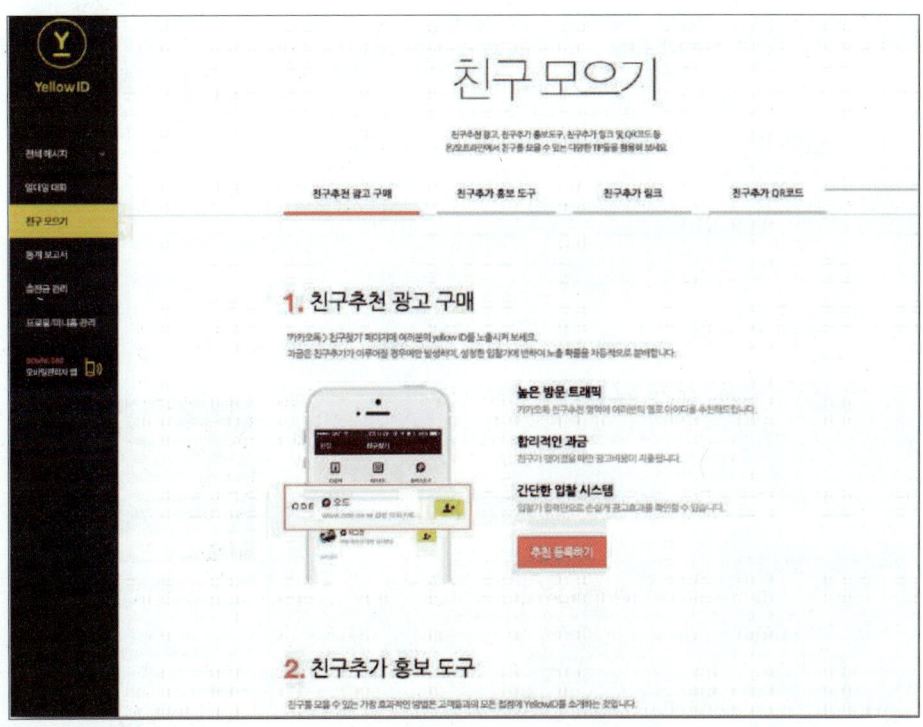

5) 카카오톡 옐로아이디 메시지 전송

전체 메시지로 이벤트 정보, 신제품 출시 소식, 필수 공지사항 등 다양한 정보를 친구들에게 알려줄 수 있다. 메시지 내용에 따라 텍스트, 이미지, 쿠폰 등의 형태를 선택하여 전송할 수 있다. 상대방이 등록한 휴대폰 번호를 활용하여 그룹 메시지 발송이 가능하며 이 경우에는 추가 과금이 발생한다. 친구 관계일 경우에만 그룹메시지 발송이 가능하다.

Part 2   SNS의 구체적인 이해

(1) 카카오톡 옐로아이디를 통해 발송이 가능한 메시지

유형	기본형	이미지형	쿠폰형
텍스트	최대 400자	최대 400자	최대 400자
이미지	최대 1장	최대 16장	쿠폰 이미지 (10MB 이내)
링크	1개 가능	1개 가능	온라인 쿠폰만 가능 (오프라인, 전화연결 쿠폰 형태는 불가)
건당 비용(일반)	11캐시 (VAT포함)	44캐시 (VAT포함)	110캐시 (VAT포함)
건당 비용(기업)	14캐시 (VAT포함)	57캐시 (VAT포함)	130캐시 (VAT포함)

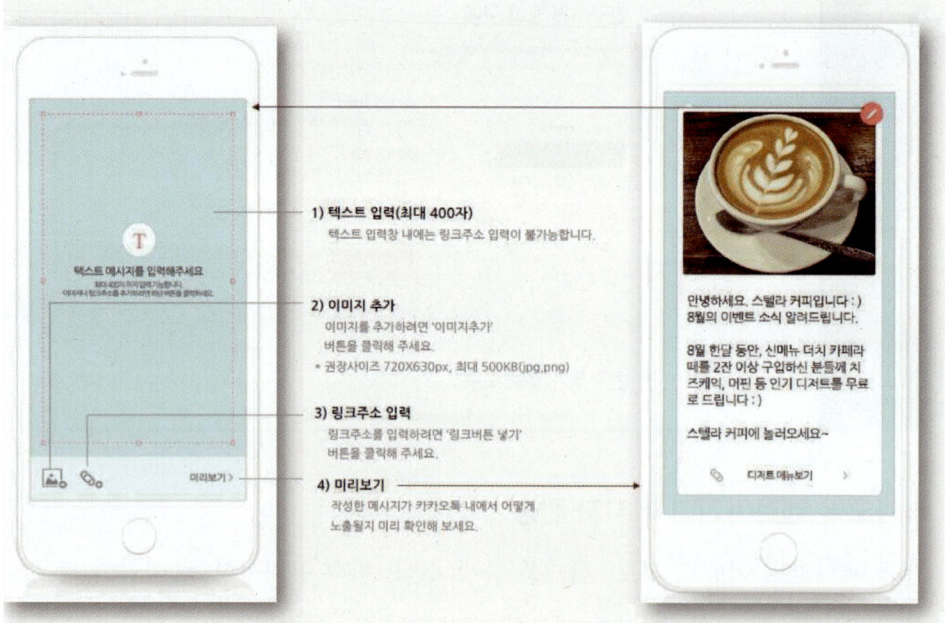

(2) 쿠폰형 메시지 상세화면 예시

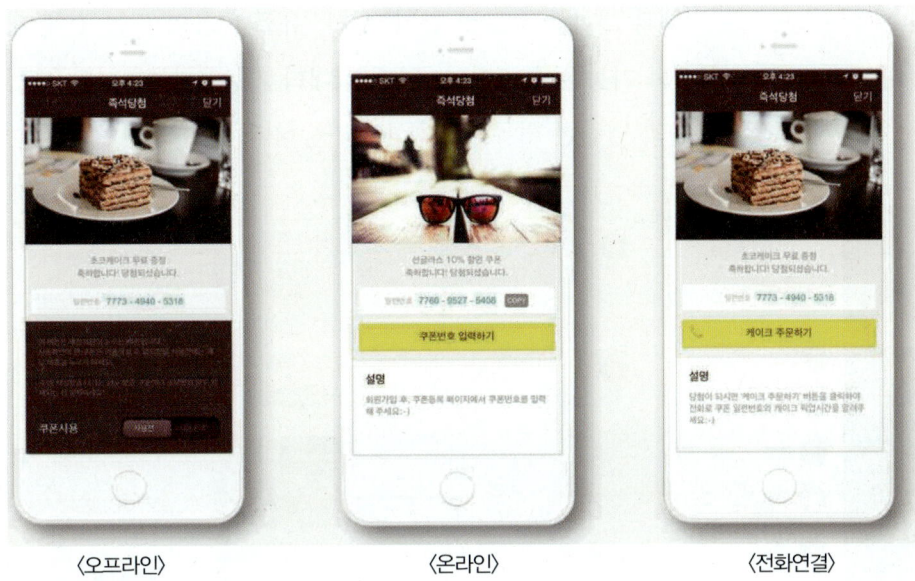

〈오프라인〉　　　　　　　〈온라인〉　　　　　　　〈전화연결〉

(3) 메시지 전송대상 및 전송설정 기능

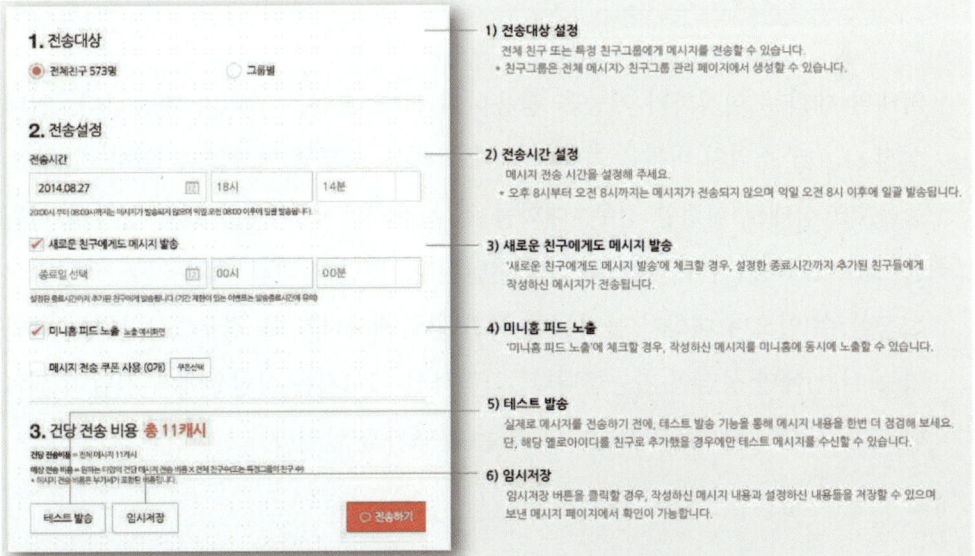

6) 카카오톡 옐로아이디 일대일 대화

내 비즈니스명으로 고객과 대화를 무료로 할 수 있다. 유료 비용이 드는 전체 메시지 기능에 비해서 일대일 대화 기능은 무료이다. 일대일 대화 기능을 통해 상담유도, 주문접수, 사전예약 등 고객들과 밀접한 커뮤니케이션이 가능하다.

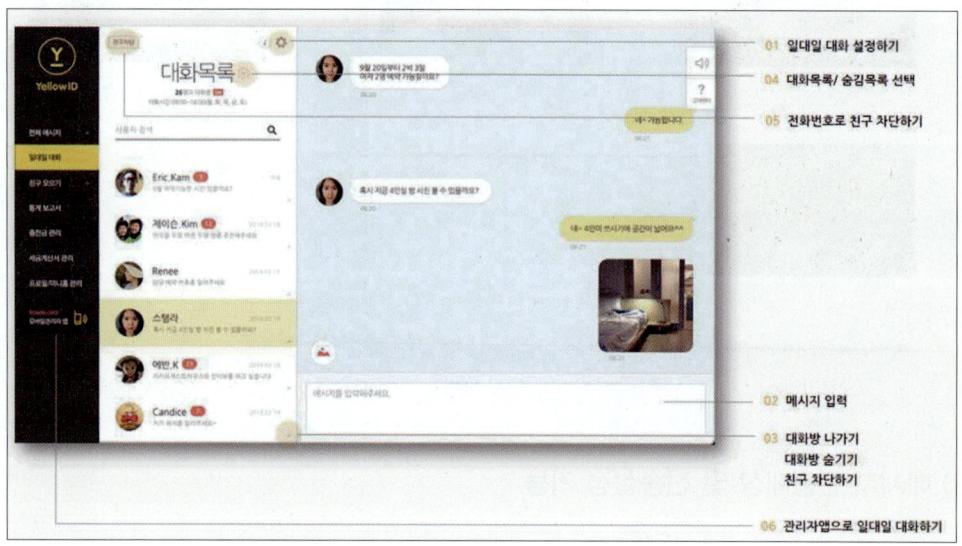

일대일 대화는 설정하기 기능을 활용하여 보다 손쉬운 관리가 가능하다. 일대일 대화 설정 on/off 스위치 버튼을 클릭하여 대화 가능 여부를 체크할 수 있다. 일대일 대화 기능을 off 상태로 설정할 경우, 대화를 건 사용자에게 '죄송합니다. 상담을 지원하지 않는 옐로아이디입니다.'라는 문구가 전달된다. 뿐만 아니라 대화 가능 요일과 시간대를 설정할 수 있으며 대화가 불가능한 시간대에 메시지가 올 경우 '(상담가능 요일), (상담가능 시간)에만 상담이 가능합니다. 입력하신 메시지는 상담원에게 전달이 되었으니 상담 가능 시간에 답변드리겠습니다.'라는 문구가 전달된다.

일대일 대화 메시지는 한번에 최대 1000자까지 가능하며 최대 100MB의 이미지 추가가 가능하다. 대화 목록을 숨기거나 나갈 수가 있으며 차단기능이 있으나 친구 차단 시, '사용자의 요청에 의해 친구를 차단합니다.'라는 내용의 메시지가 전송이 되기 때문에 상대방에게 불쾌감을 줄 수 있다. 무분별한 메시지 때문에 클레임이 발생할 경우 고객의 전화번호를 파악하여 친구 차단하기 기능을 활용하면 더 이상 메시지 수신과 발신이 불가능해진다.

모바일 앱으로도 일대일 대화기능 활용이 가능하기 때문에 언제든지 이동 중에 상담이 가능하며 최대 10개까지 새로운 옐로아이디를 개설할 수 있어서 편의에 따라 지점별, 분야별, 직원별 옐로아이디 관리가 가능하다. 기타 자세한 내용은 공식 블로그에서 확인이 가능하다. (http://yellowid.tistory.com/)

7) 카카오톡 옐로아이디 이용약관

-. 옐로아이디 이용신청 및 승낙

본 이용약관은 옐로아이디를 이용하고자 하는 자의 이용신청에 대해 카카오가 승낙함으로써 성립됩니다. 카카오는 이용승낙의 의사를 옐로아이디 웹사이트에 게시하거나 전자메일 또는 기타 방법으로 이용신청자에게 통지할 수 있습니다.

이용신청자는 개인 또는 개인사업자, 법인사업자 자격으로 이용을 신청할 수 있으며, 신청 시 정확한 정보를 사용해야 합니다. 실명이 아니거나 타인의 정보를 도용하여 이용 신청하는 경우 승낙이 거절될 수 있으며, 승낙 이후에도 별도 사전 고지 없이 탈퇴 처리될 수 있습니다.

미성년자는 법정대리인의 동의가 있는 경우에 한해 이용을 신청할 수 있습니다. 필요한 경우 카카오는 법정대리인의 동의 의사의 확인을 요청할 수 있습니다.

이용신청 시 이용자가 제공해야 하는 상세 정보와 관련하여 카카오는 옐로아이디 웹사이트를 통해 별도의 가이드를 제시할 수 있습니다.

카카오는 다음과 같은 사유가 있는 경우, 이용신청에 대한 승낙을 거절할 수 있습니다.

○ 이미 가입된 이용자이거나 동일한 계정이 존재하는 경우
○ 본 이용약관의 위반에 따라 카카오로부터 이용정지 받은 이용자가 이용정지 기간에 이용을 신청하거나 탈퇴조치를 받은 이용자가 이용을 신청한 경우
○ 본 이용약관의 조건에 위반되는 부당한 이용신청이거나 위법한 이용신청인 경우
○ 기타 카카오가 이용신청의 거절이 필요하다고 합리적으로 판단하는 경우

잘못된 정보 또는 기재한 정보가 변경되었음에도 해당 사항을 수정하지 않음으로써 발생한 손해는 당해 이용자가 부담하여야 합니다.

-. 옐로아이디 서비스의 내용

카카오가 이용자에게 제공하는 옐로아이디 서비스의 내용은 다음과 같으며, 이용자는 개별 서비스에 대한 이용 신청을 통해 각 서비스를 이용할 수 있습니다.

○ 이용자의 옐로아이디 개설
○ 카카오톡 친구에 대한 메시지 발송
○ 친구 추천 노출

상기 서비스 외에 서비스 항목은 추가될 수 있으며, 추가된 서비스에 대해서도 본 이용약관이 동일하게 적용됩니다.

카카오는 기술적 사양의 변경이나 사업 정책적인 판단 하에 상기 서비스의 내용을 변경할 수 있습니다. 이 경우에는 변경된 서비스의 내용 및 제공일자를 명시하여 제공일자 7일 전부터 옐로아이디 웹사이트를 통해 공지합니다. 단, 카카오가 합리적으로 예측할 수 없는 불가피한 여건이나 사정이 있는 경우, 위 공지기간을 단축하거나 변경 이후에 공지할 수 있습니다.

이용자는 옐로아이디 서비스의 변경에 동의하지 않는 경우, 카카오에 탈퇴 의사를 고지함으로써 서비스에서 탈퇴할 수 있습니다.

-. 옐로아이디의 등록

이용자는 자신의 옐로아이디 상에 표시할 내용(텍스트, 이미지 등)을 옐로아이디 웹사이트에 등록합니다.

카카오는 이용자가 등록 신청하거나 등록한 내용에 오류가 있다고 보이거나 부적절한 내용이 포함된 것으로 판단한 경우, 이용자에게 수정·편집을 권고할 수 있으며, 부득이한 경우 카카오는 주요 내용을 훼손하지 않는 범위에서 서비스에 적합한 상태로 변환하기 위하여 임의의 수정과 편집을 가할 수 있습니다.

카카오의 옐로아이디의 등록 허용이 표시된 내용의 적법함이나 본 이용약관 및 〈운영가이드〉에 적합함을 최종적으로 보증하는 것은 아니며, 표시된 내용이 이를 위반한 것으로 확인되는 경우, 카카오는 이용자의 옐로아이디 프로필 등록 이후에도 등록을 취소할 수 있습니다.

이용자는 자신의 옐로아이디 상에 표시한 내용을 수정할 수 있습니다. 다만, 수정된 내용에 본 이용약관 또는 〈운영가이드〉에 위반하는 내용이 포함되어 있는 것으로 확인된 경우, 카카오는 별도의 사전 고지 없이 해당 프로필의 게시를 중단할 수 있으며, 위반 사항이 해소되었다고 판단되는 경우에 한해 재게시합니다.

-. 고객 정보의 등록

이용자는 자신이 적법하고 정당하게 수집한 자신의 고객의 전화번호를 옐로아이디 웹사이트에 업로드함으로써 옐로아이디 서비스를 이용할 수 있습니다.

카카오는 친구 추천 노출을 위해 이용자로부터 제공 받은 고객의 전화번호를 이용자의 옐로아이디 서비스 제공을 위한 사유 외의 목적으로 보관하지 아니합니다.

이용자가 친구 추천 노출을 위해 적법하고 정당하지 않은 방법으로 수집한 개인정보를 활용함으로써 옐로아이디 서비스에 손해를 끼친 경우, 이용자는 이로 인한 법적 책임으로부터 카카오를 면책하고 전적으로 책임을 부담합니다.

-. 금지되는 표현

이용자는 옐로아이디 프로필(ID 명, 이미지, 문구) 및 카카오톡 이용자를 대상으로 발송하는 메시지에 아래 각 호 1에 해당하는 내용을 표시할 수 없습니다.

○ 저작권, 상표권 등 타인의 권리를 침해하는 등 불법적인 내용

○ 음란물, 기타 온라인상 유통이 금지된 내용 및 청소년에게 유해하거나 미풍양속 또는 공공질서에 위반되는 내용(옐로아이디는 청소년을 비롯한 전체 이용자를 대상으로 하는 서비스로서, 청소년 유해매체물의 등록은 불가능합니다)

○ 허위 또는 과장된 정보를 포함하거나 제3자의 개인정보, 명예, 신용 등 정당한 이익을 침해하는 내용
○ 옐로아이디 서비스와 관련된 설비의 오동작이나 정보 등의 파괴 및 혼란을 유발시키는 컴퓨터 소프트웨어, 하드웨어, 전기통신 장비의 정상적인 가동을 방해, 파괴할 목적으로 고안된 소프트웨어 바이러스, 기타 다른 컴퓨터 코드, 파일, 프로그램을 포함하는 내용
○ 카카오의 명예나 신용을 훼손하거나 훼손할 우려가 있는 내용 및 카카오에 법률적 또는 재산적 위험을 발생시키거나 발생시킬 우려가 있는 내용
○ 기타 카카오가 합리적으로 판단할 때 옐로아이디 서비스의 품질을 저하시키거나 서비스 목적과 부합하지 않는 것으로 판단된 경우

카카오는 등록 불가한 내용을 〈운영가이드〉를 통해 상세히 명시할 수 있으며, 필요한 경우 등록 불가 항목을 추가할 수 있습니다. 이용자는 본 이용약관에 준하여 〈운영가이드〉를 준수할 의무가 있습니다.

본 조에 위반한 경우, 카카오는 해당 옐로아이디의 등록 신청을 반려하거나 당해 이용자의 옐로아이디에 대해 게시 중단 조치를 취할 수 있으며, 그 사유가 중대한 경우 즉시 이용자 자격을 박탈할 수 있습니다.

-. 캐시 충전 및 환불

이용자는 옐로아이디를 통한 광고 집행을 위해 옐로아이디 웹사이트에서 캐시를 충전하여야 합니다. 옐로아이디의 광고상품 내역은 별도로 고지하는 〈광고비 적용 기준〉에서 확인하실 수 있습니다.

옐로아이디는 이용자가 상품을 실제 사용한 만큼 캐시를 차감합니다. 이용자는 서비스가 정상적으로 제공되지 않았음을 증명하여 차감된 캐시의 환불을 요청할 수 있습니다.

이용자는 자신이 충전한 캐시에 대해 환불을 요청할 수 있으며, 카카오는 이를 신속히 처리합니다.

-. ID와 Password의 관리

이용자는 ID와 Password의 관리에 대한 의무와 책임이 있습니다. ID와 Password의 관리 소홀, 부정사용에 의하여 발생하는 모든 결과에 대한 책임은 이용자 본인에게 있습니다.

이용자는 자신의 ID 및 Password를 제3자가 이용하게 해서는 안 되며, 자신의 ID 및 Password를 도난당하거나 제3자가 사용하고 있음을 인지하는 경우에는 바로 카카오에 통보하고 카카오의 안내가 있는 경우 그에 따라야 합니다.

-. 이용자에 대한 통지

카카오가 이용자에 대한 통지를 하는 경우, 이용자가 카카오에 제출한 전자우편주소로 이메일을 발송하거나 이용자 계정에 등록된 전화번호를 통해 카카오톡 메시지를 발송하는 방식으로 통지할 수 있습니다.

카카오는 불특정다수 이용자에 대한 통지의 경우 1주일 이상 옐로아이디 웹사이트에 게시함으로써 개별 통지에 갈음할 수 있습니다.

카카오가 상기와 같이 정상적으로 통지하였음에도 이용자가 통지된 내용을 확인하지 않음으로써 이용자에게 발생한 불이익에 대해 카카오는 책임을 지지 않습니다.

-. 카카오의 의무

카카오는 옐로아이디 서비스 제공을 위해 관계법령과 본 이용약관의 내용을 준수하며, 옐로아이디 서비스의 안정적인 운영을 통해 이용자에게 이익을 제공하기 위해 최선을 다하여 노력합니다.

카카오는 옐로아이디 서비스의 이용과 관련하여 이용자가 불만이나 개선 의견을 제시하는 경우, 합리적인 절차에 따라 이를 검토하여 옐로아이디 서비스에 도움이 되는 범위에서 이를 반영할 수 있습니다.

카카오는 옐로아이디 서비스와 관련하여 카카오와 이용자 간에 발생하는 분쟁을 조정하기 위해 고객센터를 설치, 운영합니다. 카카오는 이용자로부터 제기되는 불만사항 및 의견이 정당하다고 판단되는 경우 이를 신속하게 처리하며, 즉시처리가 곤란한 경우에는 그 사유와 처리기간을 통보합니다. 옐로아이디 서비스 이용 시 불편사항이 발생한 경우 옐로아이디 고객센터로 연락 주시기 바랍니다.

카카오는 이용자가 옐로아이디 서비스 및 옐로아이디 웹사이트를 안심하고 이용할 수 있도록 정보통신망법과 개인정보보호법 등 관계법령이 정하는 바에 따라 이용자의 개인정보를 보호하기 위해 노력합니다. 이용자의 개인정보의 보호 및 사용에 대해서는 별도로 고지하는 〈개인정보취급방침〉을 통해 자세히 안내합니다.

-. 이용자의 의무

이용자는 카카오가 허용하는 범위 내에서 옐로아이디 서비스를 이용할 수 있으며, 관계법령 및 본 이용약관, 〈운영가이드〉를 준수하여야 합니다.

본 이용약관에 따라 이용자는 아래의 행위를 할 수 없습니다.

○ 카카오가 제공하는 서비스 이용방법에 의하지 아니하고 비정상적인 방법으로 서비스를 이용하거나 시스템에 접근하는 행위

○ 리버스엔지니어링, 디컴파일, 디스어셈블 및 기타 일체의 가공행위를 통하여 서비스를 복제, 분해 또는 모방, 기타 변형하는 행위

○ 이용신청 또는 변경 시, 허위 사실을 기재하거나 다른 이용자의 개인정보 및 ID, Password, 계좌정보 등을 무단으로 수집하거나 부정하게 사용하는 행위

○ 음란 또는 폭력적인 메시지, 화상, 음성, 기타 공공질서 및 미풍양속에 반하는 부호·문자·소리·화상·동영상, 기타 정보 형태의 글, 사진 및 각종 파일과 링크 등을 옐로아이디에 등록하거나 카카오톡 이용자를 대상으로 메시지를 발송하는 행위

○ 카카오의 직원이나 운영자를 가장하거나 사칭하여 옐로아이디를 등록하거나 이를 목적으로 카카오톡 이용자를 대상으로 메시지를 발송하는 행위
○ 옐로아이디 서비스 운영을 고의로 방해하거나 서비스의 안정적 운영을 방해할 수 있는 정보 및 수신자의 명시적인 수신거부의사에 반하여 광고성 정보를 전송하는 행위
○ 자신의 부당한 이익을 위하거나 타인에게 손해를 가할 목적으로 허위의 정보를 유통시키는 행위
○ 제3자의 명예를 손상시키거나 저작권, 상표권 등 지식재산권에 대한 침해 등의 방법으로 업무를 방해하는 행위. 당해 제3자의 신고가 접수된 경우, 카카오는 일정 기간 이내 소명자료를 제출할 것을 요청하여 이에 따른 조치를 취할 수 있습니다. 만약 권리침해가 명백하여 추가적인 소명이 불필요하다고 판단되는 경우에는 즉시 관계법령에 따른 조치를 취할 수 있습니다.
○ 본인 아닌 제3자에게 자신의 계정의 접속권한을 부여하거나 카카오의 사전 동의 없이 계정 및 본 약관에 따른 권리 또는 의무의 전부 또는 일부를 제3자에게 양도·임대하거나 담보로 제공하는 행위, 카카오의 동의 없이 제3자 관련 정보, 서비스, 상품을 광고하기 위한 목적으로 사용하는 행위를 포함합니다.
○ 기타 불법적이거나 부당한 방법으로 카카오의 업무를 방해하는 경우

카카오가 본 조의 위반 여부를 확인하기 위해 이용자에 대해 자료 제공을 요청하거나 사실관계에 대한 소명을 요청하는 경우, 이용자는 이에 성실하게 협조하여야 합니다.
이용자의 위반 행위가 확인되는 경우, 카카오는 이용자에게 해당 행위를 중단할 것을 경고하거나 이용자가 등록한 옐로아이디를 제거(임시 게시 중단 처리 또는 영구 삭제)할 수 있습니다. 또한 상습적인 위반 행위 및 중대한 위반 행위에 대해서는 즉시 이용자 자격을 박탈할 수 있습니다.

-. 옐로아이디 적법성

이용자는 자신이 등록한 옐로아이디가 타인의 권리를 침해하거나 관계법령에 위반되지 않고 적법하게 창작된 완전한 저작물임을 보증하며, 이와 관련된 일체의 지식재산권 및 본 이용약관을 체결하는데 필요한 모든 법적인 지위, 권리 및 능력을 보유하고 있음을 보증합니다.

이용자가 등록한 옐로아이디에 대하여 제3자가 옐로아이디에 대한 권리를 주장하거나 옐로아이디로 인한 권리 침해를 주장하는 경우, 카카오는 해당 옐로아이디의 게시를 임시로 중단하거나 필요한 경우 영구 삭제할 수 있습니다. 또한 제3자의 권리 주장 전이라도 카카오의 합리적인 판단에 따라 권리 침해 사유가 있다고 보이는 경우 해당 옐로아이디의 게시를 임시로 중단하거나 필요한 경우 영구 삭제할 수 있습니다.

카카오는 권리주장자가 주장하는 권리의 실질적 유효성 및 범위를 판단할 수 없으며, 옐로아이디는 권리주장자의 권리 침해 주장에 대해 자신의 책임으로 응대하여야 합니다.

이용자가 본 조를 위반함으로써 제3자에게 손해가 발생하는 경우 이용자는 이에 대한 책임을 전적으로 부담하며, 카카오가 제3자로부터 불리한 요구 또는 법적 청구를 받는 경우 이용자는 자신의 귀책사유로 인해 카카오가 입은 일체의 손해에 대해 지체 없이 배상할 것을 보증합니다.

-. 권한

이용자가 옐로아이디에 등록한 내용 및 카카오톡 이용자를 대상으로 발송하는 메시지에 대해서는 이용자가 저작권을 갖습니다.

옐로아이디의 디자인, 텍스트, 스크립트(script), 그래픽, 전송 기능 등 카카오가 제공하는 서비스에 관련된 모든 상표, 서비스마크, 로고 등에 관한 저작권, 기타 지식재산권은 카카오가 갖습니다.

카카오가 이용자에 대해 옐로아이디 서비스를 제공하는 것은 본 이용약관에 정한 서비스 목적 하에서 카카오가 허용한 방식으로 서비스에 대한 이용권한을 부여하는 것이며, 이용자는 서비스를 소유하거나 서비스에 관한 저작권을 보유하게 되는 것이 아닙니다.

카카오는 카카오가 정한 이용조건에 따라 이용자에게 계정 및 내용 등을 이용할 수 있는 이용권만을 부여하며, 이용자는 해당 권리를 제3자에게 양도, 판매, 담보제공 등의 처분행위를 할 수 없습니다.

이용자가 일정 기간 옐로아이디 서비스를 이용하지 않는 경우 카카오는 해당 계정에 대해 휴면 처리나 삭제 처리를 할 수 있으며 상세 처리 기준은 〈운영가이드〉에 정합니다.

이용자는 자신이 등록한 옐로아이디를 카카오톡의 이용자에게 제공하거나 옐로아이디 서비스의 홍보를 위한 범위 내에서 카카오가 사용하는 것에 동의합니다.

-. 서비스의 중단

카카오는 컴퓨터 등 정보통신설비의 보수점검, 교체, 고장, 통신두절, 천재지변 등의 불가항력적인 사유가 발생한 경우에는 서비스의 제공을 일시적으로 중단할 수 있으며 이 경우 사전공지를 합니다. 다만, 카카오가 합리적으로 예측할 수 없는 사유로 인한 서비스 제공 중단의 경우에는 사후에 이를 공지할 수 있습니다. 상기 사유에 따른 서비스 중단과 관련하여 카카오는 중대한 과실이 있지 않는 한, 이용자에 대한 손해배상책임을 지지 않습니다.

카카오는 사업적 판단에 따라 옐로아이디 서비스 중단을 결정할 수 있으며, 이에 따른 이용자의 서비스 이용에 따른 기대이익에 대한 손실을 보장하지 않습니다. 서비스의 일시 정지나 중단의 경우 카카오는 이를 이용자에게 사전에 공지하여 이용자의 불이익을 최소화하기 위해 노력합니다.

서비스에 등록한 옐로아이디에 대해서는 이용자가 스스로 백업하여 서비스 중단에 따른 삭제 시 피해가 없도록 해야 합니다.

-. 해외이용

카카오는 대한민국 내에 설치된 서버를 기반으로 서비스를 제공·관리하고 있습니다. 따라서 카카오는 대한민국의 영토 이외의 지역의 이용자가 서비스를 이용하고자 하는 경우 서비스의 품질 또는 사용의 완전성을 보장하지 않습니다. 따라서 이용자는 대한민국의 영토 이외의 지역에서 서비스를 이용하고자 하는 경우 스스로의 판단과 책임에 따라서 이용 여부를 결정하여야 하고, 특히 서비스의 이용과정에서 현지 법령을 준수할 책임은 이용자에게 있습니다.

-. 손해배상

카카오는 옐로아이디의 서비스 제공과 관련하여 카카오의 고의 또는 과실로 인해 이용자에게 손해가 발생한 경우, 본 이용약관 및 관계법령이 규정하는 범위 내에서 이용자에게 그 손해를 배상합니다.

이용자가 고의 또는 과실로 본 이용약관(운영가이드 포함) 또는 관계법령을 위반하여 카카오에 손해가 발생한 경우, 이용자는 본 이용약관 및 관계법령이 규정하는 범위 내에서 그 손해를 배상합니다.

-. 카카오의 면책

카카오가 천재지변 또는 이에 준하는 불가항력, 정보통신설비의 보수점검, 교체 또는 고장, 통신의 두절 등으로 인하여 일시적 또는 종국적으로 서비스를 제공할 수 없는 경우, 카카오는 서비스 제공에 관한 책임으로부터 면제됩니다.

카카오는 이용자의 귀책사유로 인한 서비스 이용의 장애에 대하여 책임을 지지 않습니다.

카카오는 이용자가 다른 이용자가 게재한 정보, 자료, 사실의 정확성 등을 신뢰함으로써 입은 손해에 대하여 책임을 지지 않습니다.

카카오는 이용자가 서비스를 이용함으로써 기대되는 수익을 얻지 못하거나 서비스를 통해 얻은 자료를 이용하여 발생한 손해에 대해서는 책임을 부담하지 않습니다. 컴퓨터와 통신 시스템의 오류에 따라 옐로아이디 서비스의 일시 중지 또는 중단이 발생할 수 있으며, 카카오는 이에 따른 서비스의 오류 없음이나 이용자가 등록한 옐로아이디의 손실이 발생하지 않음을 보장하지 않습니다.

-. 이용약관의 효력 및 변경
카카오는 본 이용약관의 내용을 옐로아이디 웹사이트에 항시 게시합니다.
카카오는 사업 정책의 변경 및 서비스 환경의 변화, 관계법령의 개정 등의 사유가 발생한 경우 본 이용약관을 개정할 수 있습니다. 카카오가 본 이용약관을 개정하는 경우에는 개정된 사항의 적용일자 및 개정사유를 명시하여 그 적용일자 7일 이전부터 적용일자 전일까지 옐로아이디 웹사이트를 통해 공지합니다. 다만, 이용자에게 불리하게 본 이용약관의 내용을 변경하는 경우에는 30일 이상의 사전 유예기간을 두고 공지합니다.
카카오가 이용약관의 개정을 공지 또는 통지하면서 이용자에게 최대 30일 기간 내에 의사표시를 하지 않으면 개정된 약관 내용에 대한 동의의 의사표시가 표명된 것으로 본다는 뜻을 명확하게 고지하였음에도 이용자가 명시적으로 거부의 의사표시를 하지 아니한 경우 카카오는 이용자가 개정 이용약관에 동의한 것으로 간주합니다. 개정 이용약관에 동의하지 않는 이용자에 대해 카카오는 개정 내용을 적용할 수 없으며, 이 경우 이용자는 이용약관을 해지할 수 있습니다. 다만, 기존 이용약관을 적용할 수 없는 특별한 사정이 있는 경우에는 카카오는 개정 이용약관에 동의하지 않는 이용자와의 이용약관을 해지할 수 있습니다.

-. 회원 탈퇴
회원 탈퇴를 원하는 이용자는 유선 또는 전자메일을 통해 탈퇴의사를 밝힘으로써 옐로아이디 서비스를 탈퇴할 수 있으며, 카카오는 이를 즉시 처리합니다.

전항에도 불구하고 탈퇴 신청 시, 해당 이용자가 사용하지 않은 잔여 캐시가 있는 경우 이에 대한 반환 절차가 완료된 시점에 탈퇴 처리됩니다.

이용자 탈퇴가 완료되는 경우, 관계법령 및 개인정보취급방침에 따라 카카오가 보유해야 하는 정보를 제외한 나머지 이용자 관련 정보는 즉시 삭제됩니다.

-. 해석 및 관할
본 이용약관에서 정하지 아니한 사항이나 해석에 대해서는 카카오와 이용자가 합의하여 정하며, 합의되지 않는 부분에 대해서는 관계법령 및 상관례에 따릅니다.

-. 준거법 및 관할
카카오와 이용자 간에 제기된 일체의 분쟁은 대한민국법을 준거법으로 하며, 민사소송법상의 법원을 관할법원으로 합니다.

시행일자 : 2014년 8월 20일

Chapter Quiz

01 다음 중 카카오톡에 대한 설명 중 잘못된 내용은?
① 카카오톡은 프리웨어이다.
② 카카오톡의 소유주는 다음이다.
③ 카카오톡은 스마트폰 사용자 외에도 PC버전을 배포 중이다.
④ 카카오톡으로 전화도 할 수 있다.

02 카카오톡 친구 목록에서 친구 이름이 정렬되는 우선 순서는?
① 특수문자 – 한글 가나다순 – 영어 알파벳순 – 숫자
② 한글 가나다순 – 영어 알파벳순 – 특수문자 – 숫자
③ 특수문자 – 한글 가나다순 – 숫자 – 영어 알파벳순
④ 한글 가나다순 – 영어 알파벳순 – 숫자 · 특수문자

03 다음 중 카카오스토리에 대한 설명 중 올바른 내용은?
① 현재 카카오스토리는 기업은 개설이 불가능하다.
② 카카오스토리와 카카오스토리 채널은 같은 것이다.
③ 카카오스토리 개인계정은 친구 수가 1000명으로 제한된다.
④ 카카오스토리는 영문의 계정만 등록이 가능하다.

04 다음 중 카카오톡에 대한 설명 중 올바르지 않은 것은?
① 2012년 국내외 사용자수는 4천만 명을 넘겼다.
② 2012년 기준 일일 오가는 메시지는 1만 건이다.
③ 줄여서 '카톡'이라고도 한다.
④ 무료로 이용이 가능한 프리웨어이다.

01 ②　02 ④　03 ②　04 ②

05 다음 중 카카오계정을 이용해 게임이 불가능한 방법은?
① 바다 OS
② 구글 플레이
③ 오비
④ 애플 앱스토어

06 다음 중 카카오톡의 주요기능으로 맞는 것은?
① 연락처 저장하기
② 영상메시지 녹화하여 보내기
③ 일정 정하기
④ 카카오스토리 사진 보내기

07 카카오톡이 제공하는 기능이 아닌 것은?
① 보이스톡
② 주소록
③ 사진
④ 음성

08 다음 중 카카오톡 기능 중 구현이 되지 않은 것은?
① 움직이는 이모티콘 적용
② 카톡 친구 숫자 확인
③ 단체 채팅방 공지하기
④ 친구 숨김, 친구 신고

09 다음 중 카카오톡 친구로 등록된 지인이 아닌 사용자에게 메시지를 받을 경우 할 수 없는 것은?
① 친구추가
② 친구숨김
③ 친구차단
④ 스팸신고

10 다음 중 카카오톡 계정과 관련하여 잘못된 설명은?
① 카카오톡은 1:1 채팅은 물론 많은 친구들과 함께 그룹 채팅을 즐길 수 있다.
② 카카오계정으로 카카오톡뿐만 아니라 게임/스토리/앨범 등을 즐길 수 있다.
③ 기기를 교체하거나 번호를 변경하면 이전의 정보가 모두 사라지게 된다.
④ 카카오계정으로 채팅 플러스 기능을 활용할 수 있다.

05 ① 06 ③ 07 ② 08 ④ 09 ② 10 ③

11 다음 중 카카오톡 채팅 기능에 대해 발생한 문제가 아닌 것은?
① 카카오톡 감옥 문제
② 보이스톡 음질 문제
③ 개인정보 검열 논란
④ 파일전송 기능 문제

12 다음 중 카카오프렌즈 캐릭터가 아닌 것은?
① CONY
② JAY-G
③ APEACH
④ TUBE

13 다음 중 카카오프렌즈에 대한 설명 중 잘못된 것은?
① 카카오프렌즈 캐릭터는 7명이다.
② 이모티콘은 전부 무료로 구매할 수 있다.
③ 대표적인 캐릭터 상품으로 빵이 있다.
④ 현대백화점과 제휴하여 인형을 판매하였다.

14 다음 중 PC용 카카오톡에 대한 설명 중 올바른 것은?
① 공용컴퓨터에서 카카오톡을 이용해서는 안 된다.
② 윈도우에서만 작동이 되며 MAC에서는 안 된다.
③ 국내 PC 메신저로는 1위로 자리매김하고 있다.
④ 인증 번호는 손쉽게 문자로 받아서 사용할 수 있다.

15 다음 중 카카오톡 PC버전의 주요기능 중 잘못된 것은?
① 사용자 간의 이미지, 동영상, 파일 전송 기능
② 프로필 란에서 카카오스토리로 연동 기능
③ 페이스북 서비스와 연동하기
④ 모바일 메시지 수신 기능

11 ④ 12 ① 13 ② 14 ① 15 ③

16 다음 중 카카오톡 PC버전에서 설정이 불가능한 기능은?
① 알림설정　　② 그룹설정
③ 친구설정　　④ 보이스톡

17 다음 중 카카오톡과 연계하여 서비스를 하는 기능이 아닌 것은?
① 선물하기　　② 카카오게임
③ 카카오스타일　　④ 카카오뮤비

18 다음 중 친구관리 기능에 없는 것은?
① 자동 친구 등록　　② 자동 친구추천 설정
③ 숨김, 차단친구 관리　　④ 친구 목록 저장하기

19 다음 중 카카오스토리가 가진 장점으로 올바른 것은?
① 전 세계적으로 가장 많은 유저를 확보하고 있다.
② 한 장의 사진을 업로드 하여 공유할 수 있다.
③ 카카오톡과 연동하여 사용이 가능하다.
④ 다음에서 개발한 한국형 소셜 네트워크 서비스이다.

20 다음 중 카카오스토리의 기능이 아닌 것은?
① 전체공개　　② 이웃공개
③ 나만보기　　④ 수정하기

21 다음 중 카카오스토리 업로드 유형이 아닌 것은?
① 파일　　② 동영상
③ 뮤직　　④ 링크

16 ②　17 ④　18 ④　19 ③　20 ②　21 ①

22 다음 중 카카오스토리 글의 공개 수준에 대한 설명이 잘못된 것은?

① 전체공개 : 누구든지 올라온 글과 이미지를 볼 수 있다.
② 친구공개 : 친구만이 올라온 글과 이미지를 볼 수 있다.
③ 나만보기 : 자신이 허용한 사람만이 올라온 글과 이미지를 볼 수 있다.
④ 친구만 댓글 허용 : 글을 작성할 때 친구만이 댓글을 남길 수 있다.

23 다음 중 해시태그를 사용하기 위한 기호로 올바른 것은?

① &   ② @
③ #   ④ *

24 다음 중 카카오스토리 웹에서 검색이 가능하지 않은 것은?

① 옐로우아이디   ② 스토리 친구
③ 스토리 채널   ④ 해시태그

25 다음 중 사진 콘텐츠 업로드에 대한 설명 중 올바른 것은?

① GIF 파일은 업로드가 불가능하다.
② 모바일 상에서 사진의 업로드 순서는 번호로 표시된다.
③ 모바일 업로드 시 저장된 사진만을 쓸 수 있다.
④ 사진은 최대 5장까지 올릴 수 있다.

26 다음 중 카카오스토리 사진 꾸미기 필터 종류가 아닌 것은?

① 온화한   ② 칵테일
③ 솜사탕   ④ 1960s

22 ③   23 ③   24 ①   25 ②   26 ①

27 다음 중 카카오스토리 글쓰기에 없는 기능은?

① 함께하기 ② 친구만 댓글 허용
③ 해시태그 ④ 임시저장

28 다음 중 카카오스토리 동영상 콘텐츠 업로드 기능에 대한 잘못된 설명은?

① 동영상은 PC에서도 업로드가 가능하다.
② 모바일은 촬영을 터치하여 즉시 업로드가 가능하다.
③ 동영상은 3분까지 올릴 수 있다.
④ 유튜브에 있는 동영상도 올릴 수 있다.

29 다음 카카오스토리 뮤직에 대한 설명 중 잘못된 것은?

① 카카오에서 무료로 자유롭게 이용이 가능하다.
② 카카오톡 프로필을 꾸밀 수 있다.
③ 카카오스토리 한줄 소개를 꾸밀 수 있다.
④ 카카오스토리에 콘텐츠를 올릴 수 있다.

30 다음 카카오스토리 링크 업로드에 대한 설명 중 잘못된 것은?

① 저작권 문제가 발생하므로 주의해야 한다.
② 첫 이미지 사진을 직접 선택해야 한다.
③ 단 하나의 링크 URL을 사용해야 한다.
④ 불량 링크 글은 자동으로 걸러내 준다.

31 다음 중 카카오스토리에 링크 형태로 업로드가 불가능한 것은?

① 네이버 라인 아이디 ② 다음 카페 주소
③ 카카오스토리 채널 ④ 카카오 옐로아이디

27 ④ 28 ③ 29 ① 30 ② 31 ①

32 다음 중 상대방의 카카오스토리 콘텐츠에 할 수 없는 것은?
① 친구와 함께 하는 소환 댓글
② 이미지를 업로드 하는 댓글
③ 스토리 채널로 하는 댓글
④ 좋아요 느낌 표현

33 다음 중 상대방의 카카오스토리에 댓글을 달 수 없는 형태는?
① 친구소환 댓글
② 해시태그 댓글
③ 이미지 댓글
④ 이모티콘 댓글

34 다음 중 카카오스토리에서 표현이 불가능한 감정 표현은?
① 좋아요
② 기뻐요
③ 슬퍼요
④ 화나요

35 다음 중 친구찾기 및 검색기능에 대한 설명으로 잘못된 것은?
① 카카오스토리 친구 수는 제한이 없다.
② 카카오톡은 친구만 검색이 된다는 단점이 있다.
③ 아이디 검색 시 모바일로도 가능하다.
④ 스토리 친구가 아니면 친구검색에 나타나지 않는다.

36 다음 중 카카오스토리와 카카오스토리 채널에 대한 차이점을 잘못 말한 것은?
① 카카오스토리와 카카오스토리 채널의 차이는 페이스북과 페이스북 페이지의 차이이다.
② 카카오스토리는 개인용으로 적합하며 카카오스토리 채널은 기업용으로 적합하다.
③ 카카오스토리와는 다르게 카카오스토리 채널은 전용 어플리케이션이 없다.
④ 카카오스토리 채널과는 다르게 카카오스토리는 통계기능을 제공하지 않는다.

32 ③   33 ②   34 ④   35 ①   36 ③

37 다음 중 카카오스토리 검색기능에서 찾을 수 없는 것은?

① 카카오톡 옐로아이디 ② 카카오스토리 친구
③ 카카오스토리 채널 ④ 해시태그

38 다음 중 카카오스토리 최근 알림에 노출되지 않는 경우는?

① 친구의 글에 함께하는 스토리를 올릴 경우
② 친구가 오랜만에 새로운 글을 올릴 경우
③ 친구의 프로필 사진이 변경되었을 경우
④ 친구가 채널 소식을 받도록 초대할 경우

39 다음 중 카카오스토리 채널의 장점이 아닌 것은?

① 누구나 무료로 쉽게 만들고 운영할 수 있다.
② 휴대폰 번호로 개설이 가능해 신뢰도가 높다.
③ 채널에서 쓴 글이 스토리에서 보여진다.
④ 내 이야기를 좋아하는 구독자를 얻을 수 있다.

40 다음 중 카카오스토리 채널 개설 시 반드시 필요하지 않은 것은?

① 이메일 계정 ② 카카오 아이디
③ 휴대폰 번호 ④ 카테고리 설정

41 다음 중 카카오스토리 채널의 특징으로 잘못 설명한 것은?

① 한 아이디로 최대 3개의 스토리 채널을 검수 절차 없이 만들 수 있다.
② PC 웹 또는 모바일 전용 어플을 통해 활동로그 및 통계를 볼 수 있다.
③ 콘텐츠 작성 시 해시태그를 추가하면 더욱 쉽게 전달이 가능하다.
④ 채널 매니저는 최대 10명까지 가능하며 콘텐츠 업로드가 가능하다.

37 ① 38 ③ 39 ② 40 ③ 41 ④

42 다음 중 카카오스토리 채널에 대한 설명으로 잘못된 것은?

① 주요 사용자는 기업이다.
② 단방향 구독형 친구신청을 받을 수 있다.
③ 통계자료가 제공된다.
④ 하루 최대 3개만 콘텐츠가 전달된다.

43 다음 중 카카오스토리 채널 도메인 주소로 올바른 것은?

① Story.kakao.com/아이디
② Channel.kakao.com/아이디
③ St.kakao.com/아이디
④ Ch.kakao.com/아이디

44 다음 중 카카오스토리 채널을 통한 소셜 콘텐츠 기획 시 가장 잘못된 것은?

① 운영을 시작하기 전에 명확한 목적과 목표를 설정해야 한다.
② 콘텐츠는 공감대를 형성하여 공유를 일으킬 만한 것이 좋다.
③ 소식받기 이벤트 또는 공유 이벤트를 사전에 기획하라.
④ 우선 노출되는 3줄의 텍스트 내에 흥미를 유발해야 한다.

45 다음 중 카카오스토리 채널을 통한 소셜 콘텐츠 마케팅 시 주의할 점이 잘못된 것은?

① 페이스북이나 블로그 등 외부링크를 통한 유입을 활용한다.
② 초반에 소식받기를 증대하기 전 내실 있는 콘텐츠를 쌓아라.
③ 이벤트나 구매 관련 콘텐츠만 꾸준하게 올리는 것이 좋다.
④ 카카오의 서비스 본 목적에 어긋나게 사용하는 경우를 주의하라.

  42 ② 43 ④ 44 ④ 45 ③

46 다음 중 카카오스토리 채널을 알리는 방법이 잘못된 것은?

① 검색 기능 활용　　　　② 유령 아이디를 활용
③ 채널 링크를 활용　　　④ 해시태그를 활용

47 다음 중 카카오스토리 채널 기능 중 잘못된 설명은?

① 구독자 기능은 최근 한 달간 소식받기 한 구독자 리스트가 조회 가능하다.
② 마스터 권한은 개설자 외에 이관이 불가능하다.
③ 스토리 채널에서는 채널명으로 활동하기 때문에 카카오스토리의 프로필과는 별개로 설정을 해야 한다.
④ 활동로그 정보에는 스토리/댓글, 채널 정보, 관리자, 구독자가 있다.

48 다음 중 카카오스토리 통계 기능으로 잘못된 설명은?

① 날짜별 구독자 확인이 가능하다.
② 날짜별 활동 사용자 확인이 가능하다.
③ 날짜별 방문 사용자 확인이 가능하다.
④ 날짜별 매니저 활동 확인이 가능하다.

49 다음 중 Kakao Crossmedia for StoryChannel에 대한 설명 중 잘못된 것은?

① Kakao Crossmedia는 정보의 표현 방법에 따라 기본형1, 기본형2, 축약형으로 구성된다.
② Kakao Crossmedia는 반드시 노란색 바탕에 검정색 글씨를 활용해야 한다.
③ Kakao Crossmedia에서 지정된 가이드 외 기울기를 적용하면 오용이 된다.
④ 초대장/입장권은 Size A : 높이 5-6mm를 적용하여야 한다.

46 ②　47 ①　48 ④　49 ②

50 다음 중 카카오톡 옐로아이디에 대한 설명 중 잘못된 것은?

① 중소사업자를 타깃으로 만든 무료로 개설 가능한 서비스이다.
② 400자 텍스트 기준 건당 전송 비용 11원의 저렴한 가격이다.
③ 상업적 콘텐츠를 포함하거나 정보를 제공하는 경우 개설이 제한된다.
④ 미니홈 소식에서 노출되는 콘텐츠는 공지, 카카오스토리 채널, 메시지가 있다.

51 다음 중 카카오톡 옐로아이디로 친구를 모을 수 있는 방법이 아닌 것은?

① 친구추천 광고
② 친구추가 NFC
③ 친구추가 LINK
④ 친구추가 QR 코드

52 다음 중 카카오톡 옐로아이디 일대일 대화 설정으로 인해 대화가 불가능한 시간대에 메시지가 올 경우 발송되는 올바른 메시지 문구는?

① '죄송합니다. 상담을 지원하지 않는 옐로아이디입니다.'
② '(상담가능 요일), (상담가능 시간)에만 상담이 가능합니다. 입력하신 메시지는 상담원에게 전달이 되었으니 상담 가능 시간에 답변드리겠습니다.'
③ '(상담가능 시간), (상담가능 요일)에만 상담이 가능합니다. 입력하신 메시지는 상담원에게 전달이 되었으니 상담 가능 시간에 답변드리겠습니다.'
④ '(상담가능 시간), (상담가능 요일)에만 상담이 가능합니다. 입력하신 메시지는 상담원에게 전달이 되었으니 상담 가능 요일에 답변드리겠습니다.'

50 ③　51 ②　52 ②

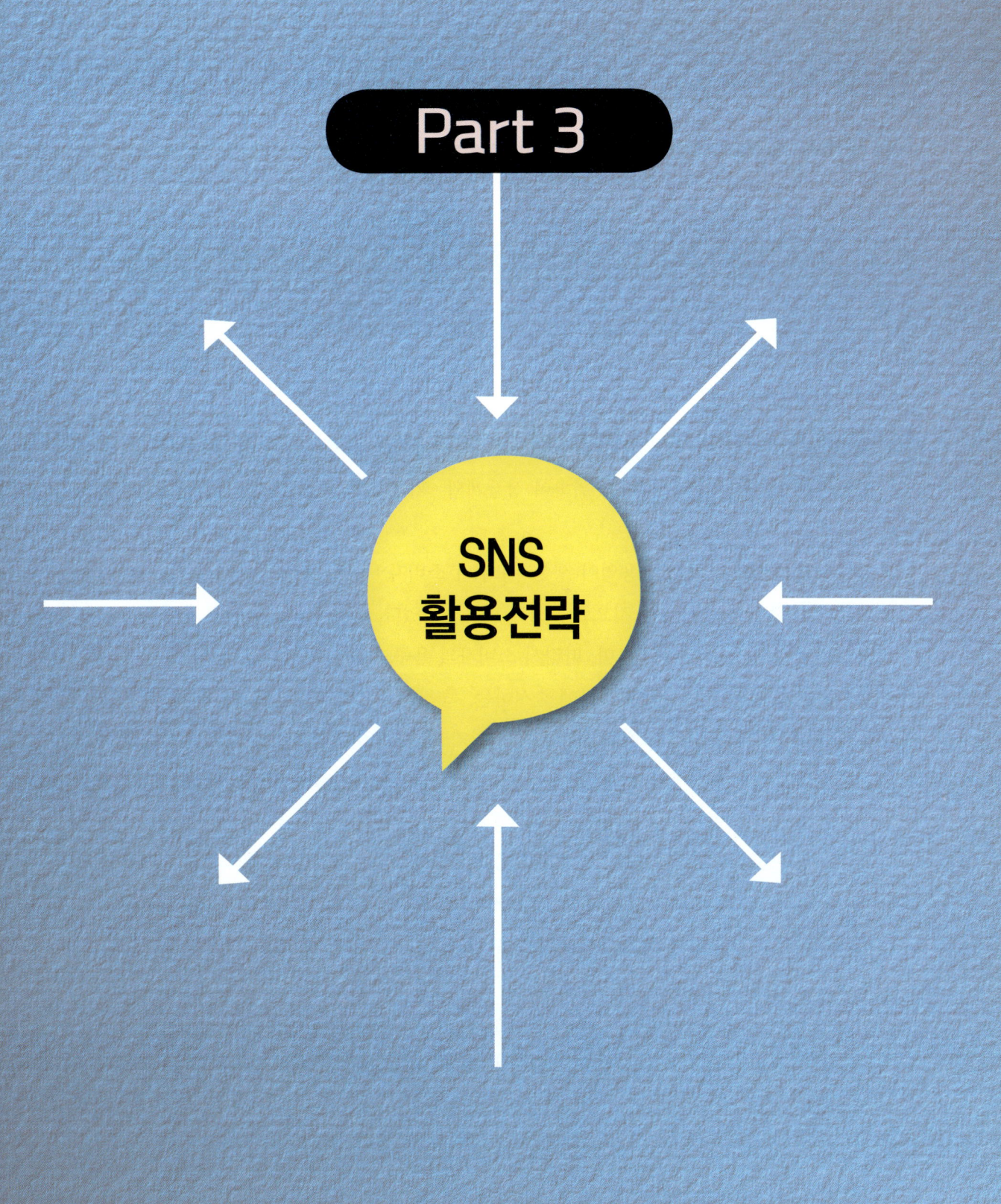

Chapter 1 | SNS 마케팅의 이해

Ⅰ 마케팅의 개념

1. 마케팅의 의의 및 기능

1) 마케팅의 의의

마케팅이란 현재 잠재적인 최종 소비자를 포함하는 시장의 고객 니즈를 만족시켜 줄 수 있는 재화와 서비스를 제공하기 위하여 상품계획·가격결정·판매촉진·유통 등을 수행하는 활동시스템을 말한다.

전통적인 마케팅은 재화나 용역이 생산자로부터 소비자·사용자에게로의 흐름을 지시하는 기업 활동을 수행하는 것으로 고압적 마케팅이었다. 본질적으로는 기업은 마케팅보다는 생산 활동을 더 강조하며, 따라서 소비자의 욕구보다는 제품을 강조하여 기업이 생산 가능한 제품을 생산하여 시장에 출시하는, 즉 생산된 것을 판매하는 체제이다.

반면에 현대적 마케팅은 조직의 목적을 달성하기 위한 기업 활동을 수행하는 것으로서 소비자의 욕구충족과 장기적 복지증진에 기여함으로써 그 대가로서 이익을 추구한다.

이러한 현대적 마케팅은 소비자 지향적 활동으로서 소비자 만족을 추구하고, 소비자의 욕구를 확인하며, 욕구를 충족시켜 줄 수 있는 제품을 생산하여 판매하는 형식으로서 저압적 마케팅·구매자 중심의 시장·순환적 마케팅을 지향하며, 사회적 과정으로서의 마케팅 활동과 수익적 운용의 중요성을 강조한다.

현대적 마케팅은 소비자의 장기적 복지증진과 증대를 추구하며, 전사적·통합적·선행적 마케팅을 추구한다. 일관성 있고 소비자에게 만족을 주기 위해 기업의 모든 활동은 마케팅 부문을 중심으로 통합되며, 소비자의 욕구만족을 위한 선행적 마케팅이다.

2) 마케팅의 기능

① **소유권 이전 기능** : 구매(Buying) 및 판매(Selling)를 통해 소유권을 이전시키는 기능으로서, 마케팅의 가장 본질적 기능이다.

② **물적 유통 기능** : 운송(Transportation) 및 저장(Storing)을 통해 물적 유통 기능을 수행한다.

③ **유통 조성 기능** : 마케팅의 교환 기능이나 물적 유통 기능이 합리적으로 수행되도록 보조하는 기능이다.

④ **미시적 마케팅 기능** : 생산이 이루어지기 전에 수행되는 마케팅 기능인 선행적 마케팅과 생산이 이루어진 후 또는 일정한 제품이 생산된다는 전제 하에서 이루어지는 후행적 마케팅이 있다.

⑤ **거시적 마케팅 기능** : 시간, 장소, 소유의 효용을 창출하는 경제적 기능으로서, 거시적 기능의 예로는 수집 및 분산 기능, 운송 기능, 보관 기능, 시장정보 기능, 위험부담 기능, 금융 기능 등을 들 수 있다.

2. 현대적 마케팅 활동

1) 데이터베이스 마케팅(Database Marketing)

(1) 의의

고객만족경영의 한 형태로서, 각종 1차 자료와 정보를 수집·분석하고 개인에 대해 차별적 정보를 제공하여 고객의 만족을 극대화하는 마케팅 수단을 말한다.

(2) 기본전제

① 고객은 비고객보다 더 중요하다.
② 과거는 미래의 최대 척도이다.
③ 같은 고객은 없다. 즉, 1인 10색의 고도의 개성화를 고려한다.
④ 고객은 공통점을 지닌다.

⑤ 잠재고객을 추적하여 차별화된 정보를 제공한다.

2) 그린 마케팅(Green Marketing)

(1) 의의
그린 마케팅은 제품의 개발·생산·판매 등을 높아져 가는 지구의 환경문제에 대응하도록 하는 환경대응전략, 즉 환경보호를 중심으로 한 마케팅 활동을 말한다.

(2) 기본전제
최고경영층을 포함한 기업구성원 모두가 사회 전체의 복지 향상, 삶의 질적 향상에 중추적인 역할을 해야 한다는 사명감을 갖고 그린 마케팅을 실천하는 기업이 되어야 한다. 또한 환경관리 전문조직을 구성하고 그 활동의 강화를 통해 국제환경협약이 기업에 미치는 영향, 소비자의 변화 등을 적시에 정확하게 파악하고 장기적인 계획 하에 그린 마케팅을 전개해 나가야 한다.

3) 계몽적 마케팅(Enlightened Marketing)

(1) 의의
코틀러(P. Kotler)에 의해 제창된 개념으로 이상적인 자본주의 사회를 이루기 위해 기업이 사회적 책임을 완수해야 한다는 것이다. 즉, 정직한 마케팅 활동이 결국 그들의 장기적 이익을 증대시켜 준다는 생각에서 비롯된 개념으로, 소비자 지향과 사회적 책임을 지나치게 강조하고 기업의 목적달성 개념을 등한시하고 있다.

(2) 원칙
① 소비자 지향적 마케팅 : 마케팅 활동은 소비자의 입장에서 수행되어야 한다.
② 혁신적 마케팅 : 끊임없이 소비자의 욕구 확인 및 제품의 탐색활동을 통한 혁신적인 마케팅 활동을 수행하여야 한다.

③ 가치창조 마케팅 : 사용된 자원은 진정한 의미에서의 가치를 지니도록 마케팅 활동에 투입되어야 한다.
④ 사명감 마케팅 : 생산제품이 사회적 관점에서의 기능발휘가 되도록 마케팅 활동을 수행하여야 한다.

3. 기본적인 마케팅 과업

1) 마케팅 과업

마케팅 관리는 기업의 목적을 달성할 수 있는 방향으로 수요를 관리해야 하는데 각 수요상황에 따라 마케팅 과업은 달라진다.

2) 구체적 내용

(1) 전환적 마케팅(Conversional Marketing)

소비자가 특정 제품을 싫어하는 상황이다. 따라서 그것을 좋아하게 만드는 과제를 지닌 마케팅을 말한다.

(2) 자극적 마케팅(Stimulative Marketing)

소비자가 특정 제품에 대하여 무관심한 수요상황이다. 즉, 수요를 창조하는 마케팅 활동, 소비자들의 무관심한 상태를 자극하는 마케팅 활동을 말한다.

(3) 개발적 마케팅(Developmental Marketing)

잠재적 수요를 실제적인 제품이나 서비스의 형태로 존재하게 함으로써 수요를 개발하는 형태의 마케팅을 말한다. 여기에서의 잠재적 수요란 명확히 소비자의 욕구는 있으나 이를 충족할 만한 제품이 없는 경우를 말한다. 따라서 잠재적 수요의 확인은 신제품을 개발할 수 있는 기회를 제공한다.

(4) 재 마케팅(Re Marketing)

소비자의 수요가 감퇴하고 있는 경우에 소비자의 욕구나 관심을 다시 불러일으키는 과제를 지닌 마케팅으로서, 마케팅 계획을 다시 바꾼다.

(5) 동시화 마케팅(Synchro Marketing)

수요의 패턴이 불규칙한 상황이기 때문에 수요의 시간적 패턴을 바꾸려는 과제를 가진 마케팅이다. 즉, 불규칙적인 수요는 현재 수요시기의 패턴이 계절성을 띠거나 현재의 공급시기 패턴과 차이가 있어 일시적인 변동이 심한 상황을 말한다.

(6) 유지적 마케팅(Maintenance Marketing)

완전수요의 상황에서 기존의 판매수준 또는 시장점유율을 유지하려는 과제를 지닌 마케팅 활동을 말한다. 여기에서 완전수요는 현재의 수요시기와 수준이 기업이 기대하는 시기와 수준에 맞는 상황을 말한다.

(7) 디 마케팅(De Marketing)

특정 제품이나 서비스의 초과수요 상황에서 일시적 또는 영구적으로 수요를 줄이는 과제를 가진 마케팅을 말한다. 이러한 디 마케팅은 한정된 자원을 부가가치가 높은 분야에 집중시키기 위해 많이 이용된다.

(8) 대항적 마케팅(Counter Marketing)

불건전한 수요를 줄이거나 없애는 과제를 지닌 마케팅을 말하며, 예를 들어 학생의 유흥가 출입 억제, 미성년자의 흡연 등이 있다. 즉, 대항적 마케팅은 제품 그 자체가 근본적으로 또는 사회적으로 불건전하다는 것을 지적하는 것이며, 이 마케팅은 제품 그 자체에 대하여 비난하지 않으면서 그에 대한 수요를 감소시키려는 데 차이가 있다.

4. 마케팅 정보시스템(Marketing Information System)

1) 마케팅 정보시스템의 이해

(1) 마케팅 정보시스템의 개념

마케팅 의사결정자들의 마케팅 계획수립, 수행 및 통제를 개선할 목적으로 적시에 정확하면서도 적절한 정보를 수집·분류·분석·평가·전달하기 위해서 마련된 인력·시설·절차 등이 계속적으로 상호작용하는 구조를 말한다. 여기에서 마케팅 시스템은 마케팅 조직과 그의 목적 시장이라는 두 개의 유기적 관계를 지니는 요소로 구성되어 상호작용하는 관계를 말한다. 이러한 시스템 개념은 물적 유통관리 분야에서 특히 많이 활용되고 있다.

(2) 마케팅 정보시스템의 하부시스템

① 내부보고 시스템(Internal Report System)

내부보고 시스템은 기업의 판매상황, 원가, 재고수준, 현금흐름, 외상매출금이나 외상매입금의 거래현황 등에 관한 내부보고서를 정기적으로 작성한다. 이것은 작성된 보고를 경영의 모든 부문에 전달·보고하는 시스템으로서, 오늘날 컴퓨터를 활용하여 내부보고서를 작성하는 기업의 수가 점차 많아지고 있다.

② 마케팅 정찰정보 시스템(Marketing Intelligence System)

MIS는 관리자들에게 상업적 환경에 있어서의 새로운 사태발전에 관한 매일매일의 정보를 공급해 주는 자료 출처와 절차들의 집합이다. 이를 통해 관리자들은 책이나 신문 또는 무역잡지 등을 읽으면서 또는 고객, 공급자, 중간상 및 그 밖의 외부인들과 대화를 함으로써 마케팅 정찰정보를 얻게 된다.

③ 마케팅 조사 시스템(Marketing Research System)

마케팅 관리자가 합리적인 의사결정을 하기 위해서는 이상과 같은 내부보고 시스템이나 MIS 외에도 상황을 보다 구체적으로 연구할 필요가 있는 분야가 있다. 이러한 마케팅 조사 시스템은 기업이 당면하고 있는 특정한 마케팅 상황에 적합한 자료를 체계적으로 설계·수집·분석하고 보고하는 시스템이다.

④ 분석적 마케팅 시스템(Analytical Marketing System)

분석적 마케팅 시스템은 마케팅 관리자가 마케팅 자료와 문제들을 분석하여 보다 합리적인 의사결정을 내릴 수 있도록 도움을 주기 위한 것으로서, 이것은 통계기법과 모형기법이 있다.

통계기법은 어떤 자료 간의 상호관계와 그들의 통계적 신뢰도에 관하여 보다 많은 것을 알기 위한 통계적 절차들을 모아 놓은 것이고 회귀분석, 상관분석, 인자분석, 판별분석, 군집분석 등이 있다. 반면에 모형기법은 마케팅 관리자가 보다 합리적인 마케팅 의사결정을 내리는 데 도움을 주는 수학적 모형들을 모아놓은 것이다. 개발된 모형의 예를 들면 판매지역과 판매방문계획의 설계, 소매점 위치선정, 최적 광고 매개체 믹스의 개발, 신제품의 판매예측에 관한 것들이 그것이다.

⑤ 마케팅 정보시스템의 효익
- 주어진 시간 내에 보다 많은 정보를 획득할 수 있게 함으로써 마케팅 의사결정에 도움을 준다.
- 특히 분권화된 대규모 회사에서는 산재해 있는 정보를 통합시켜 유효하게 사용할 수 있게 된다.
- 정보를 선별적으로 이용할 수 있게 된다.
- 시장변화를 보다 신속히 파악할 수 있게 된다.
- 회사의 마케팅 계획을 보다 효과적으로 통제할 수 있게 된다.
- 수익성이 낮은 제품의 판별 등과 같은 중요한 정보를 적시에 제공받을 수 있게 된다.

(3) 마케팅 정보시스템의 장점

① 마케팅 업무의 능률을 제고하고 경제적 이점을 가져다준다.
② 모든 변수의 상호관계를 보다 잘 이해함으로써 문제에 신속히 대응할 수 있다.
③ 마케팅 관련성과를 계량적으로 측정할 수 있다.
④ 컴퓨터의 이용이 가능하므로 복잡한 변수들의 자료를 신속히 처리할 수 있다.

(4) 마케팅 정보시스템의 단점
① 시스템 도입과 활용에 많은 자금과 시간이 소요된다.
② 소비자 행동에 관련된 사회 실질적 요소를 처리할 수 없다.
③ 보통 마케팅 담당자들은 직감이나 추측에 의존하는 경향이 많아 시스템 접근을 충분히 이용하고 있지 못하다.

2) 마케팅 조사(Marketing Research)

(1) 의의
① 마케팅 조사는 기업이 당면하고 있는 구체적인 마케팅 상황에 적합한 관련 자료를 체계적으로 설계·수집·분석하고 보고하는 것으로, 마케팅 정보시스템의 하위개념이다.
② 마케팅 조사는 마케팅 전략에 관련된 의사결정에 유용한 정보를 제공하는 것을 그 목적으로 한다.

(2) 마케팅 조사의 절차
코틀러(P. Kotler)는 마케팅 조사의 절차를 다음과 같이 제시하고 있다.

> 문제와 조사목적 확립 → 탐색조사 → 본격조사 기획 → 실제조사 → 자료 분석과 보고서 제시

① 문제와 조사목적의 확립
  현재의 상황을 정확히 파악하여 무엇을 조사할 것인가를 명확히 한 후 조사목적을 설정한다. 문제의 정립을 위한 조사는 다음 3가지 순서로 진행된다.
  - 탐색조사 : 광범위하고 모호한 경우에 문제의 정확한 정의를 위해 실행하는 조사로, 기존 가설의 확인 및 새로운 가설의 발견을 목적으로 한다.
  - 기술조사 : 어떤 현상을 기술하기 위한 조사이다.
  - 인과조사 : 어떤 가설의 원인과 그 결과를 검증하기 위한 조사이다.

② 탐색조사(예비조사) 수행

본격적인 조사에 앞서 비공식적인 절차를 통해 관련 내용을 보다 잘 파악하는 예비조사를 수행하게 된다. 이 단계에서 여러 가지 가설을 형성하여 실제조사에서 검증하게 된다.

유용한 예비조사의 방법으로는 다음과 같은 것들이 있다.

- **2차 자료 조사** : 2차 자료란 현재 마케팅 조사목적이 아닌 타 목적을 위해 이미 수집되어 있는 자료로서 기업내부, 정부, 대중매체 등을 통하여 얻을 수 있다.
- **관찰조사** : 현재의 여러 상황을 관찰함으로써 정보를 수집하는 것이다.
- **우발면접조사** : 우연한 접촉을 통해 정보를 수집하는 것이다.
- **집단조사** : 목표시장이 될 만한 고객을 초대하여 집단으로 토의하도록 하고 거기에서 정보를 수집한다.

③ 본격조사의 기획

- **자료원의 개발** : 현재 마케팅 조사의 목적을 달성하기 위해 실제로 수집해야 할 1차 자료(primary data)의 원천을 파악한다.

〈1차 자료 수집을 위한 조사방법과 조사수단의 결정〉

비교	조사목적	특징
관찰법(observation)	탐색조사	• 현재의 여러 현상을 관찰함으로써 정보를 수집 • 현재에 관련된 자료에 국한된 상황
실험법(experiment)	인과조사	• 실제상황을 조작하여 그 인과관계를 살핌 • 적절한 통제가 있을 경우에는 확실한 방법
질문조사법(survey)	기술조사	• 관련 내용을 목표시장의 고객에게 질문하여 정보수집 • 여러 용도로 이용할 수 있어 1차자료 조사로 가장 많이 이용

④ **실제조사** : 조사비용의 결정과 정보의 모집 및 통계적 집계를 행한다.

⑤ 자료 분석과 보고서 작성

- **정보의 분석과 해석** : 조사결과 자료가 수집되고 통계적으로 집합되었다면 이를 분

석하고 분석결과 발견된 사실을 해석해야 한다.
- **보고서 작성** : 마케팅 조사자가 마케팅 조사결과를 총정리하여 보고서를 작성해야 하며, 보고서는 이용자의 능력과 목적에 적합하도록 작성되어야 한다.
- **사후 검토** : 이 단계에서 마케팅 조사자는 그의 건의사항이 채택되고 실시되고 있는가를 확인하고, 만일 채택되지 않았다면 그 이유가 무엇인가도 확인해야 한다.

5. 마케팅 환경(Marketing Environment)

1) 마케팅 환경의 개념

마케팅 환경이란 회사의 외부에 존재하고 있으면서 회사와 그의 목표고객과의 성공적인 거래를 개발하고 유지하는 마케팅 관리자의 능력에 영향을 미치는 요소들을 말한다. 이러한 마케팅 환경은 회사의 외부에 존재하면서 회사와 그 목표고객과의 성공적인 거래를 개발하고 유지하는 마케팅 관리자의 능력에 영향을 미치는 외부의 행위 주체와 여러 가지 영향 요인으로 구성되는 것을 말한다. 또한 제품-시장수준에서 수행되는 마케팅 활동과 관련한 환경은 내부 환경이고, 기업-사업부 수준에서 수행되는 마케팅 활동은 종합적인 관리 입장을 띠고 있으므로 외부 환경이다.

2) 미시환경(Micro Environment)

(1) 과업환경(Task Environment)

① **과업환경** : 기업의 마케팅 활동에 도움을 주는 역할을 수행하는 기관들을 말한다.
② **공급업자** : 기업에게 자원을 제공하는 자를 말한다.
③ **마케팅 중간매개상** : 중간상, 유통조성업자, 광고대행자, 마케팅 건설업자, 금융기관 등 기업 외부의 마케팅 기관을 말한다.
④ **조성기관** : 유통상의 수송 업무와 금융 업무를 보조하지만 제품의 소유권을 가지지 않거나 구매 또는 판매를 위한 협상을 수행하지 않는 기관으로 수송회사, 창고회사, 보험회사, 은행 등을 말한다.

⑤ 고객과 시장 : 고객을 고려한 소비자 시장, 산업시장 등이다.

(2) 제약환경(Constraint Environment)
① 제약환경 : 기업의 마케팅 활동에 대해 제약의 영향을 미치는 요인이다.
② 대중(Publics) : 대중 또는 공중은 기업과 실제적·잠재적인 이해관계를 가지면서 상호 영향을 미치는 여러 집단을 말한다.
③ 경쟁자 : 기업이 제품 또는 시장수준에서 당면하는 경쟁자이다.
④ 정부 : 시장 중심의 경제구조 하에서 정부는 입법 활동 등에 의해 규제자로서 제약환경에 속하지만, 계획경제 체제 하에서의 정부는 자극자로서 과업환경에 속한다.

3) 거시환경(Macro Environment)
① 거시환경 : 미시환경보다 넓은 범위의 환경으로, 기업입장에서 통제가 불가능하지만 기업에 대해서 성장의 기회를 제공하기도 하고 제약조건이 되기도 하는 환경요인을 말한다.
② 인구 통계적 환경 : 출산·사망률 등에 의한 인구의 변화 추이, 성별·연령·지리 등에 따른 분포 등으로 구매시장의 크기 및 그 질적 특성에 영향을 미친다.
③ 경제적 환경 : 국민소득의 추이, 경제성장률, 개인의 가처분소득, 소비동향 등으로 구매능력 및 구매의욕에 영향을 미친다.
④ 사회·문화적 환경 : 전통, 가치관, 종교, 여가 선호, 라이프사이클 등이 있다.
⑤ 기술적 환경 : 새로운 기술·제품·공정·원료 등이 있다.
⑥ 정치·법률적 환경 : 재정·금융정책, 입법 활동 등이 있다.
⑦ 생태적 환경 : 공해 방지, 자연보호, 에너지 절약 등이 있다.

6. 소비자 행동

1) 소비자 행동의 개념

① 소비자 행동(Consumer Behavior)은 시장에서 재화와 서비스의 구매 및 소비와 관련된 소비자의 행동을 말한다.
② 소비자는 개인·집단·기관 등이 있는데, 보통 기관 소비자는 제외하고 개인과 가족 집단을 그 분석 대상으로 한다.
③ 소비자 행동의 결정요인으로는 사회적 요인과 심리적 요인이 있다.

2) 소비자 행동의 특성

① 소비자는 목표 지향적인 구매 및 소비행동을 한다.
② 소비자는 구매의사결정의 주체자로서 자주적인 생각을 한다.
③ 소비자의 구매동기·행위는 마케팅 조사로 파악할 수 있다.
④ 소비자의 구매행위에 동기부여가 필요하고 동기부여와 소비자 행동은 외부적인 자극에 의해 영향을 받는다.
⑤ 소비자 행동의 과정에서 소비자 교육의 필요성이 대두된다.

3) 소비자의 구매행동 과정

(1) 문제의식

① 소비자 스스로 갈망하는 욕구를 확인하는 단계이다.
② 마케팅 관리자가 해야 할 일은 소비자가 일으키는 문제의식의 환경을 분석하는 일이다.

(2) 정보탐색

① 단순 탐색 : 소비자의 욕구가 강렬하지 않을 경우의 주의 환기 수준의 정보탐색 활동
② 적극적 탐색 : 소비자의 욕구가 아주 강렬한 경우 적극적 정보수집 활동

(3) 대체안 평가

① 소비자는 탐색한 정보를 제품의 특성, 중요성, 상표 이미지, 효용함수, 구매과정 등에 입각하여 최종적인 상표선택에 이르게 된다.
② 일반적으로 기대가치 모델을 이용하는데, 여기서 기대가치란 각 대안별로 기대가치를 구하여 기대가치가 극대화되는 대안을 선택하는 것을 말한다.

(4) 구매결정

① 대체안에 대하여 평가가 이루어지고 나면 구매의도가 형성되고 구매행동을 수반하게 된다.
② 구매의도와 구매행동 간에는 다음과 같은 요소가 영향을 미친다.
- **타인의 태도** : 특정 타인과의 관계 및 그의 태도는 소비자의 구매의도에 영향을 미친다.
- **예상치 못한 상황요인** : 미처 예상치 못한 상황의 발생은 소비자 구매의도에 영향을 미친다.

(5) 구매 후 행동

소비자에게는 구매 후 만족도에 따른 감정이 발생하고, 그에 따라 피드백(feed back)이 이루어지며 사용 또는 처분의 감정을 나타낸다. 만약 불만족일 경우에는 인지적 부조화가 나타난다.

4) 마케팅 믹스(Marketing Mix) 개발

마케팅 믹스는 목표시장에서의 기업의 목적을 달성하기 위한 통제 가능한 마케팅 변수를 적절하게 배합하는 것이다. 즉, 이것은 특정시점에서 기업이 활용하는 마케팅 변수의 양과 종류를 나타낸다. 따라서 마케팅 믹스란 목표시장에서 마케팅 목적을 달성하기 위해 활용하는 마케팅 수단·도구·변수의 집합이다.

〈4P의 개념〉

기업이 통제할 수 있는 마케팅 변수는 흔히 4p로 표현된다.
- 제품(product) : 품질, 성능, 포장, 상표 등
- 가격(price) : 정가, 할인, 대금결제조건 등
- 장소(place) : 경로, 입지, 재고 등
- 촉진(promotion) : 광고, 인적판매, 홍보, 판매촉진 등

5) 수준별 마케팅 관리

(1) 전략적 강점 분석

① 전략 수립자가 기업의 여러 분야인 재무·판매·유통·생산·인사 등을 검토한다.
② 기업이 어떤 부문에 강점과 약점을 가지고 있는가를 결정한다.
③ 이러한 내용으로 특정 환경 하에서 가장 효율적으로 기회를 이용하고 위협에 대처하도록 하는 과정을 말한다.

(2) 전략적 강점 분석기법

① PPM(Product Portfolio Management) : 성장률, 점유율
② 전략사업 계획격자(SBU) : 경쟁적 지위시장 매력성
③ 사업분석 매트릭스(Matrix Approach) : 성장률, 점유율, 매출액, 이익률

(3) 성장기회의 평가

① 신규 사업계획에서 기업은 성장을 도모하게 된다.
② 보통 기업의 성장기회의 판단순서는 다음 과정을 거친다.
- 현 제품과 현 시장기회의 판단
- 동일업계의 통합기회 판단
- 이종업계의 다각화기회 판단

〈제품시장 확장격자〉

분류	기존제품	신제품
기존시장	시장침투(Marketing Penetration)	제품개발(Product Development)
신시장	시장개발·개척(Market Development)	다각화(Diversification)

③ **집약적 성장** : 현재의 사업영역 내에서 활용할 수 있는 성장기회를 확인하여 이를 바탕으로 전략을 전개하는 성장
- **시장침투** : 기존시장에 기존제품의 판매를 증대하는 기존시장 심화전략
- **시장개발** : 신시장에 기존의 제품판매
- **제품개발** : 기존시장에 신제품을 판매
- **사업다각화** : 신제품을 가지고 새로운 시장에 출시하는 경우

④ **통합적 성장** : 기업의 현 사업을 중심으로 관련 있는 사업부문에 추가로 뛰어드는 것을 말한다.
- **후방통합** : 제조과정의 후방에게 도움을 주는 사업부문으로 확장
- **전방통합** : 자사의 제조완료 후에 활동하는 사업부문으로 확장
- **수평통합** : 동일제품을 생산하고 있는 경쟁업체에 지배력을 확대

⑤ **다각적 성장** : 현대의 사업 분야와 완전히 다른 이질적인 사업에 진출
- **집중적 다각화** : 기존의 제품계열과 기술적 또는 마케팅상의 시너지 효과가 있는 신제품 시장에 진출
- **수평적 다각화** : 현재의 제품계열과 기술적으로 관련은 없으나 현재의 고객층에게 소구될 수 있는 신제품을 추가

(4) 가격 정책(Price Policy)
① 가격 정책의 유형
- **상층흡수 가격 정책(Skimming Price Policy)**
  투자액을 조기에 회수할 목적이거나 수요의 가격탄력도가 낮은 제품인 경우에 해

당한다. 제품도입 초기에 고가로 설정하여 고소득층을 흡수한 후 점차 가격을 하락시켜 중류 및 하류 소득층에게 판매하는 것이다.

- 시장침투 가격 정책(Penetration Price Policy)

  제품의 시장 성장률을 증대시키기 위하여 제품도입 초기에 저가를 설정하는 정책이다. 따라서 대중적인 제품이나 수요의 가격탄력성이 높은 제품에 많이 이용된다. 또한, 수요의 가격탄력성이 커서 저가격이 충분히 수요를 자극할 수 있어야 한다. 이 경우, 경쟁자는 아직 규모의 경제를 실현할 수 없어 시장진입이 어려워야 한다.

- 재판매가격 유지 정책(Resale Price Maintenance Polices)

  제조업자가 자사 제품의 손실 유도품(loss leader)으로 전락하는 것을 방지하기 위하여 유통업계와 계약을 통해 일정한 가격으로 거래되도록 하는 것을 말한다.

- 손실유도 가격 결정 정책(Loss Leader Price Policy)

  특정품목의 가격을 정상가격에서 대폭 인하하여 고객의 방문을 증가시키도록 한다. 결국 그 품목의 수익성은 악화되지만 다른 품목의 매출 증대에 의한 기업 전체의 수익성을 확보하기 위한 가격설정이다. 이것은 촉진가격으로서 심리적인 가격결정의 일종이며, 선도가격 결정방법이라고도 한다.

- 오픈 가격 정책(Open Price Policy)

  제조회사가 자기 회사제품의 표준소매가격을 정하지 않는다. 그리고 소매업자가 시장동향을 살펴 독자적으로 가격을 결정하여 판매하도록 하는 것이다.

- 이분 가격 결정 정책(Two-party Price Policy)

  소비자에게 재화를 구입할 수 있는 권리에 대해 1차로 요금(first tariff : 가입비)을 부과하고, 구입량에 따라 사용요금(second tariff)을 부과하는 방법을 말한다. 이러한 방법은 주로 전기·전화·수도 등의 요금결정에 자주 사용한다.

② 경쟁회사의 가격인하에 대응

- 제품 차별화 : 비가격 경쟁으로 품질, 서비스, 디자인 등을 통한 제품의 차별화를 꾀한다.

- 심리적 차별화 : 별도의 저가 투쟁상표(fighting brand) 제품을 개발하고 기존 제품의 가격을 인상한다.

6) 비주얼 머천다이징(VMD)

(1) 비주얼 머천다이징(Visual MerchanDising)의 개념

점포에 있어서는 상품진열의 시각적인 호소력이 매출에 크게 영향을 준다는 사실을 전제로 하고 있다. 또한 상품을 보다 효과적으로 표현하여 구매를 자극한다. 즉, 적극적으로 판촉하기 위한 전략적 제반 활동이라 할 수 있다.

(2) 비주얼 머천다이징의 구성요소

① VP(Visual Presentation) : 상점의 컨셉을 부각시키기 위한 상점 토탈 이미지화 작업이다.

② PP(Point of sale Presentation)
- 상품진열계획의 포인트 전략이다.
- 고객의 시선이 머무르는 곳에 볼거리를 제공한다.
- 고객이 쇼핑몰에 관심을 갖도록 유도하는 것이다.

③ IP(Item Presentation)
- 상품에 대한 신선한 정보를 지속적으로 제공한다.
- 판매촉진을 도모하는 작업이다.

(3) 비주얼 머천다이징의 블록계획

① 동선 부분을 제외하고 상품분류별 매장면적과 인접 창고면적을 결정한다.
② 상품분류별로 매장블록의 배분과 배치계획을 결정한다.
③ 동선 부분의 면적을 제외한 서비스 시설의 면적배분과 배치계획을 수립한다.
④ 상품분류별 매장구획과 서비스 시설을 중심으로 한 층별 고객동선을 결정한다.
⑤ 점포 전체의 매장배치와 서비스 시설의 배치 및 수직·수평동선의 연관성을 검토한다.

(4) 비주얼 머천다이징의 계획

① 점포 디자인 이미지를 계획하고, 전체의 방향 검토와 결정을 한다.
② 점유공간과 고객 동선 부분의 디자인을 계획한다.
③ 기본적인 바닥, 기둥, 천정 부분의 디자인과 벽면 부분을 디자인한다.
④ 기본적인 조명계획과 집기 디자인을 한다.
⑤ 매장블록별 VMD계획을 수립하고, 기본매장의 이미지를 계획한다.
⑥ 점포 주요 부분의 완벽한 스케치와 동선 부분을 검증한다.

(5) 머천다이징의 고정계획

① 각 블록의 고객동선을 확정한다.
② 블록 내 상품배치에 따른 집기의 결정 및 배치를 완료한다.
③ 각 블록 내 평장, 부띠끄, 샵의 조정과 배치가 고정된다.
④ 벽면 기능의 배치, VP스테이지의 배치, 서비스 시설의 배치와 최종 결정을 고정한다.

II 전자상거래의 개념

1. 전자상거래와 e-Business

1) 전자상거래(Electronic Commerce)

(1) 개념

전자상거래(EC)란 기업과 기업 간 거래관계의 모든 측면에 걸쳐 전자적으로 비즈니스를 행하는 것이라고 정의된다. 다시 말해 거래 상대방 간의 비즈니스관계를 증진시키기 위해서 여러 기업들의 비즈니스 절차를 전략적으로 연계하고 통합할 목적으로 컴퓨터 통신기술, 즉 정보기술(IT)을 이용하는 것이다.

따라서 전자상거래(EC)는 EDI는 물론 E-Mail, Bar-Code, 데이터베이스 등 제반 정보

기술을 포괄하는 보다 폭 넓은 개념으로, 상거래에 관련된 기술정보(문서, 이미지, 음성, 영상 등)와 제반 거래에 필요한 정보를 전자적이고 자동적으로 교환하는 것으로서 상거래 방식을 재정립하여 비용절감, 고객만족의 비즈니스를 수행하기 위한 것이다.

- Electronic = 컴퓨터 + 통신망 → 디지털 경제
- Commerce = 재화(유형, 무형) + 서비스 → 글로벌 마케팅
- 광의의 EC : Internet, E-Mail, EDI(Electronic Data Interchange), Bar-code, EFT(Electronic Fund Transfer), Database, CALS, Image System 등 제반 정보기술을 통합 활용
- 협의의 EC : Internet Commerce → "인터넷 라운드"

(2) 전자상거래의 발달 시기

전자상거래(EC : Electronic Commerce)라는 용어는 1989년 미국의 LLNL(Lawrence Live more National Laboratory)이 미 국방성의 프로젝트를 수행하면서 처음 사용하였다. 당시에는 거래의 전 과정에 서류를 사용하지 않는 기업환경을 정보기술(IT)에 의해 달성하고자 하는 데 목적이 있었다.

원래 전자상거래는 인터넷이 보급되기 전에 이미 전자문서교환(EDI : Electronic Data Interchange), 칼스(CALS : Commerce At Light Speed) 등의 형태로 존재하여 왔다. 그러다가 최근 네트워킹과 컴퓨터 기술이 빠르게 성장하고, 멀티미디어 자료처리 기술 등이 급속도로 발전함에 따라 인터넷을 기반으로 하는 전자상거래 시대가 도래하게 되었다.

초기의 데이터 통신은 주로 기업 내부에서 업무를 처리하는 데 목적을 두었기 때문에 조직 간, 국가 간의 호환성이 문제가 되었다. 그러나 개방성을 가진 인터넷의 등장으로 세계 어느 곳, 그리고 누구와도 정보를 교환할 수 있는 환경이 가능하게 되었다. 특히 1990년대 인터넷에 등장한 월드와이드웹(WWW)은 정보게시와 제공의 문제를 해결해 주었고, 동시에 사용의 편의성도 제공해 주었기 때문에 웹을 기반으로 하는 비즈니스의 범위를 보다 넓힐 수 있게 되었다.

(3) 전자상거래의 확대 배경

① 개인용 컴퓨터의 대중화

컴퓨터의 눈부신 발달로 소형화, 가격하락에 따른 개인용 컴퓨터의 이용률이 급속히 증가하였다.

② 통신망의 급속한 발전

통신망의 급속한 발전으로 고속정보통신이 가능하게 되어 저렴한 가격으로 양질의 서비스를 받을 수 있게 되었다.

③ 인터넷 관련 기술의 발전(표준화, 개방화)

VAN(부가가치 통신망) 기반에서 탈피하여 개방적이고 통일성 있는 인터넷 등장. 또한 인터넷은 멀티미디어 처리능력 향상으로 보다 쉽고 즐거운 상거래 기반을 마련하였다. 인터넷의 대중화는 전자상거래를 급속히 발전시켰으며, 인터넷 이용자의 증가는 곧 전자상거래의 발전과 비례한다.

(4) 전자상거래의 발전과정

① 1970년 후반~1980년대 초반 : EDI, E-Mail 등 전자메시징 기술의 출현과 확산
- 종이에 의한 작업 감소, 자동화의 확산
- 결제, 구매요구서, 선적문서 등의 전자화
- 재고관리, 자금관리 등 업무의 전자적 처리

② 1980년대 중반 : EC 관련 신기술의 확산(온라인 서비스)
- 대화형 통신기술의 등장(IRC, News Group, FTP)
- 가상사회의 창출, Global Village 개념의 태동
- 인터넷에 의한 세계시장에서의 경제교류 가능성 제시

③ 1980년 후반~1990년대 초반 : 전자메시징 기술의 Workflow 또는 Groupware 기술과의 통합, ERP의 출현

④ 1990년대 : WWW의 출현으로 인터넷의 쉬운 사용법 제공
- EC 활용의 보다 체계적인 수단과 다양한 기업응용 제공

- 범세계 시장에서의 동등한 경쟁력 제공

⑤ 최근 전자상거래 분야의 학계와 산업계의 활발한 연구 및 비즈니스 활동에 힘입어 전자상거래의 적용기술이 다양해지고 응용범위도 단순한 거래행위를 벗어나 기업 간, 기업 내로 확대하면서 새로운 개념인 e-Business가 등장하고 있다. 이런 과정에서 전자상거래는 비즈니스에서의 적용개념으로 변화되면서 인터넷 비즈니스, 전자상거래, e-Business 등의 개념으로 분류되고 확대 발전하고 있다. 특히 최근 전자상거래의 무게 중심이 기업과 소비자 간(B2C) 거래에서 기업 간(B2B) 거래로 전이되면서 e-Marketplace, e-CRM, e-Procurment 등 새로운 유형의 e-Business 형태도 속속 등장하고 있다.

(5) 전자상거래의 구성요소

① 통신기반 구조
② 통신망상의 가상 상점(유통, 직판, 물류, 무역)
③ 전자결제시스템(신용카드, 현금, 수표, IC카드 등과 통합)
④ 전자금융(가상은행, 가상증권, 가상보험)
⑤ 인터넷 정보서비스 판매(소프트웨어, 정보, 광고, 예약통신)
⑥ 물류체계
⑦ 지능형 에이전트
⑧ 상품품질 및 거래인증기관
⑨ 관세 등 법제도 관장기관 등

(6) 전자상거래 기반 기술

① 전자자료교환(EDI)

EDI란 거래업체 간에 상호합의된 전자문서표준을 이용하여 인간의 조정을 최소화한 컴퓨터와 컴퓨터 간의 구조화된 데이터의 전송을 의미한다. EDI는 전자상거래를 구현하는 가장 기본적이고 핵심적인 수단으로써 독립된 조직 간의 거래에 필요한 정형화된 자료를 규격화된 포맷으로 전자적인 매체를 이용하여 컴퓨터 간에 교환하는 것이다.

② 전자우편(e-Mail)

비정형화된 정보를 전자적으로 전달하는 도구로, 사설방식과 ITU-TX표준에 의한 방식, 인터넷 기반의 SMTP/MINE 프로토콜을 사용하는 전자우편이 있다.

③ 전자양식(e-FORM)

전자양식은 기업 내 자료의 출력이나 디스플레이, 사용자로부터의 자료수집 및 자료처리 등에 사용되는 전자적 양식으로, 기존의 종이로 표현된 양식을 대체하여 조직 내에서 종이 양식의 보관 및 배포, 관리에 소요되는 비용을 절감할 수 있다.

④ 전자게시판(BBS)

다수 사용자들의 네트워크를 통한 정보의 검색 및 등록을 지원하는 시스템이다.

⑤ 안전한 메시지 교환

전자상거래를 정착시키기 위해서는 거래당사자에 대한 신뢰, 거래에 대한 보호, 안전한 지불 등 보안과 관련된 문제의 해결이 중요한 요소이며, 웹에서의 안전하고 신뢰성 있는 통신을 위해 SSL(Secure Socket Layer)과 S-HTTP(Secure-HTTP) 프로토콜이 제시되고 있다.

⑥ 방화벽(Fire Wall)

내부시스템이 외부네트워크와 연결된 경우에 외부의 불법침입으로부터 내부시스템을 보호하고 내부시스템의 정보가 외부에 불법적으로 누출되는 것을 막기 위해 네트워크 경로에 설치하는 시스템이다.

⑦ 디렉토리 서비스

디렉토리 서비스는 메시지 중계시스템 등과 같은 시스템에서 사용자의 주소 및 관련 정보 등을 효율적으로 검색할 수 있도록 하는 서비스이다.

⑧ 전자카탈로그(e-Catalog)

전자카탈로그는 구매자가 원하는 제품에 대한 정보를 쉽고 빠르게 찾을 수 있도록 전자적으로 제품에 관련된 정보 등을 구성하여 저장하는 것이다.

⑨ **전자지불**(e-Payment)

전자지불 방법으로는 전자현금, 신용카드를 이용하는 방법, 전자수표, 전자적 자금이체 등이 있다.

⑩ FAX Conversion E-Mail/EDI

거래 당사자 중 한쪽은 규모가 크지만 다른 한쪽은 규모가 작고 거래량도 극히 적은 경우에 상용된다.

(7) 전자상거래 절차

전자상거래는 일반적으로 인터넷 쇼핑몰에서의 상품검색으로부터 배달까지 다음과 같은 약 8단계를 거쳐 이루어진다.

① 1단계 : 소비자는 우선 컴퓨터로 컴퓨터 통신망이나 인터넷의 가상상점에 들어가 매장을 돌아다니며 그곳에 진열되어 있는 상품 가운데 원하는 것을 고른다.

② 2단계 : 필요한 상품을 고른 소비자가 거래신청서를 통해 가상상점 운영자에게 팔 것을 요청하면 운영자는 인증국에 거래요청자가 본인이고 믿을 만한 사람인지를 가려줄 것을 요구한다.

③ 3단계 : 인증국은 가상상점 운영자와 소비자의 정당성, 신용을 법적으로 보증해 주는 곳으로서 국가의 관리를 받는다.

④ 4단계 : 인증국으로부터 소비자에 대한 신용인증이 떨어진다.

⑤ 5단계 : 상점 운영자는 소비자의 거래요청을 승낙한 뒤 대금을 지불할 것을 요구한다.

⑥ 6단계 : 물품대금지불은 대부분 신용카드를 통해 이루어지고 있으며, 가상은행에서 발행하는 전자화폐를 이용하기도 한다.

⑦ 7단계 : 소비자가 신용카드 번호를 입력하는 방법으로 대금지불을 끝낸다.

⑧ 8단계 : 상품이 소비자에게 배달된다.

(8) 전자상거래 사업의 구성요소(4C)

① 콘텐츠(Contents) : 컴퓨터 화면에 표시되는 문장, 그림, 영상, 음성, 아이디어, 오락 등으로 다양한 소프트웨어를 도구로 만들어진다.

② 커뮤니티(Community) : 인터넷을 운용하는 기업들은 공동의 관심사를 갖고 있는 모임이나 구성원들에게 유용한 정보 제공과 콘텐츠 보급을 통하여 지속적인 사이트 방문을 유도하거나 결국에는 상업적인 거래로 이르게 하는 기초적 유대 관계를 유도한다.

③ 커머스(Commerce) : 기업은 인터넷에서 쉽게 자신의 제품이나 서비스를 구매할 소비자를 찾을 수 있다.

④ 커뮤니케이션(Communication) : 인터넷은 단방향 통신이 아니라 쌍방향 통신을 기반으로 문자뿐만 아니라 음성, 화상, 동영상 등의 멀티미디어를 주고받는다.

2) e-Business

(1) e-Business의 개념

인터넷 기술에 의해 기존의 정보시스템 자원을 통합하여 핵심적인 사업부문을 핵심적인 사업구성원(고객, 직원 및 공급자 등)과 웹에 의해 연결시킴으로써 차별화된 비즈니스 가치를 창출하는 안전하고 유연하면서도 통합된 접근방식이라 할 수 있다. 즉, 기업의 모든 경영활동에 인터넷 기반기술과 디지털 정보기술을 전자적으로 통합 적용함으로써 경영의 효율성과 효과성을 극대화하고자 하는 새로운 경영방식이라 할 수 있다.

(2) e-Business가 태어나게 된 경영환경의 변화

① 고객의 변화
- 고객들은 신속한 서비스를 요구한다.
- 고객들은 셀프서비스를 선호한다. 다시 말해 고객들은 중간상이나 중개인 때문에 일어날 수 있는 서비스 지연이나 불편성보다는 24시간 언제라도 중개인의 도움 없이 상품이나 정보를 직접 찾는 일을 선호한다.

- 고객들은 통합된 서비스를 요구한다. 어느 한 장소 또는 하나의 상품으로 자신이 원하는 것을 전부 해결해 줄 수 있는 솔루션을 원하고 있다.

② 서비스·프로세스의 변화
- 고객관계를 기반으로 하는 서비스가 일반화되고 있다.
- 관련 기업 간의 유기적 관계 설정이 중요한 이슈로 떠오르고 있다.

③ 정보통합의 필요성

오늘날 우리는 데이터와 정보의 홍수 속에서 살고 있다. 많은 기업들은 인터넷을 통해 쏟아지는 고객이나 시장에 관한 정보 또는 거래 파트너에 관한 각종 정보를 접하고 있을 뿐 아니라 기업의 많은 업무 프로세스 속에서 나오는 정보들에 대한 체계적인 관리는 제품을 생산하는 일보다 더 중요한 일이 되었다.

(3) e-Business의 구성요소

e-Business의 구성은 크게 기업 외부의 네트워크와 내부적인 관리체계로 구분될 수 있다.

① 기업 외부 네트워크

기업 외부의 네트워크는 고객과 공급자 또는 거래 파트너들 간의 관계이다.

② 기업 내부 네트워크

기업 내부 관리체계는 고객 중심의 관리체계, 공급자 중심의 관리체계로 구분될 수 있다.

- 고객 중심 관리체계

  고객 중심 관리체계의 핵심은 고객관계 관리(Customer Relationship Management : CRM)이다. CRM은 기업을 경영하기 위해 필요한 모든 필수요소들, 예를 들면 사업전략이나 경영능력, 영업프로세스, 고객과 시장에 관련된 각종 영업정보 등 주로 마케팅에 관련된 많은 요소들을 고객 중심으로 정리·통합하여 고객활동을 개선함으로써 고객과의 장기적인 관계를 구축하여 기업의 경영성과를 개선하기 위한 새로운 경영방식이다.

- 공급자 중심의 관리체계

    공급자 중심의 관리체계의 중심은 공급망 관리(Supply Chain Management : SCM)이다. SCM의 핵심은 기업의 내부시스템과 공급업자들의 고객시스템을 통합시킴으로써 공급자를 하나의 기업처럼 움직이려는 일종의 가상조직체를 구축하는 것이다.

3) 전자상거래와 e-Business의 차이

(1) 전자상거래

전자상거래는 일반적으로 전자적인 환경 하에서의 상거래를 의미한다. 이러한 전자적인 환경 하의 상거래는 일반적으로 Web환경 하에서의 거래를 말한다. 이러한 거래의 범위는 소비자와 기업 간의 거래인 B2C(Business to Consumer)와 기업과 기업 간의 거래인 B2B(Business to Business)를 포함하고 있다. 전자상거래는 상거래 주체에 따른 "상품구매"에 초점을 맞춘 활동이 중심이 된다.

(2) e-Business

e-Business는 기업 내부의 비즈니스 및 전략활동을 수행하기 위한 전자적인 비즈니스 구현으로 영업 및 마케팅 활동, 기업 간의 정보공유, 의사결정 등의 다양한 활동들을 포함하고 있다.

2. 전자상거래의 유형과 특성

1) 전자상거래의 유형

(1) 거래 주체에 따른 분류

① 기업 간 거래(B TO B : Business to Business)

    VAN 등의 네트워크상에서 주로 EDI를 사용하여 기업 간에 이루어지는 방식으로 무역·제조 등의 분야에서 활용되고 있다.

② 기업과 개인 간 거래(B to C : Business to Customer)

최근 인터넷 사용의 급격한 증가로 점차 확산되고 있는 인터넷 쇼핑몰에서의 소규모 구매를 말한다.

③ 기업과 행정기관 간의 거래(B to G : Business to Government)

기업과 정부조직 간의 모든 거래를 포함하는 것으로 아직까지는 이용 초기 단계이나, 정부활동에서의 경쟁력 강화 등을 위해 전자상거래를 이용한다면 급속히 성장할 수 있는 부문이다.

④ 개인과 행정기관 간의 거래(C to G : Customer to Government)

아직까지는 행해지고 있지는 않지만 향후 거래가 활성화될 것으로 예상되고 있다. 이는 개인과 개인 간, 기업과 행정기관 간 거래가 보편화된 후 정부가 생활보호지원금이나 자진신고 세금환불 등을 전자적으로 수행하고자 할 때 활용될 수 있는 유형이다.

⑤ 개인(소비자) 간 거래(C to C : Consumer to Consumer)

소비자가 상품의 구매 및 소비의 주체인 동시에 공급의 주체가 되는 유형이다. 이는 과거 대량생산, 대량소비의 시대에는 불가능하였으나, 인터넷이 소비자들을 직접 연결시켜 주는 시장 역할을 함으로써 가능해진 거래유형이다.

(2) 거래당사자의 지리적 위치에 따른 구분

① 국내 거래 : 거래당사자가 동일 국가 내에서 거래하는 것
② 국제 거래 : 거래당사자가 상이한 국가에 위치하여 거래를 하는 것

(3) 거래물품에 따른 구분

① 유형재(물리적 상품)

초기 생산비용이 낮은 반면 반복 생산비용이 높다. 유통과정이 복잡할 뿐만 아니라 택배나 우편 등으로 배달한다. 변형이 어렵고 불법복제 가능성이 낮은 반면 일정한 시간이 지나면 소멸되는 특성이 있다.

② 무형재(디지털 상품)

디지털 상품은 초기 생산비용이 높은 반면 반복 생산비용이 낮다. 유통과정이 단순할 뿐만 아니라 네트워크를 통해 전송된다. 자유로운 수정이 가능하고 영구적인 반면 불법복제의 가능성이 매우 높은 특성을 갖고 있다.

〈디지털 상품의 특성〉

- 공공재적인 특성을 지닌다. 디지털 상품은 재화의 성격상 비경합성을 가진다. 즉, 내가 특정한 정보나 지식을 소비·사용하는 것이 다른 사람이 동일한 정보를 소비·사용하는 것에 아무런 영향을 미치지 않는다.
- 디지털 상품은 생산량이 증가할수록 평균비용이 무한대로 감소하는 규모의 경제를 실현할 수 있다. 또한 초기 생산비용인 고정비용은 매우 높은 반면 두 번째 이후의 단위를 생산하기 위한 한계생산비용이 거의 0(zero)에 가까워 재생산비용이 거의 소요되지 않는다. 즉, 재생산 가능성이 높다.
- 불투명성 및 경험재적 성격이 존재한다. 정보재는 실제로 사용하기 전에는 그 가치를 판단하기 힘들다. 이러한 특성을 지니는 재화를 경험재라 한다. 또한 디지털 상품은 파괴불가능성이 존재한다. 디지털 상품은 한번 생산되면 영원히 존재한다.
- 변환용이성이 높다. 디지털 상품은 동일한 상품도 다양하게 변형시켜서 판매하는 것이 가능하다. 특히 상품의 분리나 합성이 자유롭다.

(4) 전자상거래 구현 네트워크에 따른 구분

① 개방형 네트워크

대표적으로 인터넷의 통신 네트워크로 전개되는 전자상거래이다. 쌍방향 통신성은 우수하나 보안성 결여, 전자문서의 인증제도 미비 등으로 기업 간의 거래에 그대로 이용하기에는 많은 문제점을 안고 있다.

② 폐쇄형 네트워크

특정의 이해집단 또는 회원들에게만 개방되는 네트워크로, 사설 네트워크나 특수 목적 VAN을 중심으로 구성된 네트워크이다. EDI의 도입으로 보안성, 전자문서의 인증 문제 등을 쉽게 해결할 수 있다. 기업 대 기업 또는 기업 대 정부 간의 거래에는 효율적이나 기업이나 제품의 대외적인 홍보 및 거래조회 등에는 부적합하다.

2) 전자상거래 비즈니스 모델

(1) e-Shop
가장 기본적인 형태의 인터넷 비즈니스로 인터넷을 통해 고객의 수요를 찾아내고, 고객 서비스를 인터넷으로 처리한다. 주로 기존의 유형제품의 형태를 지원하기 위해 기업들이 구축한 사이트가 대부분이다.

(2) e-Procurment
전자조달이라고 하며 이 비즈니스모델은 인터넷을 통해 공급자를 찾는 것이 목적이다.

(3) e-Mail
여러 전자상점의 집합으로 우리나라의 입점 형식의 쇼핑몰들이 이 모델에 해당된다.

(4) e-Auction
전자경매를 말한다.

(5) Virtual Community
대부분의 인터넷 기업들이 목표로 하고 있는 모델로 인터넷 기업과 이용자들이 하나의 소규모 사회를 형성한다.

3) 전자상거래 시대의 기업환경 변화

(1) 기업의 거래유형 변화
인터넷, EDI 등 정보기술의 발달을 바탕으로 정보의 교환을 원활하게 하여 거래기업 간 관계를 수평적, 분권화 구조로 바꾸고 있다.

(2) 기업의 비용구조 변화
시간적, 지리적 제약조건 극복을 통해 정보수집 및 배포비용을 절감시키고 있다.

(3) 경쟁과 시장구조의 변화
시간 및 장소에 대한 제약이 없어져 완전경쟁에 가까운 시장을 실현해 가고 있다.

(4) 기업규모의 효과 감소
전통적인 상거래에 비해 전자상거래 환경 하에서는 기업규모가 더 이상 장점이 되지 않는다.

(5) 쌍방향성 광고의 등장으로 인한 광고형태의 변화
생산자에서 소비자에게 일방적으로 Push되던 광고의 형태가 쌍방향성으로 변화되고 있다.

4) 전자상거래의 특성

① 유통과정에 있어 도매상과 소매상을 거쳐 소비자에게 제품이 전달되는 기존의 상거래시스템에 비해 인터넷 전자상거래는 도매상과 소매상을 거치지 않고 인터넷을 통해 직접 소비자에게 전달되기 때문에 유통채널이 단순하다. 이러한 특징은 소비자에게 더 저렴한 가격으로 제품을 구입할 수 있다는 장점을 가진다.

② 인터넷은 24시간 접속이 가능하며, 전 세계와 연결되어 있어 제한된 영업시간 내에만 거래를 하는 기존의 상거래와는 달리 어느 때라도 전 세계의 제품을 거래할 수 있다.

③ 고객의 정보획득에 있어서도 시장조사나 영업사원 없이 온라인상에서 수시로 획득할 수 있다.

④ 인터넷 전자상거래는 판매방법에 있어서도 기존의 상거래와 차이점을 가지는데, 기존의 상거래는 시장이나 상점 등 물리적인 공간 내에서 전시에 의해 판매를 하는 것에 비해, 인터넷 전자상거래는 네트워크를 통해 무한한 정보를 제공하는 등 정보에 의한 판매를 한다.

⑤ 인터넷 전자상거래는 인터넷을 통해 소비자와 1 대 1 통신이 가능하기 때문에 소비자와의 상호작용적인 마케팅 활동을 하게 된다. 이에 비해 기존의 상거래방식은 소

비자의 의사에 상관없이 기업의 일방적인 마케팅 활동이라 할 수 있다.
⑥ 소요자본에 있어서 인터넷 전자상거래는 인터넷서버 구입, 홈페이지 구축 등의 비용만 소요되기 때문에 토지나 건물 등 거액의 자금이 필요한 기존의 상거래방식에 비해 상대적으로 경제적이라 하겠다.

〈인터넷 전자상거래와 전통적 상거래 방식의 비교〉

구분	전자상거래	전통적 상거래 방식
유통채널	기업 ↔ 소비자	기업 → 도매상 → 소매상 → 소비자
거래대상지역	전세계(Global Marketing)	일부 지역(Closed Clubs)
거래시간	24시간	제약된 영업시간
고객수요파악	온라인으로 수시 획득 재입력이 필요 없는 digital data	영업사원이 획득 정보 재입력 불필요
마케팅활동	쌍방향 통신을 통한 일대일 상호대화식 마케팅(interactive marketing)	구매자의 의사에 상관없는 일방적인 마케팅
고객대응	고객 욕구를 신속히 파악 고객 불만 즉시 대응	고객 욕구 포착이 어렵고 고객 불만 대응 지연
판매거점	네트워크 정보에 의한 판매	시장, 상점 전시에 의한 판매
소요자본	홈페이지 구축 등에 상대적으로 적은 비용 소요	토지, 건물 등의 구입에 거액의 자본금 필요

5) 전자상거래의 효과

(1) 기업에게 미치는 효과

① 긍정적 효과
- 인터넷 전자상거래는 네트워크를 이용하여 거래를 하기 때문에 판매거점 즉, 상점 및 점포가 필요 없어 토지비나 종업원 고용 등에 소요되는 고정비용 및 간접비용을 절감할 수 있다.

- 영업시간 제약이 없어 24시간 거래가 가능하여 전통적 상거래 방식의 물리적 한계를 극복할 수 있게 한다.
- 인터넷을 통한 전자상거래는 고객과 기업 간의 쌍방향 통신이 가능하고, 고객정보의 획득이 용이하여 기업이 구매자의 욕구에 맞는 상품을 개발·판매할 수 있어 기업이 적극적인 마케팅을 구사하여 마케팅의 성과를 높일 수 있다.
- 재화 및 용역의 판매·운송에 있어서 도·소매상 등의 중간 유통단계 생략에 따른 유통비를 절감할 수 있어 시장에서 가격경쟁력을 확보할 수 있는 기반을 조성한다. 이러한 가격경쟁력은 운송비, 점포유지비, 유통마진 등을 절감하여 상품 및 서비스의 가격을 인하함으로써 가능해진다.
- 시장의 지역적 제한이 없어 기업의 새로운 시장에 대한 진입이 용이하다.
- 대금결제도 네트워크를 통한 Cyber Cash 혹은 전자화폐로 이루어져 기업에게 편리성을 제공한다.

② 부정적 효과
- 인터넷 전자상거래는 Cyber Space를 통해 무한한 정보를 제공하기 때문에 소비자의 탐색·정보비용을 대폭으로 절감시키게 되고, 이에 따라 제품 간 경쟁이 치열해지는 문제점이 있다.
- 이러한 경우 브랜드 이미지가 좋은 상품의 판매가 확대되며 따라서 브랜드 명성의 중요성이 보다 커지게 되어 중소기업의 입지는 더욱 불안해질 수도 있다. 한편 중소기업의 경우 세계시장에의 노출이 촉진됨에 따라 경쟁의 압박을 받을 수는 있지만 반면에 세계시장으로의 진출기회도 보다 확대될 수 있다.
- 도·소매상의 생략 등 유통채널의 단순화는 비용감소를 가져오지만, 유통구조상에서의 중간업체 및 면세점 등을 급격히 쇠퇴시키는 문제를 가진다.

(2) 소비자에게 미치는 효과

① 긍정적 효과
- 물리적인 시장에 나가지 않아도 앉아서 쇼핑, 구매, 대금결제까지 할 수 있는 One

Stop Shopping이 가능해져 편리함을 제공한다. 이러한 효과로 인해 소비자는 정보탐색 시간 및 비용을 절감할 수 있어 경제적인 이익을 얻는다.
- 진입장벽이 낮아 기업들의 가격경쟁이 심해지고 이에 따라 소비자는 저렴한 가격에 제품을 구입할 수 있다.
- 기업의 영업에 있어 시간상의 제약이 없어 소비자는 24시간 동안 전 세계의 제품을 한자리에서 한눈에 비교, 쇼핑할 수 있다.
- 소비자와 기업 간의 쌍방향통신을 통해 소비자는 자신의 욕구를 전달할 수 있으며, 불만이 있는 경우 즉각적인 조치를 받을 수 있어 자신의 욕구에 맞는 제품을 구입할 수 있다.
- 인터넷상의 가상쇼핑몰을 통해서 상품검색 기능을 활용하여 용이하게 제품을 선택할 수 있다.
- 기존의 상거래 방식이 가지고 있던 문제점 중의 하나인 종업원 불친절 또는 강매에서 해방되어 풍부한 제품정보를 가지고 쇼핑을 할 수 있다.
- 인터넷상에서의 쇼핑에서는 정보탐색 시간 및 비용이 저렴하여 충분한 사전조사를 가지고 구매할 수 있어 충동구매가 감소하고 계획구매가 이루어진다.

② 부정적 효과
- 소비자는 가상쇼핑몰에서만 제품을 보고, 직접 볼 수 없기 때문에 구매 후 불만족이 발생할 수 있다. 이런 경우 반품 및 환불이 어렵다는 문제점이 있다. 특히 그 제품을 해외시장에서 구입한 경우에는 더욱 어렵다.
- 인터넷상에서는 구매 후 대금지불을 신용카드를 통해 하므로, 보안기술이 고도로 발달되지 않은 한 개인정보가 노출되어 악용될 가능성이 있다는 문제점이 있다.

(3) 일반적 효과
① 전자적으로 개방된 시장에서 공급업체 간 경쟁이 강화되어 구매자의 비용이 절감된다.
② 온라인으로 입찰정보 DB접속, 입찰서 제출, 결과조회가 가능해 공급자의 비용이 절감된다.

③ 잠재고객에 대해 쉽고 저렴한 마케팅이 가능해 신규시장 개척이 용이하다.
④ 지리적인 거리를 초월한 새로운 시장진입이 용이하다.
⑤ 비즈니스 과정들이 상호 연결되어 각 단계별 및 세부과정 간의 시간지연이 제거되어 상거래의 신속화를 가져다준다.
⑥ 제품사양이 표준화되고 경쟁이 심화되어 제품의 품질이 개선되며, 시장의 확대와 제품의 주문생산이 이루어져 제품의 다양화가 이루어진다.
⑦ 즉시적 재고관리와 통합화 제조기술을 통해 제품이나 서비스에 대한 요구를 전자적으로 연결시킬 수 있으며, 재고관리 비용과 불량재고에 의한 리스크를 경감시킨다.
⑧ 관리과정의 표준화, 자동화, 대규모 통합을 통하여 간접비를 절감한다.
⑨ 종이문서를 줄일 뿐 아니라 실제로 움직이지 않고도 전자적으로 정보를 얻기 때문에 공해물질을 줄일 수 있어 환경적으로도 유익한 효과를 가진다.

6) 인터넷 쇼핑몰

(1) 인터넷 쇼핑몰의 개념

인터넷 쇼핑몰이란 일반적인 쇼핑몰 개념과 대비되는 개념으로, 기업과 소비자 간의 전자적 거래를 지원하는 전자적 소매시장으로 사이버 쇼핑몰, 전자적 쇼핑몰, 가상 점포, 온라인 점포, 정보몰, 전자적 몰 등의 용어와 같은 의미로 사용되고 있다. 다시 말해 인터넷 쇼핑몰이란 통신 인프라를 통해 인터넷상의 쇼핑몰 홈페이지에 상품정보를 제공하여 여기에 접속한 이용자가 주문하고 대금결제를 하면 원하는 장소까지 배달하는 인터넷상의 판매점포를 말한다.

(2) 인터넷 쇼핑몰의 종류

① EC 호스팅 방식 · 독립서버 운영 방식
- EC 호스팅 방식 : 이는 Mall of Mall 방식으로, 쇼핑몰을 임대해 주는 서비스 업체로부터 쇼핑몰을 임대해서 입점하는 것이다. 이 방식은 초기비용이 적고, 실패했을 경우 위험부담이 최소화된다는 장점이 있다. 기술적인 능력이 취약한 업체에

유리하며, 기존 쇼핑몰 회원들을 대상으로 하기 때문에 광고효과도 높은 편이다. 또한 처음으로 사업을 시작한 경우에 쇼핑몰 운영 노하우를 익힐 수 있는 기회가 된다. 어느 정도 궤도에 오르면 자사의 브랜드 가치를 높여서 독립서버 운영방식으로 새롭게 나갈 수 있다.
- 독립서버 운영 방식 : 이는 직접 자신만의 쇼핑몰을 운영하는 것으로 자신의 기호에 맞게 사이트를 구성할 수 있다는 점과 브랜드 이미지 구축이 용이하다는 장점을 들 수 있다.

② 목적에 따른 분류
- 단순광고형
- 판매증진형
- 특정상품 판매형
- 일반상품 판매형

③ 판매형태에 따른 분류
- 단일상점 형태 : 단일한 품목의 제품만을 갖춘 형태로 고객이 구매하려는 상품을 취급하는 상점의 웹사이트를 정확히 알고 있는 경우는 효율적인 쇼핑이 가능하다.
- Mall 형태 : 많은 종류의 상점들을 입점시킨 집합체로 운영되도록 설계된 방식으로, 고객이 한 쇼핑몰 사이트에 접근하여 여러 가지 상품을 구매할 수 있고 이로 인해 웹 방문의 횟수를 줄일 수 있어 효율적이다.
- Mall of Malls(Meta shopping Mall) : 쇼핑몰과 쇼핑몰을 연결하여 원하는 상품을 비교해 보며 고객의 요구에 가장 적합한 상품을 선택하여 구매가 가능하고 대금지불도 일원적으로 처리 가능하다.

(3) 인터넷 쇼핑몰의 장점
① 고객이 원하는 물건을 빠르고 쉽게 탐색할 수 있다.
② 상품정보의 선택적 열람이 가능하다.
③ 정보의 양과 형식도 다양화되어 있다.

④ 대부분의 인터넷에서 판매되는 가격이 실제 경제에서 판매되는 가격에 비해 싸고 다양한 혜택들을 제공한다.

⑤ 기업입장에서 인터넷 쇼핑몰 운영의 이점
- 기업의 입장에서는 새로운 판로 개척과 활로를 모색할 수 있으며, 재고 및 유통, 광고비용이 감소하므로 유통구조를 혁신하고 효율성을 증대시킬 수 있다.
- 광범위한 잠재고객을 확보할 수 있으며 고객의 구매동기를 유발하여 기업의 매출을 증대할 수 있다.
- 고객의 욕구에 부합하는 신속하고 다양한 형태의 제품서비스를 제공할 수 있다.
- 고객과 지속적이고도 유기적인 관계를 형성할 수 있으며 보다 빨리 고객의 욕구를 만족시킬 수 있다.
- 제품에 대한 다양한 부대정보도 값 싸게 제공할 수 있다.

(4) 인터넷 쇼핑몰 운영의 성공요인

① **다양한 상품구성** : 고객이 구매의사를 검토할 수 있는 다양한 상품구성과 배치가 필요하다. 고객의 선택 폭이 넓을수록 구매경향이 높다.

② **상품구성의 차별성** : 쇼핑몰의 특성과 전문성이 반영된 상품구성, 즉 다른 쇼핑몰과 차별화된 전략이 필요하다.

③ **가격 우위** : 가격경쟁력 확보를 통한 구매유도가 필요하다. 마일리지 제도 등 고객보상책과 병행해야 한다.

④ **충분한 상품정보** : 구입하고자 하는 상품을 직접 확인해 볼 수 없는 한계를 보완하기 위해 충분한 상품정보가 필요하다.

⑤ **변화와 업데이트** : 새로운 것을 추구하는 고객의 욕구를 반영한 콘텐츠 및 상품구성 변화와 업데이트가 필요하다.

⑥ **주문 및 결제의 편의성** : 주문서 작성과 결제정보 입력이 편리한 화면구성 및 이동경로를 갖추어야 한다.

⑦ **마케팅** : 인터넷의 특징을 살린 마케팅 수행이 필요하다.

⑧ 에이전트 : 쇼핑몰을 방문하는 고객의 특성과 선호도를 분석하여 고객의 요구와 성향에 맞는 상품과 서비스 및 정보추천기능을 담당한다.

(5) 인터넷 쇼핑몰의 해결과제
① 개인의 프라이버시 보호 및 해킹을 통한 개인정보누출에 관한 위험성 차단
② 보안성이 보장된 전자대금 결제시스템 개발
③ 고객 입장에서 좀 더 편리한 구매를 지원할 수 있는 방안에 관한 연구
④ 사이버 공간에서 판매되는 상품의 품질보증과 배달의 문제

3. 인터넷 마케팅

1) 인터넷 마케팅의 개념

인터넷 마케팅이라 함은 인터넷이라는 의사소통 도구에 의하여 효과적으로 또한 효율적으로 고객이 필요와 욕구를 충족시킬 수 있는 제품, 촉진, 유통, 가격 결정 등의 활동을 통하여 가치를 창출하고 제공하는 활동이다. 구체적으로는 한 기업이 웹사이트를 구축하여 기업홍보 및 제품광고를 하고 인터넷이라는 가상 공간에 쇼핑몰을 개설하여 직접 제품이나 서비스를 판매하는 것이라 할 수 있다.

2) 전자상거래와의 구분

인터넷 산업을 인터넷 마케팅, 전자상거래와 동일 개념으로 보는 경우가 많으나, 실제로는 인터넷 산업을 구성하는 인터넷 기업들의 활동 중 한 가지가 인터넷 마케팅이며, 그 마케팅을 수행하는 과정에서 발생하는 거래가 전자상거래라고 파악하는 것이 올바르다. 즉, 인터넷 마케팅은 전자상거래를 포괄하는 개념이며 전자상거래는 인터넷 마케팅을 통하여 이루어지는 거래단위를 의미한다. 따라서 인터넷은 정보자원, 광고매체, 수입원임과 동시에 전자상거래를 가능하게 하는 비즈니스채널이라 할 수 있다.

3) 인터넷 마케팅의 특징

① 상호작용성(Interactivity)

다수 대 다수 커뮤니케이션 모델(Many-to-Many commu-nication Model)을 기초로 하므로 기업이나 고객 모두가 필요한 정보를 주고받을 수 있다. 즉, 고객을 참여시켜 그 고객과 대화, 필요한 정보를 수집하고 상호 간 관계를 형성한다.

② 개인화(Personalization)

한 사람만을 위한 정보와 서비스 제공이 가능하다. 인터넷은 양방향 커뮤니케이션이 가능한 상호작용적인 매체이므로 웹사이트를 찾아오는 고객 한 명에 대해서 그의 구미에 맞는 정보나 서비스를 개별적으로 제공해 줄 수 있다는 특징이 있다.

③ 정보지향성(Inforcentric)

인터넷은 기존 매체에 비해 정보의 양을 막대하게 전달해 줄 수 있고, 제품에 대한 정보를 무제한적으로 제공할 수 있다. 또한 인터넷은 소비자가 원하는 다양한 정보를 통해 의사결정을 도우며 제품을 판매할 수 있는 가장 적합한 환경을 제공한다.

④ 시간과 공간의 무제한성(Limitless)

실물세계에서 판매나 고객서비스 등과 같은 마케팅 활동은 주로 업무시간에 진행된다. 하지만 인터넷은 1년 365일, 하루 24시간 운영될 수 있다. 이러한 특징은 고객이 편한 시간에 자신의 일정에 따라 물건을 구매하거나 정보를 제공받을 수 있도록 해, 마케팅 활동의 시간적 영역을 무한대로 만들어 놓고 있다. 또한 전시공간에서도 인터넷은 제한성이 없다.

⑤ 측정가능성(Measurable)

고객이 얼마나 방문했고, 어떤 물건을 구매했고, 금액은 얼마인지 등을 인터넷은 로그파일 분석을 통하여 정확히 측정할 수 있다. 그 결과 인터넷은 측정 가능한 정보를 바탕으로 마케팅 관리능력을 향상시킬 수 있다.

⑥ 신축성(Flexible)

인터넷은 매우 민첩하다. 웹사이트를 구성하는 것부터가 아무런 공간적인 제약을 받지 않을 뿐더러 웹사이트의 변경 또한 그리 어렵지 않다. 인터넷은 마케팅 환경의 변화에 맞게 신속하게 대처할 수 있다.

⑦ **경제성(Economical)**

현실세계에서 마케팅 활동 시 진열공간 확보와 유통망 확보에 많은 비용이 든다. 특히, 물류센터의 구축, 인력관리, 재고관리에 많은 비용이 들어간다. 그러나 인터넷은 다르다. 모든 서비스를 인터넷을 통해 획기적으로 줄일 수 있다.

4) 인터넷 마케팅의 분류

① **거래 주체에 의한 분류**
- 기업 간 거래(B2B : Business-to-Business) : 마케팅과 관련된 기업과 공급업자, 고객, 유통업자 간의 정보흐름 연결방식의 발전으로 공급 연결체제(Supply Information Interchange)가 형성되면서 가장 빠른 속도로 증가하고 있는 분야이다.
- 대고객 거래(B2C : Business-to-Customer) : 인터넷 쇼핑을 통한 매출액은 꾸준히 증가하고 있으며, 온라인 결제의 개발과 다양한 품목으로 인터넷 소매거래가 활성화되고 있다.
- 고객 간 거래(C2C : Customer-to-Customer) : 인터넷은 누구나 참여할 수 있고 정보를 제공, 습득할 수 있어 다수의 수요자와 공급자가 한 군데 모여 거래를 형성할 수 있다. 따라서 전문성과 차별성을 바탕으로 하는 개별적인 사이트에서 개인 간의 거래가 형성될 수 있다.

② **사용목적에 따른 분류**
- 기업이미지 홍보 : 투자자, 공급업자, 구성원, 고객, 정부 등에게 자사의 활동을 소개하여 우호적인 기업 이미지를 유지하기 위한 것으로 경영비전, 자사의 활동, 채용, 회계보고 등으로 구성된다.
- 제품 및 서비스 촉진 : 가장 보편적인 형태로서 자사의 제품이나 서비스를 소개하고 촉진하기 위한 것으로 제품별, 상품별로 도메인을 통하여 자사의 제품을 소개함으

로써 제품의 차별적 이미지를 유지할 수 있으며 다른 사이트들과 배너 광고를 교환함으로써 촉진의 효과를 활성화할 수 있다.
- **거래활성화** : 거래활성화, 즉 유통의 역할을 수행하는 것으로 가상매장을 형성하여 거래가 실제로 이루어지도록 하는 사이트를 의미한다.
- **정보교환** : 유사한 관심을 가진 고객을 대상으로 하는 가상 커뮤니티로서, 상호 간의 의사소통을 원활히 하고 정보를 교환하는 장을 제시하는 사이트들이다. 대개의 경우 회원가입으로 이루어지며 가입회원에게 e-mail을 통한 정기적인 정보를 제공하고 있다. 의사소통을 위한 사이트는 커뮤니티를 형성하는 것인 만큼 사용자들에 대한 철저한 세분화가 이루어져 이들의 심리, 행동양식, 취미, 관심에 적합한 내용이 제공될 수 있도록 해야 한다.

③ 기능에 따른 분류
- **포털서비스** : 인터넷을 이용하는 고객이 처음에 거쳐 가게 되는 관문 역할을 수행하는 사이트로서 주로 검색 사이트가 그 역할을 담당한다. 인터넷을 처음 이용하는 고객들은 주로 검색 사이트를 초기화면으로 연결하다가 점차 자신이 주로 관심 있게 이용하는 커뮤니티 사이트 또는 전문 사이트를 초기화면으로 전환하는 경향이 있다.
- **판매 서비스** : 인터넷을 통하여 유형의 제품을 판매하는 가상 쇼핑몰이다. 판매부터 배송, 반품까지의 모든 일련의 구매활동이 온라인상에서 이루어진다.
- **중개 서비스** : 온라인을 통하여 제품, 주식, 무역 등의 거래에서 구매자와 판매자를 연결시켜 주는 기능을 수행하는 사이트로 전자무역상, 사이버 증권회사, 경매 등의 사이트들이 이에 속한다.
- **콘텐츠 서비스** : 가상공간을 이용하여 문화, 예술, 교육, 오락, 방송 등의 서비스를 수행하는 사이트들을 의미한다.
- **인터넷 지원 서비스** : 인터넷을 지원하는 하드웨어, 소프트웨어, 솔루션, 통신망 등을 제공하는 서비스의 사이트를 말한다.

5) 인터넷 마케팅의 계획과 실행단계

① 시장 세분화와 고객 특정화 단계

전체시장에서 기업이 특화한 제품과 서비스를 제공할 고객군을 특정하고 확인하는 단계이다. 시장 세분화란 보다 효과적인 마케팅 믹스의 개발을 위해서 전체시장을 상품에 대한 욕구가 비슷하거나 혹은 영업활동에 의미 있는 동질적인 부분시장으로 나누는 작업이다. 이는 전체시장 중에서 하나 또는 그 이상의 세분시장을 선정하고 각 시장의 고객에 대하여 전통적 마케팅의 방법과도 같은 이미지와 마케팅 믹스를 제공하는 방법을 말한다. 표적시장 선정에서는 시장구조를 분석하고 대상고객과 시장을 명확하게 선정하는 것이 무엇보다도 중요하다. 이 단계에서는 사이트 운영목적에 따라 그 운영사이트가 특화하고 있는 상품의 다양성, 정보, 새로운 제공방식 등 고객이 요구하는 잠재적 이익을 적극적으로 부각시켜야 한다.

② 광고촉진 전략의 수립단계

기업의 이미지 또는 특화한 제품 및 서비스에 부합하는 도메인(Domain)명의 개발과 관리는 최고 홍보수단의 기초가 될 수 있음에 따라 이를 기반으로 광고의 내용 또한 명확한 방향성과 차별성을 가지고 적절한 매체를 선택하여 온라인 매체의 특성을 최대한으로 살려 이를 부각할 수 있어야 한다.

③ 광고를 통해 사이트를 방문한 고객의 정보수집 단계

네트워크상에서의 고객정보수집은 인터넷 마케팅 성공요소 중 가장 중요한 사항이라 할 수 있다. 즉, 장기적이고 지속적인 고객관계를 형성하고 이를 추구하는 것은 수익구조를 견고히 할 수 있는 필수적 요소이며 그 기반이 곧 고객정보에 있는 것이다. 구체적으로 전문사이트의 장점과 단점을 시기적절하게 파악하고 모든 개방된 기회를 활용하여, 즉 이벤트, 게임 등을 통해 방문을 유도하거나 배너 교환 또는 검색엔진 등에 등록하여 그 채널을 다양하게 확보하여 이와 같은 제반 프로모션을 통해 잠재고객의 정보를 획득할 수 있는 고객과의 접점을 만드는 것이 중요하다.

④ 고객참여와 상호작용을 활성화하는 단계

이 경우에는 능동적으로 고객이 참여할 수 있는 동기부여가 중요하다. 연결고리를 다양화하여 친숙도를 제고하는 것은 재방문의 동기부여를 제공할 수 있는 수단으로써의 역할뿐만 아니라 진정한 의미에서 고객의 참여를 유도하는 무형의 가치라 할 수 있다.

⑤ 고객과의 정보교환을 지속하는 단계

직접적으로 고객과 상호작용할 수 있는 다양한 방법이 인터넷에 존재한다는 것은 인터넷 마케팅이 실세계의 마케팅에 비해 가지는 가장 큰 장점이라고 할 수 있다.

⑥ 고객서비스를 지원하는 단계

위의 각 단계를 거쳐 파악된 고객 개별화의 수준과 고려사항을 끊임없이 마케팅 전략에 반영하여 기업의 경쟁우위 요소 및 핵심역량으로 내부화하여야 한다.

6) 인터넷 마케팅의 장점

① 고객관리 용이

기업은 전자우편, 웹사이트의 게시판 등을 활용하여 실시간으로 고객의 불평과 아이디어를 수집하는 등 고객욕구를 신속히 파악하여 제품개발 및 마케팅에 활용할 수 있다. 또한 고객 데이터베이스를 구축하여 신제품이 출시될 때마다 고객과 연락을 취하는 등 고객만족도를 향상시켜 장기적 관계 구축이 용이하다.

② 판매경비 및 판촉비 절감

일반판매의 경우 고정비가 많이 소요되지만 인터넷으로 판매방식을 바꾸면 인건비를 상당 부분 절감할 수 있다. 또한 웹사이트에 제품카탈로그를 올려놓으면 고객이 품목들을 살펴보고 주문란에 지불 방법을 기입하여 주문하기 때문에 판매와 관련된 경상경비도 절감할 수 있다.

③ 시·공간상의 이점

인터넷 마케팅은 물건을 전시하고 판매할 매장이 필요 없을 뿐 아니라 시·공간상의 제약을 받지 않고 있어 언제 어디서든 인터넷 마케팅 사업을 할 수가 있다.

④ 새로운 시장진입 용이

인터넷은 시장의 진입 장벽이 낮아 자금력이나 조직능력이 부족한 기업이 새로운 시장에 진출하기가 용이하다. 따라서 이러한 인터넷 마케팅은 기존 고객에게 추가적인 제품구매를 유도하는 데 효율적인 방법이라 할 수 있다.

⑤ 정보제공 용이

지면이나 방송을 이용한 마케팅에는 광고료의 제약 때문에 소비자에게 제공하는 상품이나 서비스 정보의 양에 한계가 있지만, 웹을 통한 인터넷 마케팅은 무제한 정보제공이 가능하기 때문에 고객에게 전달하고자 하는 내용을 체계적으로 제공할 수 있고 최상의 정보 공유가 가능하다.

⑥ 유통구조의 변화

인터넷 마케팅으로 중간상의 역할이 감소하여 유통구조 측면에서 변화가 일어나고 있다. 생산자는 인터넷을 통해 직접 상품을 전시하고 주문을 받을 수 있기 때문에 별도의 판매조직이 필요 없고, 대신 주문을 받은 상품을 배달해 주는 물류산업이 비약적으로 발전하고 있다.

⑦ 환경보호

기존의 마케팅 제품의 카탈로그 제작에 드는 비용, 종이, 인쇄잉크, 운반에 드는 비용과 연료 소모 등을 감안한다면 인터넷 마케팅의 제품정보 교환은 국가적 경제차원에서 이익을 가져다준다.

7) 인터넷 마케팅의 단점

① 개인정보(고객주문과 관련된 신용카드 정보)에 대한 보안이 보장되어야 한다. 또한 웹을 통하여 경쟁자의 정보나 소비자의 동향을 쉽게 파악할 수 있는 반면, 경쟁자 역시 인터넷을 통하여 나의 활동을 감시하고 정보를 유출해 갈 수 있다는 점을 인식하고 방화벽의 설치와 같은 정보관리에 신경을 써야 한다.

② 인터넷 이용자들은 표적화된 광고를 싫어한다.

③ 소비자의 사생활이 보호되어야 한다. 본인의 의사와 관계없이 마구 밀려들어오는 전자우편은 사생활의 침해로 간주된다.

④ 인터넷에 자유롭게 게재되는 자사 제품에 대한 부정적인 정보 때문에 회사가 손해를 입는 경우가 발생한다. 따라서 지나치게 개방적인 인터넷에서 잘못된 자료의 남용과 오용은 심각한 문제를 야기할 수 있다.

⑤ 사이버 마케팅은 글로벌 마케팅이기 때문에 '행동은 현지에 맞게 하되 생각은 세계적으로 할 것'을 요구한다. 이와 같이 세계의 모든 문화와 언어의 장벽을 초월하는 거래가 증가함에 따라 국가별로 소비자보호규정이 달라 피해를 입는 경우가 많아지고 있다. 따라서 법적, 정치적 그리고 윤리적으로 어렵고 복잡한 문제들이 해결되어야 한다.

8) 인터넷 광고

(1) 인터넷 광고의 개념

① 좁은 의미

특정 사이트엔 자신의 광고용 배너를 게재하여 자신의 사이트로 하이퍼링크 시키거나, 검색엔진이나 다른 사이트에 자신의 사이트를 하이퍼링크 시키고 그 대가를 지불하는 것을 말한다.

② 넓은 의미

기업이 인터넷을 이용하여 행하는 고객과의 일련의 커뮤니케이션 활동을 포괄하며, 특히 홍보 목적으로 웹사이트를 구축하여 각종 기업정보 소개, 고객관리, 제품소개를 하고, 각종 이벤트 프로모션, 상거래 등의 인터넷 마케팅 커뮤니케이션 활동을 전개하는 것을 말한다.

(2) 인터넷 광고에 대한 효과분석

① 로그분석은 인터넷 수익모델의 대부분을 차지하고 있는 인터넷 광고에 대한 효과분석을 하기 위한 중요한 도구로 인터넷 광고업체는 광고에 태그(TAG)를 삽입하거나

애드서버의 고객 로그데이터를 분석하여 광고에 대한 효과 측정의 근거 자료로 활용할 수 있다.

② 인터넷 광고의 측정단위

- Hit : Hit는 웹 서버에서 브라우저를 파일로 보낼 때마다 서버 로그파일에 "히트"로 기록된다. 히트는 요청된 페이지의 그래픽, 텍스트 및 인터액티브 항목 등의 모든 요소에 생성된다. Hit는 인터넷 광고 초기에 광고주를 설득하기 위한 양적인 데이터로 많이 활용되었으나 현재는 거의 사용하고 있지 않다.

- Page View & AD View(Impression) : Page View와 AD View는 방문객들을 대상으로 하는 효과 측정 단위로 많이 활용되며, Page View는 배너가 있는 페이지의 다운로드 횟수를 의미하고 AD View는 배너가 브라우저에 다운로드 되는 횟수를 의미하며 임프레션(Impression)이라고도 한다.

  Page View와 AD View는 광고가 방문자들에게 노출(Exposure)되어 각인(Impression)되는 기존 오프라인 광고방식의 원리를 이용하여 일반적으로 배너광고를 측정하는 기준으로 많이 활용되고 있다. 그러나 Page View와 AD View는 사용자의 캐쉬(Cash)나 프록시 서버(Proxy Server)를 통하여 사이트를 방문하는 경우 수치가 왜곡될 수 있는 단점이 있다.

- Visitor & Session : Visitor 웹사이트를 접속하여 일정한 시간 동안(보통 30분을 기준) 일련의 행동을 보인 사용자를 분석하기 위한 단위이다. Session은 한 방문자가 특정 웹사이트에 접속해서 연속적으로 페이지를 본 후 다른 사이트로 이동하는 일련의 과정을 말한다.

  Visitor & Session은 실질적인 방문자를 기준으로 한 광고측정이기 때문에 Page View보다 유용한 결과를 얻을 수 있다. 이러한 Visitor & Session 쿠키나 사용자 인증을 통하여 개인 맞춤형 광고나 객관적인 광고를 집행할 수 있다.

(3) 인터넷 광고의 가격모델

① CPM(Cost-Per-Mill)

CPM은 주어진 기간 동안 임프레션(Impression) 횟수를 보증하는 광고의 가격모델이다. CPM 가격모델은 특정사이트를 방문한 사람들에게 노출되는 횟수를 세는 단순한 방식이기 때문에 광고주들이 광고에 대한 고객 행동 데이터를 확보하는 데 제한적인 한계가 있다.

② CTR(Click-Through-Rate)

사용자가 배너를 보고 클릭하여 광고주의 사이트를 방문한 경우를 계산하는 방식으로 단순히 배너의 노출횟수가 아닌 실제로 배너를 클릭하여 자사의 사이트로 들어오는 방문자들을 기반으로 광고 가격을 산출한다.

③ CPA(Click-Per-Action) : CPA는 배너 광고를 클릭하여 방문자가 광고주가 요구한 실제적인 행동(회원등록/구매/리서치 등)을 기준으로 계산하는 방식으로 최근 많이 활용되고 있는 가격 산정 방식이다.

(4) 인터넷 광고의 장점

① **양방향 커뮤니케이션 툴로 활용할 수 있다.**

일방적인 광고메시지만 전달하는 기존 매스미디어와는 달리 양방향 커뮤니케이션이 가능한 인터넷은 사용자들과의 대화를 통해 의견을 수렴할 수 있고 정보를 전달할 수 있다. 또한, 고객의 불만이나 문의도 실시간으로 해결할 수 있다.

② **특정 다수에게 타깃 광고를 할 수 있다.**

불특정 다수에게 단방향으로 광고를 노출하는 기존 매스미디어와 달리 인터넷은 양방향 커뮤니케이션이 가능하고 광고주가 타깃으로 선정한 특정 다수의 고객에게 광고를 노출할 수 있고 실시간으로 광고효과를 측정할 수 있다. 또한 기존 매스미디어 광고에서는 단지 광고만 노출하지만 인터넷 광고는 구매로까지 연결이 가능하다.

③ **저렴한 광고비용과 충분한 제품정보의 전달을 들 수 있다.**

인터넷 광고비는 다른 매체에 비해 저렴하며 시공간에 따른 제약 없이 충분한 제품

정보를 전달할 수 있고 다양한 형태의 동적 광고도 가능하다.

④ **미래지향적인 기업이미지를 부여한다.**

새로운 매체인 인터넷에서 적극적인 광고를 통해 인터넷 이용자들에게 선진 기업이라는 이미지와 최첨단 기술을 바탕으로 미래지향적인 이미지를 심어줄 수 있다.

⑤ **광고효과 측정이 용이하다.**

인터넷 광고는 광고주가 광고효과를 실시간으로 정량화할 수 있다. 또한 광고를 게재한 사이트에서 자사의 광고에 누가 관심을 가지고 있는지도 파악할 수 있다. 따라서 광고효과를 정량화할 수 있기 때문에 합리적인 광고비를 산정할 수 있다.

⑥ **광고 소구점의 변화를 들 수 있다.**

기존 매스미디어 광고는 제한된 시간과 정보량을 가지고 소비자에게 광고효과를 극대화하기 위해 이미지 중심의 감성적 광고로 제작되어온 반면, 인터넷 광고는 시간과 정보량에 제한을 받지 않기 때문에 소비자에게 충분한 정보제공을 선결 과제로 정보중심의 광고를 제작할 수 있다. 이에 따라 내용 중심의 합리적 판단에 소구하는 이성적 광고를 할 수 있다.

4. 에스크로(escrow)

1) 에스크로란

전자상거래의 안정성을 높이기 위해 거래대금을 제3자에게 맡긴 뒤 물품배송을 확인하고 판매자에게 지불하는 제도이다. 원래 법률용어로 특정물을 제3자에게 기탁하고 일정한 조건이 충족된 경우 상대방에게 교부할 것을 약속하는 '조건부 양도증서'를 의미한다. 에스크로서비스는 인터넷 쇼핑몰을 이용한 구매자가 상품을 받아본 뒤 일정조건이 충족될 때까지 에스크로 사업자가 거래대금을 보관하고 있다가 판매자에게 거래대금을 정산해 주는 방식이다. 또 판매자도 후불제를 했을 경우 구매자에게 채권추심을 하는 등의 각종 위험과 비용을 절감해 안심하고 거래를 진행할 수 있는 장점이 있다. 따라서 구매자와 판매자 양측을 전자상거래의 피해 사고로부터 보호할 수 있다.

전자상거래에서의 에스크로서비스는 쇼핑몰(전자)보증보험과 같은 소비자피해보상보험과는 근본적으로 차이가 있다. 즉, 에스크로서비스는 구매자뿐 아니라 판매자가 입을 수 있는 피해도 예방하여 거래의 양 당사자를 모두 보호하는 성격이 강하다.

이러한 에스크로서비스는 '에스크로 장치'와 '매매보호서비스'라는 명칭이 가장 많이 사용되고 있으며, 기타 거래보호서비스, 거래안전서비스, 매매보호 장치, 매매보호 시스템, 매매계약 이행보장 장치, 안전거래 시스템, 안전거래서비스, 지불유보 시스템(pay hold system), 에스크로서비스 등 다양한 용어로 호칭되고 있다.

2) 에스크로서비스 절차

> 구매자와 판매자 간 거래조건 합의 → 에스크로 사업자에 대한 구매자의 대금결제 → 판매자의 상품배송 → 구매자의 상품수령 확인 → 에스크로 사업자의 상품대금 송부

대부분의 온라인 에스크로서비스는 다음과 같이 인터넷을 통해 회원으로 가입 또는 등록절차를 거친 경우에만 이용할 수 있는 시스템으로 운영되고 있다.

① 회원가입/등록

판매자와 구매자가 인터넷 경매, 온라인 쇼핑몰 등을 통한 상품매매 시 에스크로서비스를 이용하여 서로가 안전한 거래를 하고자 할 경우 양 당사자는 우선 에스크로서비스를 이용할 것인지를 합의하는 절차가 필요하다. 이를 위해 판매자와 구매자 모두 혹은 판매자 또는 구매자가 이용하고자 하는 에스크로서비스의 회원으로 등록해야 한다.

② 거래 정보 입력

전자상거래 사이트에서 거래계약을 체결한 구매자와 판매자 중 적어도 한 당사자가 에스크로서비스의 회원으로 가입한 후 거래정보를 등록해야 한다. 등록정보는 일반적으로 상품명(모델명), 가격, 수량, 결제방법, 배송방법, 상품의 이상유무 판단기간, 거래자 연락처(e-mail), 반송비 부담 여부 등이다.

③ 거래합의/변경요청

거래당사자 간 에스크로서비스의 이용을 원하는 당사자의 거래제안조건을 확인하고 경우에 따라 변경을 요청하는 단계이다. 이때 상대방으로부터 제안된 거래조건을 합의하게 되면 에스크로서비스가 개시된다. 만일 상대방에서 제안한 거래조건을 변경하고자 할 경우 자신의 거래제안사항을 상대방에게 다시 거래를 제안할 수 있다. 합의가 이루어지지 않으면 에스크로서비스 이용이 자동적으로 취소된다.

④ 결제요청 및 결제

구매자가 구매하고자 하는 상품정보를 입력하고, 판매자가 이를 확인하여 거래합의가 이루어진 후, 에스크로 사업자가 상품대금을 판매자가 아닌 에스크로 사업자의 계좌에 입금하도록 요청하고 입금 여부를 확인한다.

⑤ 입금확인 후 상품요청

에스크로 사업자는 구매자로부터 상품대금이 입금된 것이 확인되면 판매자에게 구매자가 지정한 장소로 상품을 배송해 주도록 판매자에게 통보한다.

⑥ 제품배송

판매자는 에스크로 사업자의 배송통지를 받고 정해진 기간 이내에 배송하고, 에스크로 사업자에게 상품ID, 배송회사, 배송날짜, 도착날짜, 수량, 송장번호 등의 배송정보를 통지한다.

⑦ 수령확인 후 구매승인 또는 반품신청

판매자로부터 상품배송 통보를 받은 에스크로 사업자는 구매자에게 상품수령 확인 및 구매승인 여부를 요청한다. 구매자는 판매자가 배송한 상품수령 후 이상 유무를 판단하여 에스크로 사업자에게 구매승인을 하거나 반송을 신청한다.

⑧ 구매승인 시

구매자의 구매승인 시 에스크로 사업자는 구매자가 입금한 상품대금 중 에스크로 수수료(escrow fee)를 제한 나머지 금액을 판매자에게 송금하고 에스크로서비스는 종료된다. 만일 구매자가 상품을 받고도 구매승인을 하지 않게 되는 경우, 에스크로

서비스 사업자는 일정기간 경과 후 구매자가 구매승인을 한 것으로 간주(negative confirmation)하여 판매자에게 상품 대금을 지급한다.

⑨ **구매 거부 시**

구매자가 상품상의 하자나 기타 사유로 구매를 거부하고 반송을 신청하는 경우 에스크로 사업자는 판매자에게 구매자의 반송사실을 확인한 다음, 보관해 두었던 상품대금을 구매자에게 전액 환불한다. 이 경우 거래가 성립되지 않았으므로 에스크로 수수료는 지불되지 않는다.

Chapter Quiz

01 마케팅에 대한 설명으로 적절하지 않은 것은?
① 제품을 시장에 판매하여 이윤추구만을 목적으로 한다.
② 두 당사자 간에 가치를 매매하는 거래가 있다.
③ 인간의 욕구와 욕망을 충족시키기 위한 수요가 있다.
④ 소유권과 점유권의 이전에 관한 경영 활동이다.

02 전사적 마케팅과 가장 밀접한 것은?
① 마케팅 활동은 사회에 대한 책임을 우선으로 해야 한다는 것이다.
② 기업의 총 매출액을 극대화시키기 위한 것이다.
③ 국·내외의 시장을 총괄하여 마케팅 활동을 전개하는 것이다.
④ 기업의 모든 경영 활동을 마케팅 활동 중심으로 통합하는 것이다.

03 새로운 고객을 찾기보다는 기존 고객의 구매빈도와 사용률을 높이려는 마케팅 전략을 추구하는 제품수명주기상에 속하는 단계는?
① 도입기　　　　　　　　② 성장기
③ 성숙기　　　　　　　　④ 쇠퇴기

04 소비자가 상품으로부터 추구하는 편익을 구체적인 형태로 나타내는 제품은?
① 핵심상품　　　　　　　② 실체상품
③ 무형상품　　　　　　　④ 확장상품

01 ①　02 ④　03 ③　04 ①

05 다음 중 서비스 품질을 측정하는 SERAUAL의 차원이 아닌 것은?
① 신뢰성
② 대응성
③ 공감성
④ 유연성

06 고객생애가치(Customer Lifetime Value)와 관련된 다음의 내용 중 잘못된 것은?
① 한 고객이 평균적으로 기업에게 기여하는 미래수익의 현재가치를 말한다.
② 관계마케팅의 여러 가지 효익을 계량적으로 정리하는 개념이다.
③ 한 고객이 특정기업과 거래에서 얻고자 하는 삶의 질을 의미한다.
④ 고객이탈률을 낮출수록 고객생애가치는 증가한다.

07 마케팅에 관련된 설명으로 적절하지 않은 것은?
① 마케팅 믹스는 목표시장에서 기업의 목적을 달성하기 위하여 통제 가능한 마케팅 변수를 적절하게 배합하는 것이다.
② 선행적 마케팅 기능은 생산이 이루어지기 전에 수행되는 마케팅으로 여기에는 마케팅 조사활동과 마케팅 계획활동이 포함된다.
③ 경로, 가격, 판매촉진, 유통관리 활동은 후행적 마케팅 기능에 포함된다.
④ 디마케팅은 공급이 수요를 초과하는 경우에 자원의 생산적 이용을 유도하기 위하여 적용되는 마케팅 과업이다.

08 다음 제품 수명 주기 중 성장기의 내용으로 옳지 않은 것은?
① 성장기에는 대량생산이 이루어지기 때문에 제품원가는 도입기보다 줄어든다.
② 성장기에는 지속적으로 판매량이 늘어날수록 각종 비용이 줄어들어 이익이 증가한다.
③ 성장기 제품의 마케팅 전략은 기존의 소비자를 지키는데 적극적으로 방어하여야 한다.
④ 판매량이 증가할수록 이러한 제품을 모방한 경쟁제품이 시장에 진출하게 되어 전체적인 시장의 크기가 커져서 시장이 성장기에 접어들게 된다.

05 ④ 06 ④ 07 ④ 08 ③

09 상품의 수요량을 예측할 때 과거의 일정한 기간 동안 어떤 수요의 패턴으로 이루어졌는지를 분석하여 미래에도 비슷한 추세로 수요가 이루어질 것이라는 가정 아래 이를 적용하여 예측하는 기법은?

① 시계열 예측법　　　　　　② 인과형 예측기법
③ 시장조사법　　　　　　　　④ 델파이법

10 제품 생명 주기의 각 단계에 대한 다음 설명 중 틀린 것은?

① 도입기에는 제품에 대한 매출액의 상승이 늦고 구매자의 대부분이 혁신자(Innovator)이다.
② 성장기에는 경쟁자가 늘어나며, 가격은 일반적으로 높아진다.
③ 성숙기에는 철수하는 경쟁자가 늘어나기 시작하며, 수요가 거의 정점에 이르게 된다.
④ 쇠퇴기에는 일반적으로 철수하는 것이 옳으나, 수요자가 어느 정도 남아 있을 때는 그러한 보수적 소비자를 목표시장으로 하는 전략을 수립하는 방법도 이익을 남길 수 있다.

11 다음 중 홍보 활동의 특징이라고 볼 수 없는 것은?

① 재화에 대한 사업적으로 의미 있는 기사나 뉴스를 게재·방송함으로써 재화와 기업에 대한 인지도를 높이고 수요를 환기시키는 비인적 자극이다.
② 객관적 입장에서의 보도이기 때문에 진실성이 높다.
③ 객관적 보도의 형태이기 때문에 소비자의 경계심이 낮다.
④ 소비자의 반응(구매)을 즉시 유도할 수 있다.

09 ①　10 ②　11 ④

12 판매 촉진을 위한 방법으로 적절하지 못한 것은?

① 고객에게 상품의 사용가치를 인식시키기 위해 충분히 보여주는 데만 노력한다.

② 진열대에 POP광고를 설치한다.

③ 고객의 구매욕을 일으키도록 디스플레이를 충실히 한다.

④ 바겐세일, 각종 전시회 등 특별행사를 한다.

13 상품관리에서 품목구성과 매출액과의 관계에서 20:80원칙의 설명으로 바른 것은?

① 20개 품목 매출액과 80개 품목 매출액이 같다.

② 재고 20%의 품목은 잘 팔리고 80개 품목은 잘 안 팔린다.

③ 80개 품목은 잘 팔리고 20개 품목은 잘 팔리지 않는다.

④ 재고 20%에 해당하는 품목의 매출액이 전체 매출의 80%를 차지한다.

14 맥그리거(D. Mcgreger)의 XY이론에 대한 설명으로 옳지 않은 것은?

① 관리자가 인적자원을 평가, 통제함에 있어 근거로 하는 이론적 과정이 무엇이냐에 따라 기업의 전체적인 성격이 결정된다는 전제를 하고 있다.

② 관리자의 태도는 부하직원들의 태도와 행동에도 영향을 주게 되며, 결과적으로는 관리자 자신이 지니고 있던 기존의 태도와 행동을 강화시키는 작용을 한다.

③ X이론에서 관리자는 부하를 신뢰하지 않으며 철저한 감독에 의존한다.

④ Y이론에서 위생요인은 불만 방지 요인이며 종업원의 만족 요인은 되지 못한다.

15 신규 구매의 상황에 대한 설명으로 가장 옳지 않은 것은?

① 담당자에게 기회라기보다는 위협으로 받아들여진다.

② 담당자는 많은 영향자들과 접촉하는 한편, 그들로부터 많은 정보를 수집해야 한다.

③ 단순 재구매보다 의사결정에의 참여자가 많다.

④ 정보수집에 보다 많은 사람들이 참여한다.

12 ① 13 ④ 14 ④ 15 ①

16 효과적 광고를 위한 필수요소인 AIDMA의 M에 해당하는 것은?
① 주의
② 기억
③ 욕망
④ 행동

17 다음 중 상품구매의 일반적인 원칙에 해당되지 않는 것은?
① 적절한 품질의 파악과 확보
② 최적의 공급자 선정과 확보
③ 올바른 필요수량의 파악과 확보
④ 최적의 유통업체 선정과 확보

18 물리적 설비, 종업원의 외모, 서비스 기업의 명성 등 서비스 구매 이전에 질문이나 원하는 정보를 찾아봄으로써 평가되는 서비스 속성을 무엇이라고 하는가?
① 탐색속성
② 신용속성
③ 경험속성
④ 부사속성

19 고객의 구매행동에 대한 내면적 동기나 심리 등을 파악하기 위한 정성적 조사의 대표적인 방법의 하나로서 자유로운 분위기에서 6명에서 12명 정도로 원하는 제품의 특징이나 현 점포운영에 대한 제안이나 점포설계에 대한 의견 등 어떤 특정 주제나 문제를 이야기하는 방식은?
① 실험
② 테스트마케팅
③ 표적집단면접
④ 서베이

16 ② 17 ② 18 ① 19 ③

20 다음은 마케팅 전략개발과 관련된 내용을 설명하고 있다. ( )안에 적합한 전문용어를 바르게 나열한 것은?

① (1) market segmentation – (2) product positioning – (3) selection of target market

② (1) market segmentation – (2) selection of target market – (3) product positioning

③ (1) product positioning – (2) market segmentation – (3) selection of target market

④ (1) product positioning – (2) selection of target market – (3) market segmentation

21 다음 중 데이터베이스 마케팅의 유용성과 거리가 먼 것은?

① 특정 고객의 매출액에 대한 기여도를 확인한다.
② 개인별 구매형태를 측정하여 파악한다.
③ 불특정 다수의 대중을 중심으로 한 마케팅에 유용하다.
④ 개별 고객의 확인이 가능하여 개인별 접근이 용이하다.

22 A, B, C 분석에 대한 다음의 설명들 가운데 가장 옳지 않은 것은?

① 분석 결과 A그룹으로 분류된 상품은 안전재고수준을 가장 높이 유지한다.
② 실제 매출과 계획된 매출을 비교하여 적정재고수량을 파악하고 조절함으로써 재고 비용을 줄이기 위해 주로 사용하는 방법이다.
③ 상품구성계획(assortment plan)의 성과를 평가하기 위해 활용할 수 있다.
④ C그룹의 상품(들)이 매출에서 차지하는 비중은 A, B그룹의 상품(들)보다 낮다.

20 ② 21 ③ 22 ①

23 다음은 선매(Shopping)품, 편의(Convenience)품, 전문(Specialty)품에 대한 설명이다. 옳지 않은 내용은?

① 편의품은 가계의 일상생활에서 잦은 빈도로 사용되는 생활필수품 종류의 상품을 말한다.
② 선매품을 구매할 때, 편의품에 비해 소비자는 정보를 수집하고 비교하는 데 상당한 시간을 투자하고 노력한다.
③ 전문품은 편의품이나 선매품에 비해 구매빈도가 가장 높으며, 고가격 제품이므로 특히 합리적인 구매가 요구되는 상품들을 의미한다.
④ 전문품은 편의품이나 선매품에 비해 가격보다는 품질을 우선적으로 구매결정이 이루어지는 상품군을 의미한다.

24 다음 중 판매촉진 요인의 효과를 나타내는 용어와 정의가 바르게 연결된 것은?

① 상표 전환 : 판매촉진이 없었다면 A상표를 구매하였을 소비자가 판매촉진이 실행 중인 B상표로 구매하게 되는 현상이다.
② 재구매 : 판촉활동 중에 구매시점을 앞당기는 현상이다.
③ 제품군 확장 : 판매촉진에 의해 대량으로 구매하는 현상이다.
④ 구매 가속화 : 소비자가 판매촉진 때문에 특정상품을 구매하게 되면 그 제품의 성능에 대해 알게 되고, 그 성능에 만족하게 되면 해당상표를 반복적으로 구매하는 현상이다.

25 마케팅 관리를 위한 프로세스는 일반적으로 1단계로 마케팅 목표설정, 2단계로 중·장기적인 마케팅 전략결정, 3단계로 마케팅 정책 혹은 전술에 대한 의사결정으로 이루어진다. 여기서 마케팅 정책 전술에 대한 의사결정의 핵심내용에 해당되지 않는 것은?

① product policy
② prosumer policy
③ promotion policy
④ price policy

23 ③ 24 ① 25 ②

26 다음 중 가격차별화에 대한 설명으로 올바르지 않은 내용은?
① 가격차별화는 완전경쟁시장에서 가장 효과적이다.
② 가격차별화는 소비재의 경우 일반적으로 허용하고 있다.
③ 가격차별화는 소비자에 따라 가격을 차별적으로 결정하는 것이다.
④ 가격차별화가 성공하기 위해서는 시장을 분리할 수 있어야 한다.

27 고객관계관리(CRM)의 필요성을 파레토 법칙으로 가장 잘 설명하고 있는 내용은?
① 상위 20%의 고객이 80%의 수익을 발생시킨다.
② 상위 20%의 고객이 80%의 비용을 발생시킨다.
③ 상위 20%의 기업이 80%의 우량고객을 지니고 있다.
④ 상위 20%의 기업이 80%의 불량고객을 지니고 있다.

28 다음의 내용 중에서 고객관계관리(CRM)에서의 직접적인 성과척도로 보기 어려운 것은?
① 고객생애가치의 증감 ② 교차 판매(cross selling)
③ 신규고객 획득 ④ 직접 마케팅(direct marketing)

29 다음 중 전자카탈로그에 대한 설명으로 부적절한 것은?
① 종이카달로그보다 수정이 용이하다.
② 식별요소, 기본속성 및 부가속성 등으로 구성되어 있다.
③ 개별상품에 대한 설명내용의 구성면에서 종이카탈로그보다 기술적으로 제한되어 있다.
④ 시간적·공간적 제약을 상대적으로 적게 받으면서 홍보가 가능하다.

26 ① 27 ① 28 ③ 29 ③

30 다음 중 전자상거래 업체에서 제3자 물류서비스를 이용하는 이유가 아닌 것은?
① 물류비용의 절감
② 물류기능에 대한 통제력 강화
③ 물류인력의 절감
④ 물류서비스 수준의 개선

31 다음 중 인터넷 마케팅 조사방법의 하나로서 온라인 서베이에 관한 설명으로 옳지 않은 것은?
① 오프라인 서베이와 달리 정보조사에 있어서 오로지 설문지만을 이용하며, 음악이나 동영상을 활용하거나 응답자에 따라 질문의 난이도나 구조를 변경시키는 등의 상호작용적인 설문을 활용할 수 없다.
② 온라인 서베이는 온라인 기업이 인터넷 사업을 위해서 뿐만 아니라 오프라인 기업이 인터넷과는 직접적인 관련이 없는 사업을 위해서 인터넷을 통해 관련 정보를 얻는 것을 말한다.
③ 우편이나 전화, 대인면접과 같은 방법 대신에 인터넷을 통해 자료가 수집된다는 점 이외에는 인터넷 실태조사와 별 차이가 없다.
④ 기존의 오프라인 서베이 방법에 비해서 상대적으로 응답자 접근의 용이성, 조사 기간의 단축, 적은 조사비용 등의 장점을 가지고 있다.

32 다음 내용에 해당하는 판매촉진기법은?

> 십만 원 이상 화장품을 구매한 고객에게 각티슈를 무료로 제공하였다.

① 프리미엄(Premium)　　② 샘플링(Sampling)
③ 쿠폰(Coupon)　　　　④ 리베이트(Rebate)

30 ②　31 ①　32 ①

33 다음 중 기회비용의 개념을 올바르게 설명한 내용이 아닌 것은?

① 다양한 용도를 지니고 있는 재화가 다른 용도를 포기하고 어떤 한 가지 목적을 위해 사용되었을 때, 포기된 여타 용도의 가치 희생분을 화폐가치로 측정하여 평가하는 것을 의미한다.

② 반제품을 완제품으로 가공하여 판매할 것인가, 아니면 반제품으로 판매할 것인가를 결정하고자 할 경우 의사결정의 중요한 수단(판단기준)으로 제공되는 개념이다.

③ 기회비용은 거래에서 직접적으로 발생하는 직접비용에 반하는 개념으로 거래 간접비용을 의미한다.

④ 오너 기업가의 경우 자신이 받아야 하는 임금수준을 책정하기가 쉽지 않다. 오너 기업가의 임금수준을 결정할 때 일반적으로 기회비용 개념이 적합한 기준을 제공해 준다.

34 PB(Private Brand)의 특성에 대한 다음의 설명 중에서 올바르지 않은 내용은?

① 상대적으로 낮은 인지도뿐만 아니라 품질적으로 NB(National Brand)에 비해 떨어진다.

② 유통체인 조직에서 개발하고 관리하는 브랜드로서 NB(National Brand)에 비해 고객의 신뢰도가 더욱 높다.

③ 유통업체가 스스로 상품을 개발하고 관리함으로써 NB(National Brand)에 비해 유통업체에게 상대적으로 높은 마진율을 보장해 준다.

④ 유통업체가 상대적으로 저렴한 구매를 함으로써 소비자에게 판매하는 가격 또한 NB(National Brand)에 비해 더욱 저렴하다.

35 소비자 반응단계모델 중의 하나인 AIDA모델에 대하여 올바르게 나타낸 것은?

① 노출 → 수용 → 태도 → 행동
② 인지 → 숙지 → 호의 → 구매
③ 인지 → 호의 → 선호 → 확신
④ 주의 → 관심 → 욕망 → 행동

33 ③　34 ②　35 ④

36 다음 중 기업간 전자상거래의 도입효과로 거리가 먼 것은?
① 고객서비스 개선
② 판매비용 절감
③ 새로운 판매기회 포착
④ 보안문제 감소

37 경영에서 의사결정을 하기 위해서는 자료(data), 정보(information) 및 지식(knowledge)을 구별하여야 한다. 다음 중에서 정보에 대한 설명이 아닌 것은?
① 정보는 미래의 불확실성을 감소시킨다.
② 다양한 종류의 정보가 축적되어 특정목적에 부합하도록 일반화된다.
③ 개인이나 조직이 의사결정을 하는 데 사용되도록 의미 있고 유용한 형태로 처리된 것이다.
④ 인간이 판단하고 의사결정을 내리고 행동할 때 그 방향을 정하도록 도와준다.

36 ④　37 ②

Chapter

2 | SNS 소통전략 및 소셜스토리텔링

Ⅰ SNS 활용사례 분석 및 소통전략 제공

1. 트위터 활용사례 분석 및 소통전략

1) 해외 활용사례 분석

■ Dell 공식 기업트위터 (@DellOutlet)

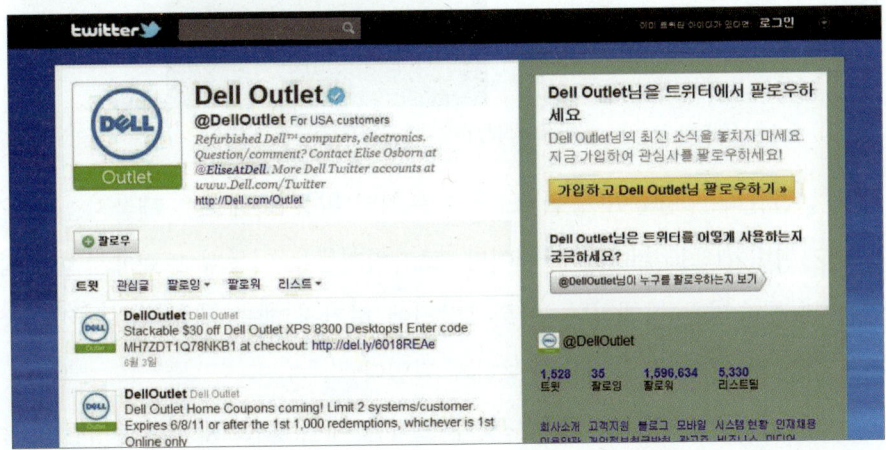

● 팔로워(구독자) 수 : 약 160만 명   ● 트윗(작성글) 수 : 1,526개

미국의 국제 기술 회사이며 텍사스 라운드 록에 본사를 두고 있는 컴퓨터 관련 회사인 델(Dell)은 트위터를 통해 2007년 한 해에만 300만 달러 이상의 매출을 올린 이후 제품 판매, AS(After Service), CS(Customer Service), 교육파트 등 분야를 나눠 총 26개 계정을 개설해 고객과 소통하고 있다.

다음 계정은 Delloutlet이라는 계정으로서 특정 시간이 되면 자사 제품에 대한 할인 쿠폰번호를 발행하고 링크된 주소를 통해 들어가 코드를 입력하면 할인된 가격에 제품을 구매할 수 있게 되어 있다. 마치 소셜커머스(SNS를 기반으로 한 공동구매의 한 형태)와 유사한 형태로서 트위터 사용자들은 소비자가 되어 특정 시간이 되면 상품에 대한 할인 정보를 얻기 위해 트위터를 통해 정보를 습득하는 것이다.

■ 고기비비큐 트위터 (@Kogibbq)

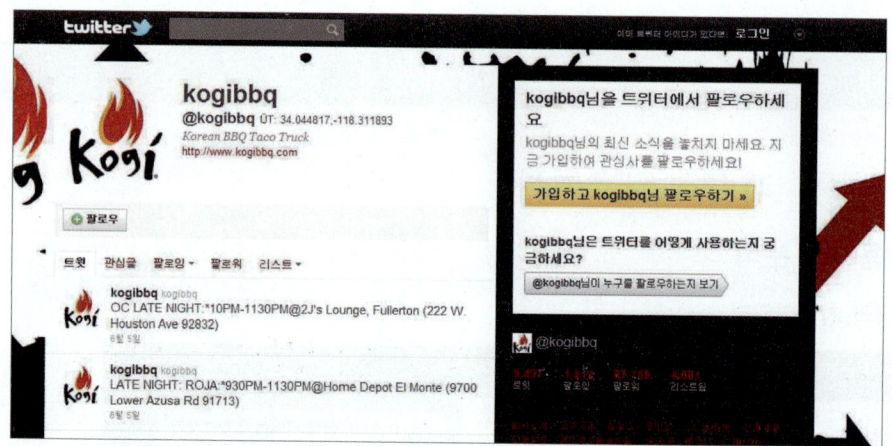

● 팔로워(구독자) 수 : 약 9만 명   ● 트윗(작성글) 수 : 9,497개

이렇게 정보를 전달하는 성향이 강한 또 다른 트위터 활용 사례로서 빼놓지 않고 거론 되는 것은 고기비비큐(@Kogibbq) 사례이다. 고기비비큐는 이동형 트럭에서 한국식 바 비큐로 만든 타코 요리를 판매한다. 단돈 2달러에 허기진 배를 채워주는 멋진 야식에 젊은이들은 열광했고 수많은 고객을 확보하게 되었다.

처음에는 사람들이 많이 다니는 목 좋은 곳에 트럭을 세워 놓고 장사를 했지만 단속 때 문에 장사하는 곳을 매번 바꿔야 하는 상황에 처하게 되었다. 결국 손님들은 경찰에 쫓 겨 매번 바뀌는 고기비비큐의 영업장소를 알기가 쉽지 않았고 매출이 급감할 위기에 놓 였다. 그러나 그들은 트위터를 활용함으로써 이러한 위기를 극복해낼 수가 있었다. 손 님들에게 언제 어디서 개장하는지를 트위터를 통해서 알려주면 이를 확인한 고객들이 먼저 그 자리에 대기를 하고 있는 것이다.

위의 사례들에서 보다시피, 해외에서는 트위터를 통해 정보를 얻고자 하는 소비자들에 게 그들이 원하는 맞춤 정보를 알려주는 창구로서 주로 사용하고 있다.

또한 해외의 SNS가 보여주는 가장 단적인 특징은 바로 많은 팔로잉(친구) 수이다. 해외에서는 다수의 SNS 사용자에게 정보를 전달하기 위한 목적으로 많이 사용하고 있다.

2) 국내 활용사례 분석

■ 강원도청 공식 트위터 (@happygangwon)

● 팔로워(구독자) 수 : 약 1만 5천 명　　● 트윗(작성글) 수 : 481개

처음부터 강원도청의 공식 트위터가 이렇게 활성화되어 있던 것은 아니다. 지난 2010년 10월경 강원도민일보에서 트위터에 올라오는 글들이 행정공고나 단조로운 소개글뿐이라는 따끔한 기사가 실리고, 공공기관에서 운영하고 있는 트위터의 도입취지인 '쌍방향 소통'이 헛구호에 그치고 있다는 지적을 받은 뒤 강원도청의 트위터 이용에 대대적인 개편이 일어나게 되었다.

그 후 지속적인 관리를 통해 시민들과의 소통을 일궈냈고, 강원도 구석구석에서 일어나는 소식들을 트위터를 통해 전파하게 되면서 많은 트위터 팔로워(구독자)를 확보하게 되었다.

Part 3 SNS 활용전략

■ 금융감독원 공식 트위터 (@fss_news)

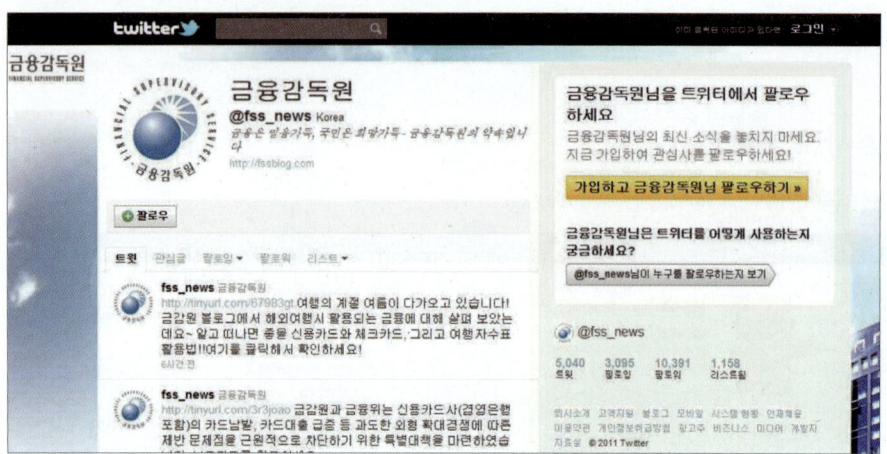

● 팔로워(구독자) 수 : 약 1만 명   ● 트윗(작성글) 수 : 5,040개

금융감독원 트위터는 단순하게 행정정보만을 알리는 것이 아니라 아침인사와 명언 등 가벼운 콘텐츠를 제공해 팔로워들에게 친근한 이미지를 쌓아왔다는 평가를 받고 있다. 그러다 보니 많은 트윗(작성글) 수를 기록하게 되었으며, 금융감독원 하면 떠오르는 딱딱한 이미지에서 벗어나 시민들과 쌍방향 소통을 통한 친숙한 이미지를 형성함으로써 한층 더 기관에 대한 부드러운 이미지를 갖게 되었다.

물론 아무리 고객에게 친숙한 이미지로 다가간다고 해도 공식 트위터와 같은 경우 한계는 존재한다. 특정 기관의 대표성을 가지기 때문에 그에 따른 특성뿐만 아니라 SNS가 가지고 있는 강력한 파급력 때문에 생길 수밖에 없는 표현의 조심스러움, 그리고 표현에 대한 한계 등이 있는 것이다. 특히 일반 공공기관의 경우 SNS상에 글을 작성해서 올리는 것은 말단직원이나 외부업체에 맡겨 버리기 때문에 어떠한 주제에 대해 글을 작성하는 수준에 대해 고민하다가 결국 공식적이면서 딱딱한 글을 올릴 수밖에 없는 사례들이 부지기수이다.

그 해결 방법 중 하나로 개별적 업무 담당자가 트위터와 연동한 공공기관 트윗 RT기능을 활용하는 것이 있다. 공공기관의 트위터라서 감히 담을 수 없었던 아주 소소하고 서민적인 주제들을 트위터에 등록하고 이를 공공기관 트윗 RT를 통해 소개하는 형태를 취함으로써 이러한 딜레마를 어느 정도 해소할 수 있게 된다.

'공무원도 농담을 하시네요'

어느 순간 이러한 말을 SNS를 통해서 듣게 된다면 상당히 경직되어 있던 공공기관에 대한 이미지를 개별적인 업무담당자가 상쇄하는 것이 가능할 것이다.

3) 트위터를 통한 마케팅 성공사례

■ kt 공식 기업트위터 (@olleh_twt)

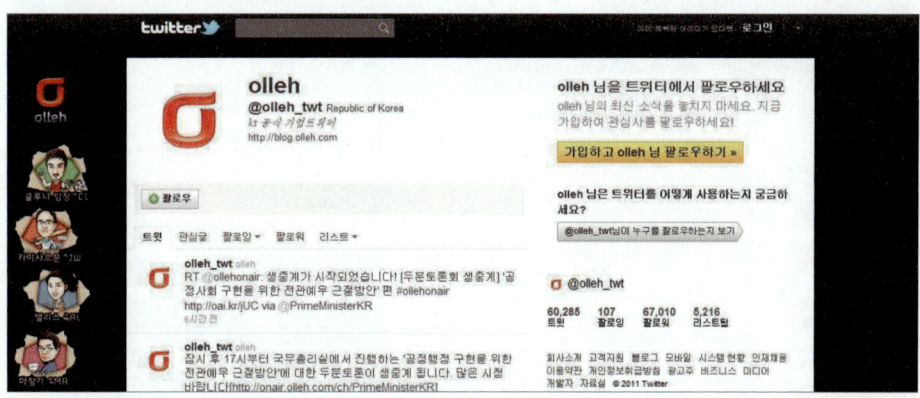

● 팔로워(구독자) 수 : 약 6만 7천 명   ● 트윗(작성글) 수 : 6만 285개

KT는 트위터를 가장 적극적으로 활용하고 있는 기업 중 하나이다. 특히 트위터를 통해서 고객들의 질문이나 불만사항을 받아 신속하게 처리하고 있다. 또한 고객들의 불만을 듣고 다독여주는 소통의 창구이기도 하다. 그러나 이 부분에서 한 가지 고려해야 할 부분이 있다.

최근 SNS를 통해서 소비자들이 자신의 의견을 말하기가 쉬워져서, 자칫하면 홈페이지에 대한 접근성이 떨어질 수도 있다는 것이다. 보통 고객 불만 유형 중에서 가장 처리하기 까다로운 것이 홈페이지 게시판에 올리는 고객 불만 사항들이다. 이는 게시판 형태이기 때문에 잘 처리가 된다 해도 지울 수 없이 그대로 게시판에 남게 되고, 이를 본 다른 사람들에게 제품 이미지에 대한 악영향을 끼치기 때문이다. 이에 비해 정보 전달성이 강한 트위터와 같은 경우에는 즉각적으로 대응만 잘해준다면 고객 불만은 쉽게 누그러진다. 단, 신속하게 불만에 대응했을 때만 가능한 일이며, 반대로 신속하게 대응을 하지 못한다면 소비자의 불만은 눈덩이처럼 불어나기 때문에 이에 대한 주의가 필요하다. 이러한 사정을 인지하고 있는 대기업들에서는 회사에서 SNS만을 관리하는 전담직원을 두는 곳들이 점차적으로 늘어나고 있는 추세이다.

■ 미스터피자 공식 기업트위터 (@mrpizzalove)

● 팔로워(구독자) 수 : 약 1만 명   ● 트윗(작성글) 수 : 12만 186개

미스터피자 공식 기업트위터의 경우에는 '파릇파릇 1년차 신입 '여'사원이 들려주는 미스터피자의 담백한 이야기!!'라는 독특한 주제를 가지고 상당히 재미난 글을 트위터상에 올림으로써 소비자들은 거부감 없이 미스터피자의 광고를 받아들이고 있다.

소통전략은 결국 말하는 이(화자)가 기업 그 자체가 되느냐, 기업의 직원이 말하느냐에 따라 상당한 차이가 있으며, 실제로 반응이나 효과는 직원이라는 '사람'을 통해서 말하는 것이 거부감이 없고 효과적이다.

2. 페이스북 활용사례 분석 및 소통전략

1) 개인 페이스북 계정이 가지는 딜레마

■ 소비자가 만드는 신문 공식 페이스북

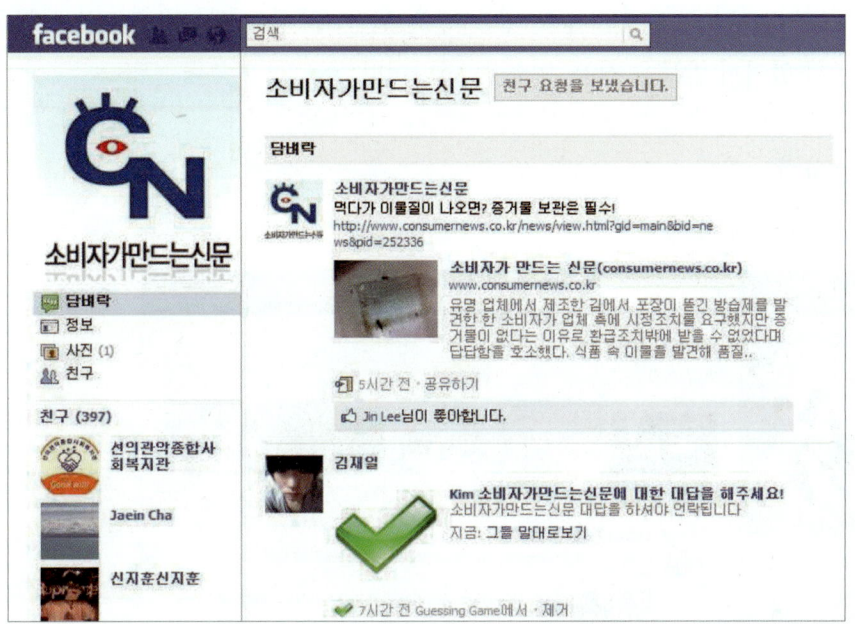

신문사의 경우는 매체의 특성 때문에 소통 전략에 있어서 정보전달성에 초점을 두어야 한다. 신문기사가 주관적으로 작성되어서는 안 되며, 객관적인 정보를 여러 이해 관계자들 간 형평성 있게 다루어야 한다. 그렇기 때문에 혹자는 소통의 부재라고 느껴질 만큼 일방향성을 가지고 기사를 전달하는 데 의의를 두고 있다.

그러나 오히려 이러한 방식이 소비자가 원하는 방식의 소통이 될 수도 있다. 가령 신문사가 운영하고 있는 페이스북에 개인적인 친분이 있는 사람과 '담벼락'을 통해 사적인 대화를 나누는 모습이 다른 구독자에게 보여진다면 공정한 신문이 아니라는 느낌이 들게 되고 그러한 인식이 심어지게 되면 아무리 좋은 기사를 내보낸다고 하더라도 구독자들의 신뢰를 잃게 될 수도 있기 때문이다.

페이스북의 단점이자 장점은 개인정보가 너무나 많이 공개되기 때문에 사생활 침해가 우려되기도 하지만 그만큼 긴밀한 관계를 유지할 수 있다는 것이다. 페이스북을 시작한 뒤 어느 정도가 지나면 몇 십 년 전 초등학교 동창과 친구가 되어 있기도 하다.

결국 페이스북은 사람과 사람 간의 관계를 돈독하게 만들어주지만, 기업의 특성에 따라서는 반대로 이것이 불리한 요소로 작용할 수도 있다는 것이 트위터와의 차이점 중 하나이다. 더군다나 최대 친구 수가 5천 명을 넘을 수가 없다는 것도 기업들이 페이스북을 활용하는 데 있어서 발목을 잡는 요소 중 하나이다.

2) 페이스북 페이지

■ 가수 카라의 페이스북 페이지

앞서 개인의 친분적인 요소가 강한 페이스북이 가지는 한계점을 극복할 수 있는 방법이 바로 '페이지'이다. 페이스북의 '좋아요' 기능을 통해서 누구나 자신이 좋아하는 브랜드 또는 상품 그리고 심지어 개인까지도 선택할 수가 있다. 이러한 페이스북의 '페이지' 기능은 좋아하는 사람이라는 개념 때문에 친구가 무한대로 늘어날 수 있으며, 이 안에서 다양한 커뮤니티가 생겨날 수 있다.

다만 페이스북의 '페이지' 같은 경우는 이미 어느 정도의 인기 있는(브랜드 인지도) 것에 대해서는 효과가 있지만 새로 생겨난 것들에 대해서 알리기는 어렵다. 물론 SNS를 활용하고 이를 소통하는 이유는 마케팅에 대한 효과보다는 사람들과의 소통을 통해서 그들의 의견을 경청하는 데 있지만, 기업 입장에서 생각할 때 인기가 없는 브랜드는 알리기가 어렵다는 단점이 존재한다. 이러한 이유로 페이스북의 '페이지'를 효과적으로 알리기 위해서는 페이스북상에 별도의 광고를 싣게 되는 것이다.

3) 페이스북 그룹

■ 그룹 소셜웹 트렌드 연구회 (Social Web Trend Lab)

페이스북 개인 계정은 너무나 개인적이어서 기업들이 사용하기에는 까다롭다. 또한 페이스북 '페이지'는 너무나 브랜드 위주여서 홍보에 어려움이 많다. 결국 페이스북 '페이지'는 고객들과 소통할 수 있는 창구로서는 어려운 면이 어느 정도 존재한다. 이러한 어려움을 극복하면서 보다 고객과의 소통이 잘 일어날 수 있는 곳이 바로 페이스북 '그룹'이다.

페이스북 '그룹'은 포털사이트의 '카페'와 비슷한 성격을 가지고 있어서 한 가지 주제나 비슷한 관심거리를 가지고 있는 사용자들 간에 '그룹'을 개설하여 이야기를 나눌 수 있다. 비슷한 관심과 화제를 가지고 대화를 나누다 보니 보다 진지하고 의미 있는 이야기들을 많이 나눌 수 있고, 또한 이를 활용하면 보다 다양한 소통거리를 만들어낼 수가 있다.

Ⅱ 소셜미디어에 필요한 스토리텔링 전략 도출

1. 뉴미디어의 등장

뉴미디어(New Media)란 하나의 새로운 전달매체(傳達媒體)를 뜻한다. 이 부분은 추후에 설명할 스토리텔링 개념에 있어서 상당히 중요한 역할을 차지하고 있다. 1970년대 산업전반의 성장과 함께 수반된 기술개발에 따라 새롭게 진출한 다양한 커뮤니케이션 매체들이 등장하기 시작하였다.

이러한 뉴미디어 매체가 생겨나기 전까지 화자(말하는 이)와 청자(듣는 이) 사이에서의 전달 수단은 거의 없었다. 가장 오래되면서도 전통적인 방식인 구두로서의 전달매체와 같은 경우는 그 명맥을 부단히도 유지하고 있지만 단발성이라는 단점을 가지고 있다. 말로 하는 대화들은 기록이나 저장이 되지 않는 전달매체이기 때문에 보관과 저장이 불가능한 소멸성(perishability)을 가지고 있다. 그 뿐만 아니라 한번에 많은 이들에게 내용을 전달하기가 어렵기 때문에 전파력에 대해서도 많은 단점을 가지고 있었다. 따라서 입에서 입으로 전달되는 구비전승(口碑傳承) 문화와 같은 경우 중간에 왜곡되거나 심지어 사라지는 사례들이 많이 있었다.

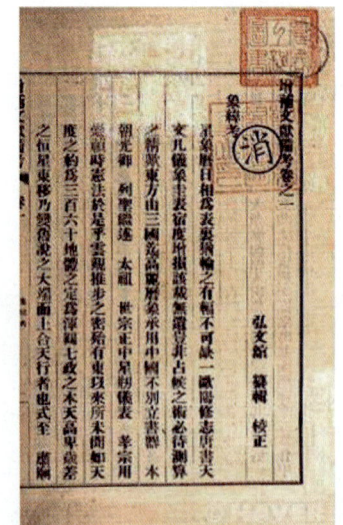

● 출처 : 중소기업청 블로그
(http://blog.naver.com/bizinfo1357/40126635867)

이러한 단점을 보완한 것이 바로 문서(文書)이다. 문서는 의사소통을 위해 고안된 정보를 물리적으로 묶어 놓은 것으로서 책이나 서류 등이 이에 속한다. 과거에는 어명을 전달하거나 역사를 기록하기 위해 주로 사용하였으며, 인쇄기술이 발달한 지금에 와서 보다 다양하게 활용하게 되었다. 특히 뉴미디어가 등장하고 발달하기 전까지 가장 짧은 시간에 많은 정보를 공유할 수 있었던 매체는 바로 신문(Newspaper)이다.

일렉트로닉스(전자기술)에 기반한 산업들이 점차 발달함에 따라 텔레비전, 라디오, 전화, 인터넷 등 새로운 전달매체가 등장하였고, 이를 다시금 명확하게 분류하기 위해서 기존의 미디어에서 새롭게 등장한 미디어라는 뜻의 뉴미디어(New Media)라는 용어를 사용하기에 이르렀다.

결과적으로 뉴미디어의 등장으로 화자는 보다 다양한 미디어 채널을 통해서 청자에게 이야기를 전달할 수 있게 되었다. 뿐만 아니라 뉴미디어는 불특정 다수에게 강력한 확산성을 가지는 매스미디어(Mass Media)로서의 역할을 가지게 되면서 많은 이들이 정보를 접하는 시간이 점점 더 단축되고 있다.

2. 소셜미디어의 등장

소셜미디어(Social Media)란 사람들이 자신의 생각과 의견, 경험, 관점 등을 서로 공유하고 참여하기 위해 사용하는 개방화된 온라인 툴과 미디어 플랫폼으로서, 기존의 뉴미디어와는 구분되는 몇 가지 특성들이 있다.

그중 가장 중요한 특성은 바로 양방향성(兩方向性)이다. 단순하게 화자가 이야기를 하고 청자에게 도달하면 끝나는 것이 아니라 청자가 다시금 화자에게 이야기를 전달하는 방식이라는 것이다.

네이버에서 무료로 제공하고 있는 만화 웹툰과 같은 경우 매주 1~2회 정도 만화를 감상하게 만들어준다. 기본적인 개념은 만화가인 화자가 만화라는 매체를 통해서 만화를 좋아하는 청자에게 이야기를 전달하는 방식이다.

이것이 Web을 만나게 되면서 책이 아닌 인터넷으로 이러한 것들이 전달되게 된다. 네이버 웹툰인 '마음의 소리'를 예로 들어 설명해 보면 다음과 같다.

● 출처 : 네이버 웹툰 마음의 소리

'조석'이라는 만화가가 네이버 웹툰 '마음의 소리'를 통해 네이버 웹툰을 보는 사람들에게 이야기를 전달한다. 단순하게 보면 Web이라는 매체만이 달라졌을 뿐 다른 것들은 전혀 변화가 없어 보이지만 양방향성(兩方向性)에 대한 것이 너무나 많이 달라져 있다. 이것이 '댓글'이라는 개념으로 단순하게 화자가 전달하는 정보를 받아들이는 데서 멈추지 않고 자신의 의견을 다시금 화자에게 즉시 전달해준다는 것이다.

소셜미디어가 가지고 있는 두 번째 특성은 특정 다수라는 것이다. 이것이 매스미디어와 소셜미디어가 구분되는 기준점이 되고 있다. 불특정 다수에게 이야기를 전달해야 하는 매스미디어에 비해 특정 대상에게 한정지어 이야기를 전달하는 역할을 하는 소셜미디어의 경우는 보다 세분화된 청자를 원한다.

가령, 중소기업청에서 제공하는 우수중소기업 취업도우미 앱과 같은 경우 이러한 것이 있다는 것을 들어야 하는 사람은 불특정 다수가 아니라 취업을 하고자 하는 특정 다수에게 이러한 이야기를 전달하게 된다는 것이다. 이를 위해서는 취업과 관련된 소셜미디어상에 이를 노출하고 전파하는 것이 올바른 방법이다. 한발 더 나아가 각 소셜미디어마다 가지고 있는 특징들을 올바르게 이해하고 활용한다면 보다 큰 시너지 효과를 발휘할 수 있다. 이는 소셜미디어가 가지고 있는 사회적 상호작용 때문이다.

● 출처 : 중소기업청 블로그 (http://blog.naver.com/bizinfo1357)

도서『미래를 지배하는 식스 픽셀(세계 최고 마케터들의 온라인 마케팅)』의 저자 미치조엘에 따르면 온라인은 '여섯 다리의 법칙'을 가지고 있어서 여섯 다리만 건너면 모든 사람들이 연결된다는 법칙을 가지고 있지만, 소셜미디어를 만나면서 픽셀(pixel) 단위의 극히 짧은 다리를 가지게 됨으로써 사람과 사람 사이의 다리가 너무나 빠르고 밀접하게 연결되어져 있다고 한다.

이러한 '식스픽셀'의 법칙에 따라서 소통을 통한 사회적 상호작용이 극명하게 이루어지고 있는데 소셜미디어상에서 단순하게 이야기를 주고받는 것 이상으로 많은 일들이 일어나게 된다. 가깝게는 소셜미디어를 통해 폭로된 일 때문에 직장에서 퇴출된 공직자부터, 조금 멀게는 트위터상에서 잘못된 발언으로 정치권에서 퇴출된 정치가, 아랍 민주화 혁명을 이끌어 기존 아랍 정치권을 통째로 퇴출한 것 또한 소셜미디어의 힘이었다.

앞으로 소셜미디어의 시대가 점차 도래함에 따라 사회 전반적인 구조 자체도 변화하리라 생각된다.

● 도서 : 식스 픽셀

소셜미디어의 등장은 아이러니하게도 국내에서 먼저 시작되었다. 이는 1999년 싸이월드의 등장으로 생각해 볼 수 있다. 자신의 개인 홈페이지를 손쉽게 만들 수 있다는 새로운 개념과 함께 일촌 기능과 도토리를 선물로 주고받는 행위들은 무척이나 신선하였으며, 특히나 무제한의 사진 업로드 기능 덕분에 엄청난 인기를 끌게 되었고, 인터넷과 밀접하게 연관성이 있던 젊은 층의 네티즌은 대부분 미니홈피를 하나씩 가지게 되었다. 생각보다 우리의 소셜미디어 역사도 제법 오래된 편이고 오히려 외국의 소셜미디어는 2000년대 중반 이후에나 시작되었다.

이러한 일련의 사건은 과거 최초의 금속활자본에 대한 사건과 결부하여 생각해 보면 묘하게 겹치는 부분들이 많다. 1377년에 인쇄된 '직지심체요절'이 지금 남아 있는 최고의 금속활자본이라고 한다. 실제로 최초의 금속활자본은 국내에서 나왔으나 1456년에 만들어진 구텐베르크의 금속활자가 사회적으로는 최초의 금속활자본으로 인정을 받고 있다. 이처럼 역사의 톱니바퀴 속에서 과거에도 지금에도 최초였으나 뒤안길로 밀려난 경우들이 많다. 한 가지 더 비슷한 사례가 있는데 현재 사회적으로 이슈가 되고 있는 온라인 반값 할인 같은 경우에도 이와 비슷한 개념을 2003년에 이미 '하프플라자'가 사용한 바 있다.

이유야 어찌 되었든 소셜미디어는 2009년 말부터 스마트폰 대중화 덕분에 이용자가 급

중하기 시작했고 오늘날 사회 전반에 걸쳐 다양한 영향을 주고 있다.

바야흐로 소셜미디어가 경제를 좌우하는 소셜노믹스(Social Nomics) 시대로 다가서고 있는 것이다.

3. 스토리텔링의 등장

스토리텔링은 아주 오래 전부터 있었다. 좀 더 정확하게 말하면 사람이 언어를 사용하면서부터 스토리텔링은 있어 왔고 이를 점차적으로 발전시켜 온 것이다.

전통적으로 유명한 지도자들은 저마다 훌륭한 스토리텔링을 가지고 있다. 한 예로 이집트의 왕들은 자신을 태양신의 아들이라 칭하며 아문라(Amun-Ra)라 칭하고 백성들에게 자신은 다르다는 스토리텔링을 만들었다. 우리나라 또한 알에서 나온 박혁거세 등 다양한 스토리텔링을 만들어냄으로써 지도자로서의 자리를 굳건하게 지키기 위해 이러한 이야기들을 만들고 활용해 왔다. 이러던 것이 시간이 흐름에 따라 스토리텔링은 어느덧 지도층의 전유물에서 벗어나 일반 시민들도 자유롭게 사용하게 되었다.

스토리텔링의 시대적 변화는 미디어의 변화와 굉장히 밀접한 관계성을 가지고 있다. 가장 초기에 화자가 청자에게 전달할 수 있는 스토리텔링 미디어는 시(Poem)밖에 없던 시절이 있었다. 이러한 시기에 유명세를 떨치면서 비지배 계층에서 일약 스타가 된 스토리텔러들이 있는데, 바로 소크라테스와 공자 등이 대표적인 예이다. 감성적인 시를 통해 대중들에게 자신의 생각을 표현하고 전달함으로써 상대방의 마음을 움직이는 데 성공했던 것이다. 그러던 것이 이후 보다 즐겁고 유쾌한 연극(Play)이 등장함에 따라 조금씩 시는 쇠락의 길을 걷게 되었다. 국내에서는 판소리 또는 마당놀이 등의 형태로 등장하였으며 짧은 시에 담을 수 없던 것들을 길고 자세하게 담을 수가 있었다. 그러던 것이 인쇄기술의 발달로 인해 한편의 근사한 소설(Novel)로서 출판을 할 수 있게 되었고, 결국 일회성인 연극에서 저장이 용이하며 언제든 보고 싶을 때 볼 수 있는 소설로서의 스토리텔링 미디어 시대로 변화하였다.

하지만 이때까지만 해도 문맹률이 높은 편이어서 소설을 읽을 수 있는 사람들이 그리

많지가 않았다. 그렇기 때문에 마을에서 가장 학식이 높은 사람들이 시간이 될 때 마을 사람들을 모아놓고 소설책을 읽어주었다. 이것이 가장 정확한 의미로서의 스토리텔러라 할 수 있다. 스토리텔러(Storyteller)라는 것은 결국 이야기를 만들어내는 스토리메이커(Storymaker)와는 별개의 역할을 하게 된 것이다.

이렇게 문맹률이 높은 상태에서 많은 이들이 스토리에 목말라하고 있을 무렵 기술력의 발달로 인해 획기적인 스토리텔링 매체가 등장하게 된다. 영사기의 등장으로 인해 화상을 연속적으로 영사막에 비추고 눈의 잔상현상(殘像現象)을 이용하여 운동이 연속적으로 이루어지는 것처럼 느끼게 하는 기술이 생겨나게 되었고, 이후 영화나 애니메이션 등 Screen Play의 시대가 되었다. 아직도 Screen Play의 기법적인 발전은 비약적으로 상승하고 있으며 이에 따라 시나리오 작가들이 만들어내는 스토리텔링은 고부가가치를 인정받고 있다.

그렇다면 오늘날은 과연 어떠한 스토리텔링 미디어의 시대일까?

소셜미디어의 등장으로 소비자는 누구나 마음만 먹으면 손쉽게 콘텐츠를 생산해낼 수 있는 프로슈머(Prosumer)로서 활동이 가능해졌으며 블로그(Blog) 등을 통해서 자신이 만들어낸 콘텐츠를 너무나 쉽게 공유할 수가 있다. 프로슈머란 '생산자'를 뜻하는 영어 'Producer'와 '소비자'를 뜻하는 영어 'Consumer'의 합성어로, 생산에 참여하는 소비자를 의미한다(대중문화사전, 2009). 일반 소비자가 작성한 글 하나가 강력한 파급력을 가져 산업 전반에 막대한 영향을 끼치기도 한다. 이는 독자가 스토리를 수용하는 것에 그치는 것이 아니라 스토리를 재생산시키기 때문이다.

이렇듯 소셜미디어의 등장으로 스토리텔링 또한 변화하고 있다. 특정한 소수의 사람들이 스토리를 만들어내던 과거와는 달리 이제는 누구나가 스토리를 만들어내고 전달할 수 있기 때문에 보다 진정성 있고 상대방의 마음을 움직일 수 있는 스토리텔링 기법들이 소셜미디어 환경 하에서 앞으로 점차적으로 각광을 받게 될 것이다.

4. 소통과 소셜스토리텔링

기업들은 저마다 핵심 인력을 찾기 위해 점점 더 혈안이 되어가고 있다. 핵심 인재란 회사에서 중추적인 포지션에 있는 사람으로 현재 혹은 미래에 회사에 없어서는 안 될 사람을 뜻한다. 결국 기업에서의 직원들은 오래 살아남기 위해서 버티기보다는 사내에서 핵심 인력이 될 수 있는 역량과 자질을 갖춰 위로 올라가야만 도태되지 않는 시대로 흘러가고 있다.

우리가 생각하는 것보다 소셜미디어라는 매체를 배우고 활용하면 할수록 이런 핵심인력으로서의 역량을 기르는 데 너무나 많은 도움을 받을 수 있다. 또한, 소셜미디어를 통해서 자신의 핵심 역량을 기를 수도 있다.

그 이유는 소셜미디어가 가지고 있는 백업(Back Up) 기능 때문이다. 사람은 보통 자발적으로 떠오르는 형상화된 기억을 단어로 머릿속에 저장을 해두는데 이를 반복해서 사용하지 않으면 쉽게 잊어버린다. 특히, 자신의 업무와 관련된 일과 같은 경우 수시로 정리를 해두어야 오랜 기간 보존이 가능하다. 그러나 이를 소셜미디어상에서 재가공하는 과정에서는 자신의 업무관련 핵심역량이 대폭 상승하게 된다는 장점이 있다. 더군다나 잘못된 부분들은 다른 이들이 글을 읽고 지적하게 됨으로써 수시로 피드백을 얻을 수 있게 된다.

오늘날은 소통이 필요한 시기이다. 단순히 온라인상에서 정보전달 식의 기사를 작성하여 올리는 것이 아닌 진정성을 갖춘 소통을 가지는 것이 중요하다. 스토리텔링은 이러한 소통의 창을 가장 활짝 열어놓을 수 있는 수단이자 방법이다. 스토리텔링을 통한 소통을 반복하여 이루다 보면 자신의 업무와 자연스럽게 연결되고, 이를 통해 생각보다 많은 비즈니스들이 이루어지게 된다. 이렇듯 소셜미디어를 배우고 스토리텔링을 통한 소통에 활용하는 것은 기업에서도 훌륭한 마케팅 수단이 된다. 하지만 개인의 역량을 강화하고 핵심인력이 되는 데 있어 지대한 공헌을 해줌에는 틀림이 없다. 실제로 자신의 분야에 관심이 높은 전문 블로거들이 블로그를 운영함에 따라 결국 점차적으로 서로 모르던 사이에 블로그를 통해 그 분야에 대해 관심이 있는 사람들과 만나게 되면서 보다 심도 있는 이야기를 할 수 있게 되었다. 온라인상에서 자신의 관심 분야를 나누고 대화를 하다 보면 모르는 것을 배울 뿐만 아니라 관심분야의 많은 이들과 소통을 할 수 있다.

5. 스토리텔링 소통전략

스토리텔링을 통해 보다 많은 이들과 소통을 위해서는 소셜미디어의 속성을 보다 명확하게 알고 숙지할 필요가 있다. 소셜미디어의 기본적인 세 가지 속성은 개방, 공유, 참여로 이루어진다.

첫 번째 단계인 개방에서는 자신의 것을 혼자만 소유하는 것이 아니라 다른 이들에게 보여주는 데서 이루어진다.

혼자만 알기에는 아까운 것들을 개방함에 따라 다른 이들의 관심과 이목을 받을 수 있게 된다. 물론, 이것은 양날의 검과 같아서 사생활 노출이라는 단점으로 돌아올 수 있지만 이를 해결하기 위한 스토리텔링만 잘 알고 있다면 그리 큰 문제는 없다.

스토리텔링이 가지고 있는 속성 중 단점은 제거하고 장점을 명확히 부여하는 방법이 있다. 가령, 어느 한 전통시장을 소개하는 글을 작성해야 한다고 해보자. 일반적으로 좋다는 말을 많이 사용하면 된다고 하지만 문제는 정작 음식 맛이 없는 경우가 있다는 것이다. 맛이 없는 곳을 좋다고 소개하기란 여간 어려운 일이 아니다. 그런 경우 스토리텔링 전략을 적용해 주면 된다. 맛에 대한 언급은 거의 하지 않거나 전혀 하지 않고, 단순히 전통시장의 인심 좋은 장점만을 부각시킨다면 다른 경로로써의 홍보를 할 수 있게 된다. 혹자는 이를 진실성이 없다고 말할 수 있으나 극단적인 경우를 제외하고는 오히려 진실성 있는 스토리텔링이 될 수 있을 것이다.

또 다른 스토리텔링의 장점은 청자가 느낄 수 있는 매력과 스토리텔링을 해야 하는 대상이 가진 매력의 교집합 부분을 찾아내어 표현하는 것이다. 없는 것을 있는 것처럼 포장해서 보여주는 것이 아닌, 있는 것들 중에서 매력적인 부분만을 개방하면 첫 번째 단계인 개방에서 스토리텔링 소통전략은 효과적으로 사용할 수 있다.

이렇게 어느 정도 스토리텔링으로 잘 포장된 개방이 익숙해지면 두 번째 단계인 공유에 대한 고민을 해야 할 순간이다. 단순히 블로거가 개방을 하여 보여주려는 의도만 있다고 해서 모두가 자신의 글을 보는 것은 아니다. 자신이 원하는 청자(듣는 이)를 생각해서 이들과 글을 공유해야 한다. 단순히 친한 친구들에게 보여줄 것인지 아니면 관심사가 비슷한 사람들에게 보여줄 것인지에 대한 고민을 해야 한다.

특히, 기관이나 기업에서는 보다 많은 고민을 해야 하는데 단순하게 많은 이들에게 공유를 한다면 이는 원활한 소통이 이루어지기가 어렵다. 소통이란 쌍방향성을 띠고 있는데 불특정 다수에게 마구잡이로 말을 한다면 오히려 반감을 살지 모른다. 마치 좋아한다는 고백을 이 사람 저 사람 구별 없이 아무에게나 하는 것과 별반 다를 바가 없기 때문이다.

어떤 이들의 마음을 움직이기 위한 스토리텔링을 만들고 공유해야 될지 면밀한 계획을 세웠다면 이제는 마지막 단계인 직접적인 참여만이 남았다. 상대방이 내 글을 봐주기를 원한다면 나 또한 상대방에게 관심을 가지고 참여를 시작해야 한다. 온라인상에서 친해지기를 바란다면 오프라인과 마찬가지로 상대가 무슨 일을 하는지 주의를 하거나 참여할 필요가 있다. 이를 흔히 '답방'이라고 하는데 자신이 만들어 놓은 소셜미디어상의 공간에 흔적(덧글이나 공감 등)을 남겨 놓았다면 상대방의 공간에 참여를 하여 자신 또한 주의 깊게 살펴보고 흔적(덧글이나 공감 등)을 남기는 자세가 필요하다.

이렇듯 스토리텔링을 통한 소통전략 또한 소셜미디어의 특성과 결부하여 개방과 공유 그리고 참여라는 삼박자가 두루 갖추어졌을 때 비로소 이루어지게 된다.

6. 스토리텔링이 가진 매력들

1) 스토리텔링은 상대방의 기억에 오래 남게 해준다.

아래와 같이 단순하게 나열된 단어들을 한번 머릿속에서 암기하려고 생각해 보자.

> 개발, 중소기업, 계기, 농어민, 발굴, 신제품, 기대, 협력, 지역특화

이와 같이 특정한 연관성이 느껴지지 않는 상태에서 외우려고 하면 쉽지가 않다. 그러나 아래 문장과 같이 중간 중간에 접속사를 넣어 하나의 스토리텔링 문장을 만들어서 외우게 되면 어떨까?

> "신제품 개발과 함께 중소기업과 농어민간 협력을 통해 지역특화사업을 발굴할 수 있는 계기가 될 것으로 기대하고 있다."

단순히 단어를 나열하는 방식보다는 문장을 만들어서 나열하는 것이 외우기가 한결 더 쉽다. 이렇듯 스토리텔링은 사람들의 장기기억력을 자극하는 효과가 있다. 특히, 한편의 훌륭한 스토리텔링은 기억에만 영향을 주는 것이 아니라 마음까지도 사로잡아 버림으로써 엄청난 파장을 가져다준다.

사람의 마음은 마치 잔잔한 호수와 같아서 처음 조약돌을 던지기가 어려워서 그렇지 한 번이라도 작은 파장을 일으키면 이는 잔잔하게 멀리 퍼져 나간다. 단순히 수치상으로 말하는 것들은 머리만 움직일 뿐 진정으로 마음을 움직이기는 힘들다. 물건의 특성을 표현하는 '싸다.', '좋다.', '무료다.'라는 말들보다 스토리텔링을 이용해 청자에게 감성적으로 접근하는 방식이 필요하다.

2) 스토리텔링이 만들어내는 불만제로

어떤 상품에 대한 스토리텔링 전략을 세울 때 가장 먼저 해야 할 것은 정말 매력적인 요

소들을 찾는 것이다. 많은 기업들은 특정한 상품을 소비자들에게 효과적으로 판매하기 위해서 여러 미사어구를 동원하여 장점을 부각시키곤 한다.

특정 상품이 뛰어나다는 것을 과시하기 위해서 일반적으로 A라는 성분도 있고, B라는 성분도 있고, C라는 성분도 있고, D라는 특징도 있고, E라는 데서 팔기도 하고, F특허도 받았다는 다양한 이야기들을 전달하려고 한다.

기존 미디어에서는 이러한 방식이 많이 통용되었을지 모르지만 뉴미디어 체계에서는 이렇게 다양한 분야에 '좋다'는 말은 그리 좋지만은 않다. 차라리 A부터 F까지의 장점 중에 B라는 요소가 가장 매력적이라면 모든 힘을 집중해서 B를 강조해야 한다. 즉, 이 상품은 다른 부분은 좋은지 나쁜지 모르겠지만 B라는 부분만큼은 정말 좋다는 것에 집중해야 한다는 것이다.

가령 Skinlovers라는 곳에서 출시한 에이솔브 트러블스킨케어 시스템 화장품의 장점을 생각해본 결과 뾰루지 치료에 좋다는 것으로 결정이 되었다고 가정할 경우, 그런 상태에서 조금 더 깊게 생각을 해봤더니 쇠비름 성분 때문에 뾰루지 치료가 좋다는 부분을 강조해야겠다는 결론으로 귀결되면, Skinlovers의 브랜드를 광고하는 것이 아닌 우회적으로 쇠비름과 관련된 이야기를 만들어내면 된다. 그리고 보다 힘 있게 쇠비름이 왜 뾰루지 치료에 좋은지를 알릴 수 있는 테스터나 실험 같은 것을 강조하는 것도 좋은 방법 중 하나이다.

이렇게 하면 다른 건 몰라도 뾰루지 치료에 좋다는 것만을 중점적으로 강조했기 때문에 기미나 검버섯 등의 다른 피부 트러블이 치료되지 않더라도 불만사항이 줄어든다. 이 부분은 고객의 불만족을 경감시키는 데에도 효과가 있으므로 모든 면에서의 장점을 강조하는 것보다 한 가지 장점에 집중하여 스토리텔링을 만드는 것이 보다 효과적이다.

3) 풍성한 글감을 만들어주는 스토리텔링

보통 글을 쓰기 전에 가장 많은 고민을 하는 부분은 글감을 찾는 부분일 것이다. 새 글을 쓰기 위해 하얀 바탕의 공간에서 한참동안 어떠한 글감으로 글을 풀어나가야 할지 감을 잡지 못해 어려워하는 경우에 스토리텔링은 많은 도움이 된다. 이러한 이유는 스토리텔링 기법은 단어로 시작해서 단어로 끝나기 때문이다.

7. 실전 스토리텔링 기법

1) 단어로 정리되는 사람의 머릿속

기본적으로 스토리텔링 기법을 익히기 위해서는 단어에 대한 이해를 해야 한다. 모든 것은 단어로 시작해서 단어로 끝난다는 개념을 가지고 있는 것이 상당히 중요하다. 아래 사진을 보자.

어떠한 것들이 떠오르는지 생각하고 조금 더 구체적으로 떠오르는 생각들을 단어화시켜 보자. 대략적으로 그루폰, 서프라이즈, 놀람, 깜짝, 미소, 지하철, 휴대폰, 여성 등 단편적인 단어들이 떠오를 것이다. 이보다 더욱 다양한 단어들이 연상이 된다면 좋겠지만 일반적으로 20초간 머릿속에서 글로 풀어낼 수 있는 단어의 수는 10개 내외이다.

이렇게 하나의 대상(객체)에서 뽑아낼 수 있는 단어의 수가 많지 않은 이유는 크게 두 가지가 있다. 첫 번째 이유는 사람의 머릿속 상상력은 너무나 고차원적이기 때문에 이를 단어로 나타내기까지 인지하기가 어렵다는 것이다. 실제로 지금 이 글을 보고 있는 순간에도 여러 단어들에 대해 인지하면 생각한 단어가 변화할 것이다. 아마 머릿속에는 '읽다', '생각하다', '스토리텔링', '한글', '검은색 글자', '하얀색 바탕' 등 지금 이 순간에도 수없이 많은 단어들이 떠다니고 있지만 이를 구체적으로 의식하기보다는 생활 속에서 무의식적으로 받아들이고 있을 것이다. 즉, 사람의 뇌 속에서는 무의식적으로 이미 활발하게 스토리텔링을 하고 있는 것이다.

조금은 가벼운 마음으로 아래 명사 단어들을 훑어보자.

별	야구
축구	딸기
지우개	농구
사과	해
볼펜	오렌지
달	노트

가벼운 마음으로 단어를 하나씩 읽다 보면 무언가 이상한 것을 발견할 수 있을 것이다. 그러한 느낌이 들지 않았다면 다시 가벼운 마음으로 천천히 나열된 단어들을 읽어보자. 그러면 분명 일부러 단어들을 정리하려고 한 것도 아닌데 자연스럽게 단어들이 머릿속에서 정리되는 것을 느끼게 될 것이다. 이렇듯 불규칙하게 단어들이 있으면 우리의 머리는 시키지 않았는데도 동일한 성질의 것들로 묶어서 정리를 하려고 한다.

사람의 머릿속은 마치 거대한 도서관과 같다. 문제는 이 도서관에 하루에 수십, 수백 만 권의 책들이 중구난방으로 쏟아지듯 들어온다. 이것을 가만 놓아두면 정리가 되지 않은 책들 때문에 머릿속 도서관은 과부하가 걸리며 업무를 할 수 없는 지경에 이르게 될 수도 있다. 그러나 뇌 속 '해마'라는 영특한 직원이 하루에 수백 권의 책들을 임시로 가두고 순서대로 정리를 해준다. 결국 도서관에서는 책이 너무 많아 업무가 중단되기 전에 자동으로 정리하는 기능을 직원 스스로가 터득하고 있다고 볼 수 있다.

2) 상위개념과 하위개념

위에서 단어화되어 머릿속으로 보내지는 정보들에 대해 도서관에 빗대 이야기를 했다면 '해마'라는 직원이 좀 더 어떠한 업무를 하고 있는지 알아보자.

수없이 많은 책들이 있다면 어떻게 정리를 해야 좀 더 보기 편하게 정리될 수 있을까? 단순하게 가나다순으로 묶으면 한도 끝도 없기 때문에 일반적으로 분야별로 분류해서 묶는 일들을 먼저 하게 된다.

● 출처 : 중소기업청 블로그 (http://blog.naver.com/bizinfo1357/401076638000)

이것이 공통분모를 자연스럽게 묶는 과정으로, 앞서 불규칙하게 나열되었던 글들도 읽다 보면 자연스럽게 사과, 딸기, 오렌지, 야구, 축구, 농구, 해, 달, 별, 노트, 볼펜, 지우개로 묶이고 있다는 것을 느낄 것이다. 정말 가벼운 마음으로 읽으면서 정리했다면 과일, 스포츠, 행성, 학용품 등의 단어를 접했을 때 이질감보다는 동질감을 느끼게 된다.

이것이 상위개념과 하위개념이다. 무의식적으로 묶기 전에 의식적으로 상위개념으로 정리하는 연습을 많이 할수록 한결 눈에 띄거나 보기 쉬울 뿐만 아니라 암기하기에도 한결 수월해진다.

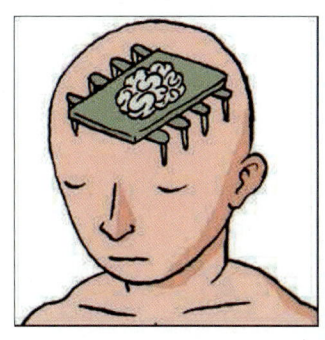

상위개념으로 정리하고 묶는 연습들을 부단히 하기 시작하면 해마를 자극하여 기억력을 향상시켜 주는 기본적인 방법이 되기도 한다. 상위개념과 하위개념으로 끊임없이 단어를 확장하고 수축하는 연습만큼 뇌를 발달시키는 데 도움이 되는 것도 없다.

나훈아, 태진아, 설운도, 장윤정 이들의 공통점은 트로트 가수라는 것이다. 결국 '트로트 가수'란 상위개념 아래에 나훈아, 태진아, 설운도, 장윤정이라는 하위개념이 확장된다. 이런 식의 상위개념에서 하위개념으로 확장하는 연습방법은 그리 어렵지 않다. 특정한 단어를 찾아서 이를 하위개념으로 나누어 보면 되는데, 예를 들면 '스마트폰'의 하위개념은 갤럭시, 아이폰, 베가, 옴니아 등으로 확장된다. 이런 방식으로 다양한 단어를 보고 하위개념을 찾아내는 재미는 의외로 쏠쏠하며 스토리텔링 능력을 기르는 데 있어서도 핵심적인 기능을 하게 된다.

3) 공통분모로 공감대를 형성하라

의외로 공감대를 형성하는 것이 어렵다고 생각하는 사람들이 많지만 공통분모를 찾아내는 것만으로도 충분히 많은 공감대를 이끌어낼 수가 있다. 이를 위해서 가장 먼저 해야 할 것은 내가 안다고 해서 다른 사람들도 알 것이라는 생각을 버려야 한다.

다음 사진을 보면 어떠한 단어들이 떠오르는가?

아마 사탕, 사탕봉지, 하얀색, 하트 등의 단어들이 떠오를 것이다.

다시 떠오르는 다른 단어들이 있는지 좀 더 생각해 보자. 현실과 괴리된 추상적이거나 감성적인 시선에서 생각나는 단어들도 상관이 없다. 그렇게 나온 단어들을 주변 사람들과 공유하다 보면 분명 공통분모를 찾을 수 있을 것이다.

일반적으로 많은 사람들이 추구하고 있는 단어는 '달콤한 사탕' 정도가 될 것 같지만 이것을 미국인 혹은 미국에 대해서 잘 알고 있는 사람에게 보여주고 단어들을 추출해 보라고 하면 그 공통분모가 달라진다. 아마 '애국심, 뉴욕, 미국, 브랜드, 브랜드 스토리텔링, 부러움' 정도의 이야기들이 나올 것이다.

대체 어디서 이런 단어들이 공통분모가 된다는 걸까?

이 글을 읽고 있는 여러분들도 정보를 조금이라도 얻게 된다면 이런 단어들이 공통분모가 될 수 있다. 자! 그럼, 조금 더 정보를 습득해 보자.

최근 각 지방자치단체마다 도시 브랜딩과 문화상품 개발 사업을 추진하는 일이 많아지고 있다. 몇 년 전부터 공공디자인에 대한 사회적 관심이 높아지기 시작하면서 벤치마킹 대상으로 빠짐없이 거론되는 것이 바로 '아이 러브 뉴욕(I♥NY)' 캠페인이다. 이 캠페인은 뉴욕 시민들에게 자부심과 공동체 의식을 불어넣음으로써 뉴욕의 도시 정체성을 강화하고 도시 이미지를 향상시켰다.

결과적으로 이러한 모양의 디자인은 단순히 뉴욕에 대한 홍보 차원 이상으로 다양한 제품 곳곳에 스며들게 됨으로써 도시 브랜딩 디자인으로서 가치를 인정받게 되었고 지금 우리의 눈앞에 작지만 사탕의 형태로 보여지고 있다.

티셔츠나 머그컵 등 우리 주변에서도 쉽게 찾아볼 수 있는, 역사상 가장 유명하고 인기 있는 로고 '아이 러브 뉴욕(I♥NY)', 이제 조금 다른 시각의 단어들이 떠오를 것이다.

이렇듯 자신의 경험을 통해 얻은 지식수준에 따라서 다른 공통분모를 만들어낸다. 또한 인위적으로 원하는 정보를 전달하여 새로운 공통분모를 창조해내기도 한다. 스토리텔링을 잘하는 스토리텔러들은 사전에 이러한 공통분모를 공유한 감성적인 접근을 위해 많은 정보들을 노출한다. 마치 영화의 예고편처럼 충분히 감정이입을 할 수 있을 만한 많은 장치들을 만들어내는 것이다.

4) 소소한 정보 전달을 통한 감정이입

일반적으로 스토리텔링을 하라고 하면 어려워하는 경우가 많다.

이러한 이유 중 가장 걸림돌이 되는 것은 스토리텔링이 아주 대단한 것이라고 단정 지어서 생각하는 경우이다.

스토리텔링은 단순함을 넘어서 소박하기까지 하다. 오히려 좋은 스토리텔링일수록 꾸밈이 없고 심지어 투박하다. 스토리텔링을 듣는 청자들은 자신과 동떨어진 느낌의 이야기에 관심을 가지기보다는 오히려 자신의 생활과 밀접한 관계에 있는 이야기를 듣는 데 더욱 귀를 기울이고 감정이입을 하게 된다.

예를 들어, 두 귀신이 우리 눈앞에 나타났다고 가정해 보자.

첫 번째 귀신은 한이 맺힌 하얀 소복을 입고 있는 처녀귀신이고 다른 두 번째 귀신은 아프리카에서 칼을 들고 나타난 부시맨 귀신이다. 둘 중 어떠한 귀신에게 두려움을 느끼게 되는가? 동물원에서 기린을 타고 있는 부시맨 귀신과 오늘 저녁에 당장 타고 가야 할 엘리베이터에서 기다리고 있을지도 모를 처녀귀신과 비교를 해본다면 더욱 더 그 차이는 극명해진다. 특히, 스토리텔링을 통해 감정이입을 하여 공포감을 심어주기 위한 효과는 우리 주변에 있는 일상과 신변잡기적인 소재를 통했을 때 더욱 효과가 뛰어나다. 반면, 억지로 포장하고 꾸며서 대단하다는 것을 강조하는 스토리는 역으로 청자에게 거부감을 줄 수 있으니 주의해야 한다.

기존에 연예인들은 자신을 알리기 위해서 상당히 고전적인 방법을 많이 사용했다. 가수라면 자신의 음반을 내고 영화배우라면 영화를 촬영한 뒤 자신의 작품을 많이 아끼고 사랑해 달라는 말만 할 수 있었다. 그러던 것이 소셜미디어가 발전함에 따라 연예인들의 소소한 일상을 담아냄으로써 생각보다 많은 소통이 이루어지게 되었다. 단순하게 연예인들은 바라만 보고 맹목적으로 추종해야 되는 존재에서 엄연히 하나의 사람으로 인지하게 됨으로써 보다 다양한 팬층이 형성되기 시작하였다.

산다라박 스스로 '가위눌린 산다라박'이라는 제목으로 트위터에 올림으로써 네티즌의 관심을 끌게 만들었고 이는 기사화되면서 실시간 핫이슈로 떠오르게 되었다.

● 출처 : 산다라박 트위터

최근 가수 이효리는 자신의 트위터를 통해 매니저에게 '어디서 평가질이야'라는 등의 글을 남김으로써 소위 '예능 트위터'라는 평을 받으며 다시금 인기몰이를 시작하고 있다. 이와 마찬가지로 이효리와 같은 경우는 매니저와 문자로 나누어야 할 법한 소소한 이야기들을 소셜미디어에 담음으로써 유명 연예인도 매니저랑 사소한 일로 투닥거리고 장난질을 한다는 유쾌한 이야기를 전달하였다.

● 출처 : 이효리 트위터

이는 일종의 '관음증'과 같은 현상으로, 멋들어지게 포장된 이야기를 듣기보다는 실제로 좋아하는 사람이 어떠한 생활을 하고 있는지, 그런 생활과 밀접한 관계를 듣거나 보고 싶어하는 경향이 있으며 이는 특허나 자격증보다도 더욱더 상대방에게 강력한 신뢰를 가져다준다.

길을 지나가다가 광고판을 통해 지역의 문화행사들을 홍보하는 것들을 많이 접할 수 있다. 그러나 냉정히 판단해보면, 정말 축제나 관광을 좋아하는 사람들을 제외하고 이를 눈여겨보는 사람들이 얼마나 있을까? 하루에 수없이 많은 광고를 접하는 사람들에게는 아무리 멋진 광고여도 별 의미가 없을 것이다. 단조로운 안내는 이러한 것이 있다는 것을 알려주기는 하지만 직접적으로 마음을 흔들어서 방문을 하고 싶게 만드는 데에 무언가 결여되어 있다는 느낌을 들게 만든다.

스토리텔링 활용 마케팅은 전혀 다른 각도로 보여주게 됨으로써 오히려 직접적으로 무엇이 좋다는 홍보 광고보다 좋은 효과를 발휘하게 된다.

예를 들어 부산국제영화제의 사례를 살펴보자.

"1996년 제1회를 시작으로 세계에서 가장 역동적인 영화제이자, 아시아 영화의 최대 축제로 자리 잡은 부산국제영화제를 보러 오세요."

가수 길은 자신의 트위터에 "장기하와 길. 여러분 적당히 드세요. 여기는 부산국제영화제"라는 제목과 함께 전날 과음을 한 뒤 부산 해변가에 쓰러져 있는 모습을 촬영해서 올렸다.

● 출처 : 길 트위터

부산국제영화제 광고 현판을 수십 번 보는 것보다 스마트폰으로 찍은 이 단 한 장의 사진이 더 기억에 오래 남게 된다. 전문 포토그래퍼가 사진을 찍은 것도 아니고 포토샵으로 보정작업을 거친 것도 아니다. 광고기획사에서 철저한 시장 분석을 통해 준비를 해서 내보낸 광고도 아니다. 그저 부산국제영화제에 온 소소한 일상을 담았을 뿐인데 오히려 홍보 효과는 훨씬 더 좋았다.

기관의 직원들도 사람이다. "우리 직원은 친절합니다." "고객을 가족처럼 모십니다." "최고의 서비스로 고객 감동을." 이런 진부한 슬로건을 내세우며 강조했을 때 듣는 사람들(청자)의 귀에 들리는 것은 너도 나도 비슷한 느낌의 말들이다. 만일, 남들이 쉬고 있는 주말에 잔업 때문에 고생을 하며 일을 하고 있는 모습을 찍어서 소셜미디어상에 노출하게 된다면 막대한 비용을 들여야만 가져갈 수 있었던 긍정적인 이미지를 너무나 손쉽게 가져가게 된다. 그래서 소셜미디어상에 소소한 스토리텔링을 노출하는 것이 중요한 것이다.

스토리텔링은 막무가내로 상품의 장점을 홍보하는 방식이 아닌 소소한 일상을 전달하는 것만으로도 청자에게 충분히 큰 효과를 발휘한다는 것을 다시금 명심할 필요가 있다.

5) 사물을 다른 시선으로 바라보자

일본의 유명 만화가 요네하라 히데유키는 이런 말을 했다. "주변에 항상 아이디어 소재가 굴러다니고 있다." 또한 소설가 이외수 작가는 이런 말을 했다. "주변의 사물을 등한시 하지 말라, 주변의 사물을 감성적으로 보라."

위의 사례는 스토리텔링을 잘하고 싶다면 우리 주변에 있는 사물들을 조금만 다른 시선으로 바라보면 된다는 것을 알려주고 있다. 스토리텔링을 하기 위해서는 단어로 시작하여 단어로 끝난다는 것을 기억할 필요가 있다. 일단 하나의 이미지 또는 객체에서 나올 수 있는 단어들을 나열해 본 뒤 이를 가지고 다양한 관점에서 접근해 보는 연습이 필요하다. 이를 위해서 가감승제법은 가장 손쉽게 주변 소재들을 다른 시선으로 바라볼 수 있는 방법이다. 찾아낸 하나의 단어를 더하고(가) 빼고(감) 곱하고(승) 나누면(제) 보다 다양한 각도로 바라볼 수 있는 기틀이 마련된다.

아래 사진에서 떠오르는 단어들을 생각해 보자.

'나무, 풀, 불빛, 어둠, 이색적인, 몽환' 등의 단어가 떠올랐다고 하면 이중에 가장 다른 이들과 공감할 수 있는 단어로 '몽환'이라는 단어를 선택하여 가감승제법을 적용해 보자. 기본적으로 '몽환'이라는 단어에 더하는(가) 방법은 다른 단어들을 더하는 방식들이다. '사람'이라는 단어를 더하면 '몽환사람'이 될 것이며, '숲'이라는 단어를 더한다면 '몽환의 숲'이라는 단어가 될 것이다. 일정한 단어에 다른 단어를 더하는 방식은 손쉽게 단어의 확장을 가져다줄 수 있는 방법 중 하나이다.

스토리텔링을 위한 단어를 찾기 위해 가장 기본적으로 선행되어야 하는 것은 스토리를 최대한 빼는(감) 과정들이다. 몽환(夢幻)이라는 단어는 말 그대로 '꿈과 환상'이라는 뜻을 가지고 있다. 이를 한 번 더 뺌으로써(감) '몽'이라는 단어가 다시 새로운 시각으로 생각되는 것이다.

보다 다양한 시선으로 많은 것들에 대입을 해보고 싶다면 단어를 곱하는(승) 과정을 생각해 보자. '몽환'이라는 단어를 들었을 때 순간적으로 떠오르는 단어들인 '몽환적인, 몽롱한, 몽환스러운, 신비로운' 등이 이에 속하며 곱하는(승) 과정은 차근차근 생각해서 나아가기보다는 순간적으로 떠오르는 단어들을 모으는 것이 올바른 방법이다.

마지막으로 나누는(제) 방식은 빼는(감) 방식과 자칫 혼동될 수가 있다. 나누는(제) 방식은 단어 자체를 자르는 것이 아니라 보다 세부적으로 들어가는 것이다. 몽환적인 느낌이 나오는 이유를 고심해 봤더니 나오는 불빛 때문에 몽환적인 느낌이 나온다면 '몽환스러운 불빛'이라고 말하며 색감이 몽환적이어서 그렇다면 '색이 몽환스럽다'와 같은 단어들을 보다 세밀하게 쪼개주는 방식이 나누는(제) 방식이라 할 수 있겠다.

이렇게 나온 단어들로 표현할 수 있는 상위 개념과 하위 개념들을 순서대로 정리하다 보면 어느 순간 풍성한 단어들로 가득 차는 것을 깨달을 수 있을 것이다.

8. 기승전결로 스토리를 완성하라

한 편의 스토리를 성공적으로 완성하기 위해서는 '기승전결법'이 유용하다. 처음-중간-끝의 구도나 발단-전개-위기-절정-결말의 구성도 있으나, '기승전결법'이 가장 손에

익고 사용하기도 쉽다.

글의 형태나 양에 상관없이 기승전결법은 동일하게 적용할 수 있다. 또한 단어가 모여 문장이 되며 문장이 모여 문단이 되듯이, 기승전결이 포함된 문단이 모이게 되면 기승전결이 포함된 한 편의 글이 완성된다. 기승전결에 맞게 글을 쓰는 방법은 전체적인 글이 아니라도 소문단이나 한 문장에서도 사용할 수가 있다. 이를 위해서는 간단한 기승전결의 원리만 파악하면 된다.

1) 기 – 가장 기를 써야 하는 부분

무엇이든지 처음이 가장 어렵다. 글을 쓸 때도 마찬가지이다. 백지 위에서 처음 한 줄을 작성하는 것만큼 인고의 시간을 감내해야 하는 부분도 없을 것이다. '시작이 반이다'는 말처럼, [기] 부분은 중요하다 못해 가장 기(氣)를 써야 하는 부분이다.

특히 스토리텔링 마케팅에서는 훅(Hook)이라는 부분으로 도입을 만들게 되는데, 마치 갈고리와 같은 구조라서 어떻게 하면 시작 부분이라는 갈고리에 걸려들게 만들지를 말하며 가장 어려운 부분이다.

블로그로 보자면 글의 제목 부분이며, 마이크로 블로깅으로 보면 처음 한 줄 정도의 분량이다. 보통 15자 내외가 될 것이며 이 짧은 글 안에 가장 관심을 가져다줄 수 있는 '갈고리'를 만들어 주어야 한다.

예를 들어 '피톤치드가 가지고 있는 효능'보다는 '피톤치드로 암을 예방한다?'는 제목이 보다 소비자의 흥미를 끈다는 것이다. 이를 위해서 글쓴이는 많은 고민을 해야 하는데, 원하는 대상(청자)이 글의 시작 부분을 보고 얼마나 관심을 가질 수 있는지 고려해야 한다.

2) 승 – 부연설명을 하는 부분

맨 앞부분이 호기심을 유발하는 부분이라면 [승] 부분은 가장 정확한 말의 의미 전달에 초점을 맞추어야 한다. 기사로 따지면 소제목이 될 것이고 광고 문구로 따지면 보디카피(body copy)에 속한다. [기] 부분을 통해 'Hook' 부분에 걸려든 사람들이 진정성이 없고 속았다는 생각이 들지 않도록 보다 정확하게 실제 어떠한 내용을 말할지에 대한 부연설명을 하는 부분이다.

예를 들어 '나는 슈퍼보드, 한국에는 실제로 존재한다'는 제목의 글이 있다고 하자. [기]에 해당되는 이 제목을 보고 독자는 관심을 가지게 되는데 클릭을 해서 보다 자세하게 읽으려고 한다. 그렇다면 실질적으로 [승]에서는 정확한 정보를 전달해 줄 필요가 있다. 이러한 슈퍼보드는 실은 '에스프에너지에서 만든 자기부상 호버보드'라는 사실을 명확하게 전달해 주는 것이다.

한 가지 더 참고하자면 기-전-결 부분은 처음-중간-끝 구조로 연결이 되지만 [승] 부분은 강조하려는 어느 위치에 두어도 상관이 없다.

3) 전 – 몸통과 같은 역할

맛있는 과일들이 가장 많이 가지고 있는 성분은 무엇일까?

이에 대한 정답은 '비타민'이나 '무기질' 그리고 '다양한 영양소'가 아니다. 과일에 실제로 가장 많이 들어 있는 성분은 '물'이다. 물은 너무 흔하기에 중요성을 못 느낄 수 있지만 신체의 전체적인 흐름을 좌우하기 위한 요소로 작용을 하므로 없어서는 안 되는 성분이다. 또한 강이 말라 물이 적어지면 흐름이 원활하지 못할 수도 있는 반면 물속의 자갈들이 보다 뚜렷하게 보일 수도 있다. 스토리텔링도 이와 마찬가지로 물의 양을 어떻게 조절하느냐에 따라 성공여부가 좌우된다.

이렇게 글의 몸통과 같은 역할을 해주는 [전] 부분을 작성하고 나면 [승] 부분은 원하는 위치에 두면 된다. [승] 부분은 반드시 [기] 부분 바로 다음에 들어갈 필요는 없다. [기] 부분이 처음 작성되는 것은 맞지만 [승] 부분은 어느 순간 갑자기 나타나는 복병과도 같아, 글쓴이 입장에서 독자가 원할 만한 위치에 숨겨두는 것도 스토리텔링에서 나오는 하나의 묘미라고 할 수 있다.

4) 결 – 원하는 효과가 나왔는지 결판을 내자

결론을 낼 때 가장 중요한 것은 무엇일까?

글을 귀결시키면서 이미 앞서 하고 싶은 말들을 모두 했음에도 불구하고 결론적으로 한

번 더 운을 띄우는 이유는 단순하게 앞선 내용을 정리하기 위함이 아니다. [결] 부분에서 가장 중요한 원하는 효과가 나올지 말지에 대한 승부수를 던지는 것이다.

'나들가게'가 전하는 희망이야기를 멋들어지게 쓰더라도 결과적으로 이 글을 작성하는 이유는 '나들가게를 차리면 성공할 수 있다.'는 핵심스토리를 전달하고자 하는 과정인 것이고 이를 마지막에 있는 [결] 부분에서 확실하게 종식시켜 주어야 한다.

이는 구두로 하는 영업에서도 마찬가지다. 한참 좋은 이야기와 긍정적인 이야기를 한 뒤에 뒤돌아서면 흐트러지는 사례들을 많이 봐왔다. 반드시 비즈니스 미팅을 끝맺음할 때 확실하게 행동으로 취해질 수 있는 요인들을 명확하게 정리하는 것이 필요하다. 이처럼 기-(승)-전-결로 이어지는 하나의 스토리텔링 구조는 스토리의 완성도를 높여주는 기반이 될 것이다.

스토리텔링(Storytelling)이란 하나의 이야기를 전달하기 위한 다양한 방법들을 연구하는 것이며 이는 사업뿐만 아니라 실생활 등 다방면에 적용이 가능하다.

지포(zippo)라는 라이터 브랜드가 유명해진 이유는 성능이나 품질이 좋아서가 아니라 전쟁 때 총알을 막아줌으로써 한 군인의 생명을 구해 주었고 이 내용이 기사화되고 대중들에게 회자되면서 유명해졌다. 또한 자녀에게 효도를 해야 한다고 직접적으로 말해서 이성을 자극하기보다는 '효녀 심청' 이야기를 들려줌으로써 자연스럽게 효심을 형성해 나가는 것도 감성사회에서의 스토리텔링의 좋은 예라고 할 수 있다.

이러한 스토리텔링의 중요성이 커짐에 따라 반대로 스토리를 제대로 형성하지 못한 채 의사표현을 하기 시작한다면 '스맹' 대우를 받는 날이 머지않아 오게 된다. 소셜미디어 마케팅을 공부한다면 지속적으로 스토리텔링에 대해 관심을 가지는 것이 필요하다.

지금까지 눈에 보이는 유형적인 가치를 만들어 내는 것이 중요한 시대였다면 이제는 눈에 보이지 않는 무형적인 가치를 새롭게 창조할 수 있는 사람들이 보다 존중받는 시대가 될 것이며 이미 되었다. 사과를 맛있게 생산하는 사람보다 사과 안에 담긴 백설공주 이야기를 활용해 사과를 더 많이 판매할 수 있는 사람이 지금과 같은 감성사회에서 리더로 자리매김하게 될 것이다.

Chapter Quiz

01 미국의 컴퓨터 관련 회사인데 제품판매, AS, CS, 교육 파트 등 총 26개 SNS 계정을 개설해 고객과 소통하고 있는 회사는 어디인가?

① 델컴퓨터 ② MS
③ 애플 ④ 인텔

02 다음의 사례는 어떤 회사에 대한 트위터 활용 성공사례인가?

> 처음에는 사람들이 많이 다니는 목 좋은 곳에 트럭을 세워놓고 장사를 했었지만 단속 때문에 장사 하는 곳을 매번 바꿔야 하는 상황에 처하게 되었다. 결국 손님들은 경찰에 쫓겨 매번 바뀌는 회사의 영업장소를 알기가 쉽지 않았고 매출이 급감할 위기에 놓였다. 그러나 그들은 트위터를 활용함으로써 이러한 위기를 극복해 낼 수 있었다. 손님들에게 언제 어디서 개장하는지를 트위터를 통해서 알려주면 이를 확인한 고객들이 먼저 그 자리에 대기를 하고 있는 것이다.

① 피자헛 ② 고기비비큐
③ 맥도널드 ④ 빨간떡볶이

03 사람들이 자신의 생각과 의견, 경험, 관점 등을 서로 공유하고 참여하기 위해 사용하는 개방화된 온라인 툴과 미디어 플랫폼을 무엇이라고 하는가?

① 소셜미디어 ② 커뮤니티
③ 인터넷카페 ④ 모바일 SNS

 01 ① 02 ② 03 ①

04 소셜스토리텔링에 대한 내용으로 가장 옳지 않은 것은?
① 공통분모로 공감대를 형성하기보다는 독특한 생각을 드러내자
② 기승전결로 스토리를 완성하라
③ 사물을 다른 시선으로 바라보자
④ 소소한 정보전달을 통한 감정이입이 중요하다

05 다음의 법칙은 무엇인가?

> 온라인은 '여섯 다리의 법칙'을 가지고 있어서 여섯 다리만 건너면 모든 사람들이 연결된다는 법칙을 가지고 있지만 소셜미디어를 만나면서 픽셀(pixel) 단위의 극히 짧은 다리를 가지게 됨으로써 사람과 사람 사이의 다리가 너무나 빠르고 밀접하게 연결되어 있다고 한다.

① 식스다리의 법칙　　② 식스배수의 법칙
③ 식스픽셀의 법칙　　④ 식스구간의 법칙

06 다음 중 1999년에 출시된 우리나라 최초의 SNS는 무엇인가?
① 미투데이　　② 싸이월드
③ 티스토리　　④ 야후블로그

07 소셜미디어가 경제를 좌우한다는 개념을 무엇이라고 하는가?
① 소셜스토리텔링　　② 소셜라운드
③ 소셜커머스　　④ 소셜노믹스

04 ①　05 ③　06 ②　07 ④

08 '생산자'를 뜻하는 영어 단어와 '소비자'를 뜻하는 영어 단어의 합성어로, 생산에 참여하는 소비자를 무엇이라고 하는가?

① 프로슈머　　　　　　　　② 프로듀서
③ 소셜콘슈머　　　　　　　④ 프로바이더

09 소셜미디어 기본속성의 작동순서가 맞는 것은 무엇인가?

① 개방-공유-참여　　　　　② 개방-참여-공유
③ 참여-개방-공유　　　　　④ 참여-공유-개방

10 스토리텔링을 잘하기 위한 방법으로 가장 적당하지 않은 것은?

① 소소한 정보전달을 통해 감정이입하라
② 공통분모로 공감대를 형성하라
③ 사물을 다른 시선으로 바라보자
④ 화법을 연마하여 기술적으로 완벽해지자

08 ①　09 ①　10 ④

MEMO

MEMO

SNS마케팅
기획전문가

발 행 일   2015년 5월 10일 초판 1쇄 발행
              2017년 1월 10일 초판 2쇄 발행

저   자   윤훈주, 이광성, 이강석, 윤인억

발 행 처   에듀크라운
공 급 처   크라운출판사
발 행 인   이 상 원
신고번호   제300-2007-143호
주   소   서울시 종로구 율곡로13길 21
대표전화   (02)745-0311~3
팩   스   (02)765-3232
홈페이지   www.crownbook.com
Copyright ⓒ CROWN, 2017 Printed in Korea
I S B N   978-89-406-2303-9

특별판매정가 27,000원

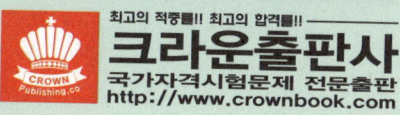

최고의 적중률!! 최고의 합격률!!
크라운출판사
국가자격시험문제 전문출판
http://www.crownbook.com

신 저작권법에 의하여 한국 내에서 보호받는 저작물이므로 저작권자의 ㅤ면 허락 없이 이 책의 어떠한 부분이라도 전자적인 혹은 기계적인 ㅤ개나 방법을 포함하여 그 어떤 형태로든 무단전재와 무단복제 하는 ㅤ금합니다.